山西民间文献粹编·第一辑　郝平 主编

山西村社碑刻辑考

杨波 辑考

商务印书馆
The Commercial Press

2023年国家社科基金冷门绝学研究专项学术团队项目"太行山传统村落文献的抢救性保护与数字化整理研究"（批准号23VJXTO20）

2023年河北大学宋史专项课题"北方地区宋代村社转型与金元社制起源研究"（批准号2023HSS005）

山西民间文献粹编

总　序

　　历史是特定群体对过往岁月的集体记忆，型塑了当下现实中的自我认知，引领了未来理想中的自我预期。传统史学是史官之学，王朝政治遂成为中国人自我认知和自我认同的主要方式，上下五千年被浓缩在一首朗朗上口的朝代歌之中。普通老百姓在历史上是失语的，他们既没有话语权，也没有代言人。现代新史学诞生以来，史学研究越来越重视将民间社会历史纳入史学的整体叙事之中。然而，研究思路的转变并不是一朝一夕的事情，也不会立竿见影地体现在研究实践之中，两千多年的史学研究传统积累了深厚的基本观念、基本方法和基础史料，要想突破并非易事。仅从史料角度来说，新史学的诞生和新史料的发现密切相关，20世纪以来，甲骨文、简牍文献、敦煌文书、明清档案等的发现大大推动了新史学的发展，产生了一系列标志性成果。这些新史料要么是考古发现的石木载体刻写记录，要么是宗教徒封藏的写本文献，要么是近世官方档案文献。它们虽然也都反映了丰富的民间社会情况，但并非以民间社会为主体创造的史料。宋代以来，人口增长、商业繁荣、印刷术流行、识字率提高、民间文化兴起，这些因素都促使以民间社会为主体创制、传播、使用和收藏的民间文献日益增多。晚明以后，这种情况更加普遍，尤其是清中叶以后的民间文献目前仍大量存世。总的来说，除了徽州文书等少数区域性个案之外，现存民间文献尚未引起史学界的普遍重视。

　　山西历史悠久，文化传统深厚。由于地处山区，又毗邻唐宋以来历朝国都，凡中原有战乱灾荒发生，山西就成了民众重要的避风港，也成了历史文化的保留地。特别是北宋南渡之后，北方迭遭兵燹，朝代反复更替，华北平原人口凋零，唯山西稍显安定。宋代以来山西的这种区位特征决定了山西保留了较为丰富的民间文献。现存山西民间文献主要包括两大类：石刻文献和纸质文献。石刻文献主要是碑刻，主体是村落社会，大部分散落在村落祠庙；纸质文献主要是文书，主体是山西商人，大部分流散在文物市场。碑刻体现了村落社会宋代以来的长时段演变，晚宋时期社会经济的高度发展，国家治理转向间接的经纪型统治，以佛教为代表的建制性宗教走向衰落，村落社会经济和文化进入前所未有的兴盛时期。在经历了金元至明前期的曲折发展之后，文化传统得以延续，在晚明社会变迁的背景下，村落社会迎来了一个新的繁荣时期。村落社会实现了很大程度的自我管理，各种民间习惯法走向成熟，形成了独特的集体经济模式，以戏曲为代表的民间文化繁荣发展。文书有大量土地房产等不动产契约，也有不少民间借贷契约，但最具特色和学术价值的还是山西商人原始经营文书。单件类文书大多是商人票单契据，是商业经营的原始单据和凭证，是商业经营活动正常开展的重要文书基础，其中的民间金融票贴还涉及清中叶以来货币金融领域的重大理论问题。书信介于单件和簿册文书之间，反映了山西商人独特的书信经营模式，是明清时期专业化商人从事跨区域长途贸易过程中解决异地管理问题的制度性方案。簿册类文书多为商业账簿，反映了山西商人合伙制、会计体系、利润结构、商号管理等多方面微观经济的重大问题。商人规程、著述、课本和广告等文书大多是簿册类文书中的独特类型，属于间接经营文书，涉及学徒教育、经验积累、标准制定、商业宣传等方面，为商号直接经营活动服务。村落社会碑刻与商人经营文书这两类文献密切相关，村落社会是山西商人兴起的社会文化基础，山西商人是村落社会发展到一定阶段的转型和升级，将这两类民间文献研究结合起来能够展示一幅山西民间社会整体发展比较完整的历史面貌，也是宋代以来中国民间社会历史演变的一个典型缩影。

山西大学民间文献整理与研究中心是民间文献整理研究的专门机构，是山西大学历史学科长期发展的结果，也是适应学术新趋势和时代新使命的结果。山西大学历史学科历来就有关注民间社会的学术传统，从改革开放以前农民战争研究范式下的捻军研究、义和团和辛亥革命研究，到改革开放之初近代社会史研究方向的探索，再到近20年来水利社会史、集体化时期基层档案、传统村落与土地契约等研究领域的开拓，形成了"走向田野与社会"的学术传统。改革开放以来，史学研究进入新一轮的新史料挖掘、新方法引入和新领域开拓的阶段，特别是进入新世纪以来，文化遗产保护利用日益受到国家和全社会的重视，山西商人研究也促进了晋商文化收藏的热度，大量传统村落和山西商人民间文献井喷式地涌现出来。山西民间文献的学术价值和现实价值越来越受到相关研究者和有识之士的重视。在此基础上，历史文化学院于2013年成立民间文献整理与研究中心，立足山西、扩展华北、面向全国，专门开展民间文献的搜集、整理和研究工作。几年来，中心成员在民间文献的田野调查、文献整理和学术研究方面做出了很多探索工作。

民间文献要么散落于村落，要么流散在文物市场，田野调查是发现、搜集和理解民间文献不可或缺的重要研究方法。中心师生先后在10余个省，数千个村落或会馆开展常态化田野作业，确立了基本的民间文献田野作业方法论体系，包括"史料之搜集、整体之认识和同情之理解"的调查宗旨，"以村落会馆为单位，以建筑遗存为单元，以民间文献为重点"的调查目标，"选点式探查、区域性普查和专题性调查"的调查类型等。

民间文献整理目前缺少学术规范，也缺少标志性和范例式学术成果，这是制约这一领域发展的主要障碍。民间文献有一套不同于士大夫传统的俗文字和民间书法体系，还有一些地方性或专业性的语言文字惯例，这方面的研究基础都非常薄弱。民间文献在版本、装帧和制作等方面均有不规范之处，保存状况和市场流散等原因进一步增加了其整理难度。民间文献整理是这一研究领域的基础工作，涉及金石学、建筑学、文物学、文化遗产学、文书学、档案学、文献学等很多学科。几年来，民间文献整理与研究中心已经整理各类民间文献达数百万字，这方面研究工作仍处于探索阶段，目标是建立完整系统的民间文献学。山西民间文献在时段上主要集中于宋代至民国，区域上以华北为中心辐射全国乃至整个东亚，群体上主要是村落社会和商人，学科领域上主要是明清社会经济史，主题上主要涉及基层社会治理、村落社会惯例与经济、民间文化、生态环境演变、工商业字号利润及其制度基础、商品与市场结构、货币金融体系、商业惯例与文化、政治与民间社会关系、民间社会经济与文化互动等。几年来，中心围绕上述领域成功申请到 2 项国家级重大课题、2 项国家级重点课题、多项国家级和省部级一般课题，出版著作 10 余部，发表论文近 200 篇，初步奠定了山西民间文献整理研究的学术基础。

在山西大学即将迎来双甲子华诞之际，民间文献整理与研究中心特推出《山西民间文献粹编》丛书的第一辑，作为中心献给母校的一份特别的生日礼物。这套丛书是对中心几年来所做文献整理和研究工作的阶段性总结，共包括 6 册，其中石刻文献 4 册，纸质文献 2 册，均由中心老师承担编著任务，是中心集体成果的一次彰显。

郝平辑录的《黎城县碑文辑录》是在县域田野作业基础之上完成的，2018 年暑假期间，中心组织师生在长治市黎城县展开县域民间文献普查，这种研究能够揭示县域范围之内民间文献存量情况。截至目前，中心已经在山西高平、武乡、太谷和河北蔚县等地开展了县域民间文献普查工作，今后将拓展到其他市县。此书是这一类型民间文献搜集整理和研究工作的典型代表。刘伟国辑释的《沁河中游地区传统堡寨村落碑刻辑释》以村落为中心展开民间文献的整理研究，此书选取了晋东南沁河中游地区堡寨这一独特类型的村落为基本单位，立足于村落社会整体对碑刻文献进行系统搜集整理。几年来，中心已经完成的村落民间文献调查达几千处，积累了丰富的个案，目前急需开展类型化、谱系化的研究，这是推进民间文献整理研究最重要的方法。闫爱萍辑选的《山西关帝庙碑刻辑选》以祠庙为中心展开民间文献的整理研究，是作者长期开展关公文化研究的成果积累，体现了关公文化研究与民间文献研究的结合，表现出民间信仰研究从神灵中心转向祠庙中心的研究趋势。现存碑刻绝大部分位于各类祠庙之中，历史时期的祠庙承担了远超当代庙宇的复杂功能，祠庙是村落社会开展各类政治、社会、经济和文化活动的公共空间。与祠庙和民间信仰研究的结合是民间文献研究走向深入的重要途径。杨波辑考的《山西村社碑刻辑考》利用碑刻材料试图从整体上把握山西村社发展的长时段历史演变和综合研究的分析框架，地理空间、社会经济和文化都被整合在村社宋代以来的长时段发展历程之中。晏雪莲、周超宇辑释的《山西布商文书辑释》从山西布商这一行当角度出发综合搜集整理了各种类型的相关文书，包括规程、信稿、运单和契约，其主体是规程和信稿等簿册类文书。山西商人原始经营文书的研究首先要重视对各种形态文书的分类整理研究，更重要的是围绕特定问题综合运用各种类型文书来深化相关主题研究，此书就是这方面的一个很好的尝试。周亚辑释的《山西票号书信辑释》搜集整理了五件反映山西票号经营活动的"号信"信稿。山西票号是从事异地白银货币汇兑业务的金融机构，书信经营制度是解决票号异地经营管理、白银货币跨区域平衡调度、分号之间业务协作、商业信息沟通等重要问题的重要工具。山西票号书信是山西商人书信类文书最典型、最成熟的案例。

以上4部与碑刻有关的民间文献著作分别从县域、村落、祠庙、专题和整体四个不同角度展开，2部与文书有关的民间文献著作分别从书信、文书两个不同角度展开，这些角度大体上代表了目前山西民间文献整理研究的主要视角。

由于出版时间紧张，民间文献整理又异常复杂易错，计划中的几部书稿未能在这一辑中一起出版，收入这一辑的书稿也有部分内容不得不舍弃，这些遗憾只能留待以后弥补。民间文献整理研究尚处于起步阶段，问题不够聚焦，规范不够完备，方法尚在探索，各种问题在所难免，本套丛书的推出也意在抛砖引玉，希望学界同仁多多关注民间文献，共同推动这一研究领域不断向前发展。

郝　平

2023年12月

目　录

前　言 …………………………………………………………………………… 1

凡　例 …………………………………………………………………………… 18

卷　一

01　大中祥符七年（1014）泽州庾能佛堂《无题名建立佛堂碑》………… 2

02　天圣十年（1032）高平河西三嵕庙《三嵕庙门楼下石砌基阶铭》…… 8

03　嘉祐四年（1059）泽州东中村二仙庙《大宋国泽州高都郡晋城县移风乡招贤管□□长老重兴二仙行宫记》……………………………… 21

04　熙宁九年（1076）泽州府城玉皇庙《玉皇庙碑文》………………… 29

05　宋代泽州村社石柱题记三条 …………………………………………… 42

06　大观元年（1107）泽州东南村二仙庙《二仙庙记》………………… 50

卷　二

07　正隆二年（1157）高平西李门二仙庙《无题名石门题记》………… 60

08　大定八年（1168）陵川张仰玉皇庙《昊天玉帝行宫之碑》…………64

09　大定九年（1169）高平河西三崚庙《三崚□盆铭》…………72

10　泰和七年（1207）泽州府城玉皇庙《重修玉帝庙记》…………78

11　大安二年（1210）高平南庄玉皇庙《重修玉帝庙记》…………88

12　崇庆元年（1212）陵川郊底白玉宫重修碑…………99

卷　三

13　至元十一年（1274）泽州冶底岱庙《重修岱岳庙记》…………108

14　至元二十一年（1284）高平南赵庄二仙庙《重修真泽庙记》………117

15　至元三十一年（1294）泽州府城玉皇庙《玉皇行宫记》…………127

16　泰定三年（1326）高平伯方文庙《大元泽州高平县伯方里学馆记》……………137

17　后至元五年（1339）高平中坪二仙宫《大元国泽州高平县举义乡话壁村翠屏山重修真泽行宫之记》…………146

18　至正二十五年（1365）陵川大义井玉皇观《重修馆记》…………158

卷　四

19　洪武二十年（1387）泽州周村东岳庙《重修岳庙记》…………166

20　永乐四年（1406）高平西周汤帝庙《重修汤帝庙记》…………174

21　成化二年（1466）泽州府城玉皇庙《重修玉帝庙记》…………183

22　正德四年（1509）高平池院土地庙《维修土地庙记》…………196

23　嘉靖四年（1525）高平东周仙师庙《新建望仙桥记》…………201

24 万历四十七年（1619）高平宰李龙王庙《无题名起会碑》…………207

卷　五

25 顺治十二年（1655）高平郭庄关王庙《议处补葺关圣庙记》………216

26 乾隆四十三年（1778）泽州上掌北岳庙《上掌社祭祀规矩条目碑志》……………………………………………………………………226

27 嘉庆二十年（1815）高平窑栈关王庙《无题名碑》…………………235

28 道光五年（1825）高平双泉永乐寺《无题名碑》……………………241

29 道光九年（1829）高平北常庄榆树坪观音堂《榆树村南堂小叙》…246

30 道光十四年（1834）高平义庄关帝庙《大社永禁桑羊碑记》………254

卷　六

31 道光二十六年（1846）高平石末神山庙《补修紫峰山暨白马寺碑记》……………………………………………………………………262

32 道光三十年（1850）高平西沙院炎帝庙《创修戏室碑记》…………271

33 咸丰七年（1857）高平王降关帝庙《重修舞楼碑记》………………280

34 同治四年（1865）高平双井里各村《无题名税赋分摊碑》…………287

35 光绪十一年（1885）高平牛村玉皇庙《五社统归一社记》…………294

36 光绪十二年（1886）高平南庄玉皇庙《立公食水碑记》……………302

卷　七

37 民国四年（1915）高平东李门关帝庙《关帝庙东大社遵官谕断

碑记》……………………………………………………………310
38 民国八年（1919）高平中村观音寺《中村炎帝大社整理观音坡
地界及主权碑记》……………………………………………316
39 民国十六年（1927）高平大山石堂会关帝庙《重修关帝庙碑记》…325
40 民国二十二年（1933）高平赤祥嘉祥寺《嘉祥寺归全里五村
公有息讼碑记》………………………………………………333
41 民国二十二年（1933）高平西栗庄关王庙《整理社事节俭社费
碑记》…………………………………………………………340
42 民国二十二年（1933）高平团东村清化寺《高平县东北乡团池
北里团池东村清化寺佛爷社因地涉讼讼毕碑记》……………347

参考文献………………………………………………………………358
后　记…………………………………………………………………361

前　言

中国历史上的"社"始见于先秦典籍之中，其初始的含义为土地神及其祭祀活动。从考古发现的祭坛到汉代的里社制，再到南北朝隋唐佛教化的社邑，再到宋以后形形色色的各种社，以"社"为名的各种组织繁多，性质复杂。顾炎武在谈到"社"的时候说："社之名起于古之国社、里社。故古人以乡为社……今河南、太原、青州乡镇犹以社为称……今日人情相与，惟年、社、乡、宗四者而已。除却四者便同秦越。"[1] 顾亭林概括了村社的起源和类型，也注意到了晚明时期的村社现象，并且强调了"社"在"人情相与"中的重要意义。社是极具中国特色的一种历史现象，具有重要的研究意义。

山西各地现存数量众多的祠庙碑刻，其中很多有关于社的记载。粗略估计，山西现存上万通碑刻上均出现了"社"，时段上从宋代至民国延续近千年，空间上遍布南北，尤以晋东南和晋中地区为多，内容上涉及村落社会和商人群体的方方面面，形式上涵盖各种类型的石刻。这些碑刻是反映宋代以来山西村社发展的第一手的、最重要的、不可或缺的史料。村社碑刻有狭义和广义两种含义：狭义的村社碑刻是出现了"社"的碑刻，广义的碑刻则是在村社文化背景下乡村社会中的各种类型碑刻。对村社碑刻的整理研究应该综合这两方面的含义。

对村社碑刻的搜集、整理和研究均处于起步阶段。山西大学民间文献整理与研究中心的学术团队从2013年开始，以晋城高平为中心展开了一系列的

---

[1] ［清］顾炎武著，陈垣校注：《日知录校注》卷22，安徽大学出版社2007年版，第1228—1230页。

相关研究工作。目前，相关研究取得了以下三个方面的初步成果：首先，基本弄清了山西及其周边地区村社碑刻的存量、形式、内容、性质等现状；其次，在实践中总结出一套搜集和整理村社碑刻的方法，制定了田野调查和碑刻整理的学术规范；最后，对村社的发展历程、起源、结构和效应形成了一些基本的认识，初步建立起了一套分析和认识村社的研究框架。

本书是在上述村社史研究的学术背景、村社碑刻史料现状和研究团队的学术积累的基础之上完成的初步成果。以下分别从村社研究的意义、村社碑刻的概念和村社碑刻的整理规范三个方面予以必要的说明。

一、村社研究的意义

郑玄认为"国中之神，莫贵于社"。[1] 传统时代学者多依赖古代典籍从国家角度认识"社"，不能充分认识社这种社会现象。民国时期，一些学者已经认识到社研究的重要性。闻一多认为"治我国文化史者，当以社为核心"。[2] 顾颉刚认为"社是宗庙以外的一个总庙"。[3] 尽管如此，在民国以来的学术史中，对社的研究并未成为一个热点，且在研究方向和内容上存在严重偏差。瞿宣颖的《述社》较早汇集了与社有关的史料，梳理了社的发展史。[4] 他的梳理有两个特点：一是截止到元代，明清以后由于"宗教与社

---

[1]［清］朱彬撰，饶钦农点校：《礼记训纂》，中华书局1996年版，第391页。
[2] 陈梦家：《高禖郊社祖庙通考》所附闻一多跋语，《清华学报》第12卷，1937年第3期。
[3] 顾颉刚：《古史辨》（第一册自序），转引自赵世瑜：《历史过程的"折叠"与"拉伸"——社的存续、变身及其在中国史研究中的意义》，《清华大学学报》（哲学社会科学版），2020年第2期。
[4] 瞿宣颖：《述社》，《东方杂志》第28卷，1931年第5期。以"社"条目收入瞿宣颖纂辑，戴维点校：《中国社会史料丛钞》，湖湘文库编辑出版委员会编，湖南教育出版社2009年版，第386—418页。

意味益轻而政治意味重矣"而不再收录；二是归入"传说"一类，显然更重视社具有的上古传说内容，这种倾向一直到今天都没有改变。对社的研究厚古（唐以前）而薄今（宋以后），重文化而轻社会经济。对于民国时期的研究大部分集中在社的起源问题上，凌纯声整理了关于社起源的十六种说法。① 宁可的《述"社邑"》是较早对社发展进行概述的文章，关注重点是中古时期的社邑。② 对于明清时期的研究以陈宝良的《中国的社与会》一书成果最为重要，此书是明清时期社组织的通论性研究，涉及明清时期各种各样的社组织。③

学术界对社的研究大体上有四条学术脉络。一是从马克思关于村社论述出发的进路。实际研究中对村社一词最常见的理解并不是来自中国本土文献，而是源于马克思对村社（commune）④问题的讨论⑤。村社和亚细亚生产方式、五种生产方式、古史分期等重大理论问题都有密切关系。⑥ 前引宁可的研究虽基于中国本土文献，但思路上仍不脱离马克思关于村社的论述，20世纪90年代以前，绝大部分关于社的研究都属于这种类型。目前，史学研究以外的民族学、社会学、人类学等领域的很多研究者仍然在这种意义上理解村社。二是从会社视角出发的社会史进路。会社是从社会学理论出发形成的一个史学研究概念，将社理解为社团组织和结社活动。陈宝良对会社做了区分："根据现有民间会社的材料，采用一种稍为传统的分类方法，分析会社内部活动的种种形式，并据其功能的不同，可以将传统会社团体析为政治型、经济型、军事型、文化生活型四个大类。"⑦ 这种基于功能的类型化研究

---

① 凌纯声：《中国古代社之源流》，《中央研究院民族学研究所集刊》，1964年第17期。
② 宁可：《述"社邑"》，《北京师院学报》（社会科学版），1985年第1期。
③ 陈宝良：《中国的社与会》（增订版），中国人民大学出版社2011年版。
④ 农村公社常常简称为村社，公社的英文为commune，法语和德语中都有类似词汇，源于拉丁语communia，本义为共同拥有之物。
⑤ 马克思关于农村公社问题的讨论参看甄修钰、张新丽：《马克思研究农村公社的动机和方法论——兼论走出"亚细亚生产方式"问题的困境》，《历史研究》，2012年第3期。
⑥ 相关学术综述参看沈斌：《二十世纪关于商周公社的研究》，陕西师范大学2011年博士学位论文。
⑦ 陈宝良：《中国的社与会》（增订版），中国人民大学出版社2011年版，第14页。

已经成为从会社出发的社研究的通行做法。社会经济史领域的学者通常习惯于从会社角度理解中国古代的社。三是与祭祀仪式有关的文化史进路。赵世瑜探讨了社与社火、社祭和傩事等社事的关系，从文化社区角度理解社[1]，概括了社的四种类型[2]。车文明将社视作民间祭祀组织。[3]民俗学、戏曲学、宗教学等相关学科倾向于从文化史角度认识社。四是从地方行政管理和社会构建出发的区域史进路。区域史进路常常与社会史或文化史进路相结合，尤其是文化史。杨讷和鲁西奇对金元乡里制度的研究，[4]丁荷生和郑振满对福建莆田的研究，[5]陈春声对华南樟林的研究，[6]郑力民对徽州的研究，[7]杜正贞、姚春敏和姜士彬（David Johnson）对山西泽州的研究大体都是这一进路[8]。

以上这四条学术脉络有各自的学术背景和出发点，实际上都没有将社放

---

[1] 赵世瑜:《明清华北的社与社火——关于地缘组织、仪式表演以及二者的关系》，《中国史研究》，1999年第3期。后收入氏著:《狂欢与日常——明清以来的庙会与民间社会》，生活·读书·新知三联书店2002年版。

[2] 赵世瑜:《历史过程的"折叠"与"拉伸"——社的存续、变身及其在中国史研究中的意义》，《清华大学学报》（哲学社会科学版），2020年第2期。

[3] 王福才、车文明:《对宋元明清民间祭祀组织"社"与"会"的初步考察》，《中华戏曲》，2006年第2期。车文明:《中国古代民间祭祀组织"社"与"会"初探》，《世界宗教研究》，2008年第4期。车文明:《民间法规与罚戏》，《戏剧（中央戏剧学院学报）》，2009年第1期。

[4] 杨讷:《元代农村社制的研究》，《历史研究》，1965年第4期。鲁西奇:《中国古代乡里制度研究》，北京大学出版社2021年版。

[5] 〔美〕丁荷生:《福建社神之转型》、郑振满:《莆田平原的宗族与宗教》，收入刘永华编:《中国社会文化史读本》，北京大学出版社2011年版。郑振满:《明清福建里社组织的演变》，收入郑振满、陈春声主编:《民间信仰与社会空间》，福建人民出版社2003年版。

[6] 陈春声:《社神崇拜与社区地域关系——樟林三山国王的研究》，《中山大学史学集刊》，1994年第2期。陈春声:《信仰空间与社区历史的演变——以樟林的神庙系统为例》，《清史研究》，1999年第2期。

[7] 郑力民:《徽州社屋的诸侧面——以歙南孝女会田野个案为例》，《江淮论坛》，1995年第4—5期。

[8] 杜正贞:《村社传统与明清士绅：山西泽州乡土社会的制度变迁》，上海辞书出版社2007年版。姚春敏:《清代华北乡村庙宇与社会组织》，人民出版社2013年版。David Johnson: *Spectacle and Sacrifice: The Ritual Foundations of Village Life in North China*, Harvard University Asia Center, 2009.

在研究的焦点上，这就不能全面地认识社这一历史现象。撇开各种学术史进路不谈，从社的相关史料出发，我们就会发现社研究的意义远不止目前的学术史所揭示的那几个方面。刘永华在谈到福建莆田社研究的价值时概括道："在唐宋以降的莆田平原，社成为王朝政治、社区认同、仪式传统、水利组织、跨村落网络等各种因素交相作用的重要节点。"[1] 这是从莆田区域史角度对社研究意义的认识。从山西现存村社碑刻来看，我们也可以得到类似的结论。社研究的意义不局限于它本身，社是一个可以将不同时代、不同区域、不同领域、不同进路的研究联系在一起的重要节点。村社广泛地参与到村落的社庙兴建、修桥补路、纠纷调解、规约禁令、治安卫生、告示教化、劝农兴学、土地买卖、税赋征收、牙行经纪、迎神赛社、祈报祭祀、演剧娱乐等各种政治、社会、经济和文化活动中。村社是地方社会官吏、士绅、农民、手工业者、商人、乐户、宗教人士等形形色色的人们发生关系的扭结点，也和村落中的里甲、保甲、乡约、宗族、商号、会社、社邑、香会和宗教组织等官方制度或民间组织有复杂的互动关系。村社产生早、历时久、分布广、影响大。可以说，如果不能弄清楚村社这一历史现象，山西的历史就无法书写，整个中国自宋代以来基层社会的历史也是不完整的。最值得和社研究相比较的是宗族研究，经过几代学者的努力，宗族已经成为认识中国传统文化的一个基本维度，已经型塑了普通社会公众对传统中国的认识。在这方面，社的历史研究的意义有过之而无不及。

当前，社的历史研究需要解决三个基本问题。首先，系统搜集和整理社研究的史料，形成史料体系。前引瞿宣颖已经对传统史料中与社有关的内容做了初步整理。近年来的研究主要利用山陕和福建地区的碑刻，徽州和山西等地的文书等民间文献，但研究材料的搜集和整理还远远不够。社研究的史料利用还是零碎的，远没有建立体系。其次，丰富和完善对社的基本历史叙事，将社发展演变的总体历史脉络描述清楚。前引宁可对社历史的叙述明显

---

[1] 刘永华主编：《中国社会文化史读本》，北京大学出版社2011年版，第234页。

存在缺陷，断代的、区域的、从某个角度出发的社历史的叙述都不够完善，关于社完整可靠的历史叙述仍然是一个空白。最后，构建社的历史研究的基本分析框架。从特定学科和研究视角开展的社研究不能取代以社为中心展开的全面研究，社研究的基本分析框架必须建立在中国本土史料的基础之上，从史料出发，综合各种不同研究视角来完成。这是社研究的一个理论难点。

只有解决了上述三个基本问题，社的历史研究乃至其他学科的研究才能深入推进，其学术意义才能逐步彰显。在目前阶段，以区域为单元进行扎实的史料整理、背景考释和综合分析仍然还是最重要的基础工作，具有重要的学术积累意义。本书就是立足于山西村社碑刻展开的史料整理、历史叙事和理论构建工作。

二、村社碑刻的概念

社的历史研究的推进有赖于史料的积累、史实的完善和理论架构的构建。目前，最重要的工作就是正确把握村社碑刻这一基本史料，村社碑刻是社的历史研究的出发点、基本点和关键点。本书以村社碑刻作为整理和研究的对象，对村社和村社碑刻概念的探讨实际上是对本书方法论的说明。

村社这一概念可以从很不相同的两个角度来理解。第一个角度，村社是相对于会社而言的，村社和会社是社发展的两条路径。社源于先秦的社祭，特别是置社："大夫以下，成群立社曰置社。"[①]社沿着两条路径发展。一条演变路径是抛弃"立社"的内涵，而仅仅是"成群"。这就是一般意义的结社，也就是会社。会社脱离了村落，可以在很大区域内传播，可以自由地移动，但不具有排他性。另一条演变路径就是村社，村社坚持了村落这个空间范

---

① [清]朱彬撰，饶钦农点校：《礼记训纂》，中华书局1996年版，第697页。

围,也坚持了二八社祭这个传统。村社在一定的空间范围之内具有排他性,形成了村落社会的文化认同基础和社会经济运行惯例,但不能随便扩展空间范围,也不能移动。在现代社会学理论中,村社是社区,会社是社团。第二个角度则很简单,村社就是乡村社会或村落社会中的社。两个角度各有利弊,实际研究中需要综合运用,特别是涉及村社碑刻的搜集、整理和研究问题。理论上区分村社和会社是成立的,但在实际研究中,要想区分村社碑刻中的"社"究竟是哪一种社并不那么容易。村社碑刻内容主要有三类:修庙记事、捐施记录和村社管理。这三方面内容都会出现关于"社"的记录,但都缺少对社的性质、结构和历史的详细记载。究其原因,村社碑刻并不是以"社"为主题而创制和遗留下来的史料,但由于社是村落社会各种活动和各种人群的"重要节点",所以大量"社"的记载才被保留在村社碑刻上。一般地,具有"聚落名称+社"这一形式结构的属于村社,具有"神灵或神灵习惯性代称+社或会"这一形式结构的属于会社,但这种经验性的形式推测并不必然正确,有些以神灵名称命名的社实际上也是村社,反之亦然。

上述第一个角度对村社的认识主要是基于理论方面的思考,第二个角度则主要方便史料的搜集和整理。在实际的史学研究中,我们必须兼顾理论思考和史料的实际情况。这就要求我们要从理论和史料两个方向出发来综合认识村社碑刻这种史料。

村社的概念问题实际上是史学研究中史料与理论关系的问题。近代科学诞生以来,史学在理论方法和史料体系两方面发生了根本变化。一是大量引入其他自然科学和社会科学的理论视角和研究方法,二是摆脱传统官学和正史的束缚,将史料范围扩大到一切历史文化遗存。很少有人能注意到这两个方面之间的内在张力。以理论为中心的研究将史料视作个别的对象,用来说明普遍性结论的材料,其目的是解释历史事件的因果性和历史发展的规律性。以史料为中心的研究将理论视作帮助认识史料的方法,其目的是理解历史现象的整体。这两种研究倾向需要有不同的表达方式。本书"碑刻辑考"的写作方式就是试图探索一种以史料为中心,适当将理论研究融入其中的做法,理论更多地体现为一种搜集和整理史料的结构，在具体史料中呈现出来。

村社碑刻也有很不相同的两种含义。第一种含义是指记载了与村社相关内容的碑刻，第二种含义则是刊立于村社中的碑刻。前面对村社碑刻的讨论都是第一种含义，在实际的村社碑刻搜集整理中有必要扩展到第二种含义。目前，村社碑刻大部分位于村落祠庙之中，对村社碑刻的搜集必须借助田野调查的方式逐村逐庙地进行实地考察。在这种田野调查中，第二种含义的村社碑刻就成为实际的调查研究对象。村社碑刻的搜集可能会被有些人认为只是史料发现的过程，其实上述两种含义的重要性更体现在村社碑刻整理的过程和结果之中。如前所述，村社研究的意义是，它是联结村落社会各种现象的重要节点。因此，碑刻上所记载的所有内容或多或少都和村社有关系，即便并非明确出现"社"的记载。由于社所具有的这种特殊重要性，上述两种村社碑刻的含义在一定意义上是相通的，只是有两种不同的表达方式：第一种含义侧重于从内容角度说，第二种含义侧重于从形式角度说。村社碑刻在形式上刊立于村社之中，内容上与村社有关。两种含义的这种统一性当然不是绝对的，有脱离原始位置被保存在博物馆中的碑刻，村落中也有完全记录个人事件的碑刻，就目前的情况而言，例外的情况是罕见的。

村社碑刻的概念问题实际上是史学研究中史料的搜集整理和研究利用的关系问题。史料的搜集和整理是史学研究的主要工作之一，但它常常被认为是史学研究的基础工作，是为后续研究利用工作服务的。于是，史料搜集整理就不具有独立的重要地位，而只是后续研究工作的附属品。"以史料为中心，以理解为目的"的史学研究，主要的并不是体现在论文写作这一所谓研究环节，而是更多体现在史料的搜集和整理过程之中。在现代数据库技术普及的背景下，以理论问题为中心开展史料搜集整理越容易，对史料的完整阅读和搜集整理就越缺乏。面对这种情况，将史料放回它产生的时空背景之中就越显得重要。

无论是对村社还是村社碑刻的概念，本书都尝试探讨了一种折中的、二元化的认识。概念是由学术共同体所创造、在学术活动中演化生成的，不仅具有逻辑结构，还有它的生命历程。概念的重要性往往不在于其自身的逻辑是否完美，理论是否精深，而是在于它所带动的研究活动的性质与内容。对村社和村社碑刻概念的认识为村社碑刻搜集整理和研究奠定了基本的方法论原则。在本书中，这种原则主要包括四个方面：来源原则、整体原则、可追溯原则和数据化原则。

以徽州文书为代表的民间文献整理中率先提出归户原则，归户本是明清赋役制度下的一种管理方式，"户"意指作为纳税单位的花户。徽州文书大多数以一家一户为单位保存，徽州文书研究者将归户作为文书搜集、保管和整理的一种方法论原则。[①] 在更宽泛的意义上，归户不仅指家庭或家族，也可以泛指各种民间社会组织："这一归户性，应包括归家、归族、归会、归社，等等"[②]。归户其实也不当限于民间社会组织，在更宽泛的研究领域中，归户要发展为归村："文书要做到归户，基本上是可遇不可求的。而且，即使文献做到了归户，也还是不够，因为从研究角度，研究者更需要知道的是文献所在的村落。"[③] 这是从田野调查和社区研究角度提出归村的观点。其实，无论各类归户还是归村都是档案学上所讲的来源原则。来源原则就是"尊重来源，尊重全宗的完整性"，它由18世纪末的法国学者提出，19世纪末20世纪初出版的《荷兰手册》加以确立。[④] 刘伯山后来提出的民间文书档案整理的"三尊重"原则（尊重历史形成、尊重历史留存、尊重发现状况）也有类似含义。[⑤] 对于散落在乡间的碑刻而言，在形式上与存放于档案馆的

---

① 刘伯山：《"伯山书屋"所藏徽州文书简介》，《徽州文书》第一辑，广西师范大学出版社2005年版，第12页。
② 王国健：《徽州文书档案与中国新史学》，《徽学》第二辑，2002年。
③ 温春来、黄国信主编：《历史学田野实践教学的理论、方法与案例》，广西师范大学出版社2017年版，第15页。
④ 张端、刘璐璐、杨阳主编：《新编档案管理实务》，电子科技大学出版社2017年版，第12—17页。
⑤ 刘伯山：《民间文书档案整理的"三尊重"原则》，张新民主编：《探索清水江文明的踪迹——清水江文书与中国地方社会国际学术研讨会论文集》，巴蜀书社2014年版，第971—980页。

文书档案有区别，实质上类似。相反的，由于碑刻不易移动的特点，碑刻所在村落社庙更加清楚和确定。对于本书所整理的村社碑刻来说，最方便的来源单位（全宗）就是村落和社庙（社庙），它们是村社的代表，因此也可以认为来源单位是村社。

归户和来源原则都强调保持民间文献的完整性，这实际上是整体原则的体现。就村社碑刻而言，整体性主要体现在三个方面：一是碑刻与所在村落与社庙是一个整体，这就是上述来源原则所强调的；二是碑刻原石上的各种元素是一个整体，除了碑刻文字信息之外，主要包括材质（石材）、形制、位置、书体、纹饰、保存状况、保护措施、著录情况、参考文献等；三是碑刻文字信息本身的完整性，包括文字、格式、位置关系等，在以往很多碑刻整理中，这些完整性均没有受到应有的重视。

本书收录的所有村社碑刻均经过作者的田野调查工作。在任何一个时间节点上，所有田野调查工作都应该可以追溯，并且可以追溯到此前的任何一个时间节点，这就是可追溯原则。这主要是通过田野调查的记录以及田野调查文献资料的科学管理来实现的。可追溯既要追溯到事，也要追溯到人和物。坚持可追溯原则主要有两个方面的原因。一是民间文献不断被破坏，田野调查不仅仅是研究，同时具有抢救性保护的意义，所有田野调查的对象都可能会消失，田野调查的各种形式的记录也是保护的一部分。追溯的过程就是复原的过程，也就是保护的措施。二是可追溯原则是由来源原则所决定的，当代的"新来源观"开始重视来源的动态变化。[①]特别是对于现在的民间文献来说，来源不是静态的，而是不断变化的，因此，来源不仅仅是到某个主体（家族和民间组织）、某个区域（村落），更是要到某个时间点，不同时间点的来源可能不同，来源具有一个时间结构。

民间文献的数字化、数据化是未来的必然趋势。数字化是将不同载体形态的民间文献转化为数字信息，便于保管、处理和传播。数字化处理必然要

---

① 祭鸿雁：《"新来源观"：实质与意义探析》，《档案学通讯》，2003 年第 1 期。

走向数据库建设。数据化是提取民间文献的元数据，以便建设数据库，数据库建设是一个长期的过程，不是一蹴而就的事情。数据库建设的难点并不是技术问题，而是收集基础数据，基础数据归根到底源于田野调查。不能在具备数据库建设条件之后再去考虑数据库建设问题，在田野调查的整个过程中都要预先考虑后续建设数据库的可能性。这就要求在最初的田野调查和民间文献整理过程中尽可能多地完成数据的电子化录入、元数据提取工作，以方便后续的数据库建设，为数据库建设减轻工作量，这就是数据化原则。

三、村社碑刻的整理规范

对村社和村社碑刻的认识决定了本书研究的方法论原则，方法论原则又具体体现在村社碑刻的整理规范中。这里先简要介绍山西碑刻整理的现状，然后介绍本书村社碑刻的整理规范。

山西地区现存丰富的碑刻材料，总数估计在数万通。目前，获取这些碑刻文献的途径可分为三类。一是地方志和金石学著作等古籍及其相关数据库，其主要价值是保留了一些已经佚失的碑刻。台湾出版的《石刻史料新编》[1]是历代金石类传世文献的汇集，利用起来比较方便。其中，《山右石刻丛编》、《山西通志·金石记》和《阳城金石记》等对山西碑刻资料的研究比较重要。二是当代出版的各种碑刻集和其他地方史志，大部分是根据现存碑刻实物或拓片整理而成。除《三晋石刻大全》[2]外，山西各地出版的碑刻集数量相当多，除碑刻集外的文旅资料、文史资料、乡镇村志和专题志书等资

---

[1] 新文丰出版公司编：《石刻史料新编》，新文丰出版公司1977—1995年版。
[2] 刘泽民主编：《三晋石刻大全》，三晋出版社2009—2017年版。

料中也有不少碑刻资料。各种断代史碑刻资料集也值得注意，尤其是宋元时期，例如辽代的《辽代石刻文编》和《辽代石刻文续编》，宋代的《宋代石刻文献全编》，金代的《金代石刻辑校》和《全金石刻文辑校》，元代的《元代白话碑集录》，等等。① 各种专题性碑刻集也很重要，戏曲碑刻方面有冯俊杰编著的《山西戏曲碑刻辑考》和曹飞的《山西清代神庙戏碑辑考》，水利碑刻方面有中法两国合编的《陕山地区水资源与民间社会调查资料集》。② 拓片整理方面，《北京图书馆藏中国历代石刻拓本汇编》③ 是最重要的拓片的汇编，其中有些碑刻今已不存，其他大型图书馆均有拓片相关资料集或数据库。三是研究者通过田野调查实地考察现存碑刻。文物系统的文物普查主要针对不可移动文物，碑刻由于被列为可移动文物，在普查中没有得到充分重视。山西师范大学、山西大学等高校和其他研究机构在近几十年中广泛开展了各种田野调查工作，积累了丰富的经验和调查成果。

大部分碑刻文献本身属于文物，又具有难以移动的特点，大部分没有经过传统文人或专业学者的整理，对它的整理就成为一个问题。无论是拍照识读、拓录识读还是现场抄录都相当容易出现整理错误。传统金石学强调拓片的制作，然而传统金石学多厚古薄今，面对明清时期数以万计的碑刻，制作拓片不是短时间内依靠个人的力量可以完成的任务。在没有拓片的情况下，研究仍然要进行，这就给碑刻整理工作提出了更高的要求。已经出版的碑刻

---

① 向南编：《辽代石刻文编》，河北教育出版社1995年版。向南、张国庆、李宇锋辑注：《辽代石刻文续编》，辽宁人民出版社2010年版。国家图书馆善本金石组编：《宋代石刻文献全编》，北京图书馆出版社2003年版。王新英编：《金代石刻辑校》，吉林人民出版社2009年版。王新英辑校：《全金石刻文辑校》，吉林文史出版社2012年版。蔡美彪编著：《元代白话碑集录》，科学出版社1955年版。

② 冯俊杰编著：《山西戏曲碑刻辑考》，中华书局2002年版。曹飞编著：《山西清代神庙戏碑辑考》，三晋出版社2012年版。董晓萍、〔法〕蓝克利著：《不灌而治：山西四社五村水利文献与民俗》，中华书局2003年版。秦建明、〔法〕吕敏编著：《尧山圣母庙与神社》，中华书局2003年版。白尔恒、〔法〕蓝克利、魏丕信编著：《沟洫佚闻杂录》，中华书局2003年版。董竹三、冯俊杰编著：《洪洞介休水利碑刻辑录》，中华书局2003年版。

③ 北京图书馆金石组编：《北京图书馆藏中国历代石刻拓本汇编》，中州古籍出版社1989年版。

集主要存在三个问题：首先是收集不全，地方碑刻存放零散不集中，收集成本很高，大部分碑刻集收录都仅仅是实际存量的一小部分；其次是碑文整理不完整，大部分碑刻集不收录碑阴题名；最后是整理错误较多，尤其碑阴题名格式混乱，容易误读。这些问题导致村社研究所需的大量碑刻都要通过田野调查工作来收集或者核对。

碑刻作为一种民间文献，与之相关的各种学术规范目前还比较缺乏，没有公认的、统一的、权威的标准，只能参考近似的相关规范或标准，参考已有碑刻整理文献来制定相对合理的整理规范。本书村社碑刻整理包括四个部分：村落社庙概况、元数据信息、碑文整理和碑文考释，这构成碑刻整理的总规范。这里先说明其他几个部分内容，最后详细说明元数据信息部分。

村落社庙概况是对碑刻所在村落和社庙情况进行概述，体现了来源原则。村落情况主要包括如下信息：村落所属市、县、乡各级行政区划，村落所在位置与县城或其他地理中心的方向和距离，村落名称的来历与别名，村落周边村落及其区位特征，村落周边交通情况，村落地形地貌，村落周边主要山川河流，村落格局肌理及新村建设发展格局，历史时期的行政区划，村落人口规模，村落特色文化和庙会时间，村落总体情况和类型的概括。社庙情况包括社庙在村落中的位置，社庙名称的来历与别名，社庙朝向，社庙规模，历代兴建社庙情况，现存社庙建筑情况，社庙现在的保存情况与功能，社庙中碑刻保存情况，村落中其他社庙情况。在上述概况介绍中可适当引用地方志或碑刻史料作为旁证。村落和社庙情况不指定严格规范，以描述为主，不进行元数据化处理。

碑文整理是对碑刻主体的文字信息进行整理。碑文整理主要有三种方式：普通格式整理、原格式整理和逐行整理。它们各有利弊，要根据实际情况采取合适的整理方式。普通格式整理即按照当代汉语规范和格式来进行整理。这种整理排版容易，符合当代读者的阅读习惯，但不能充分反映碑刻的格式等信息，也不容易追溯碑刻原石。原格式整理按照碑刻原石格式进行整理，文字和格式等信息均尽可能地符合碑刻原石的原貌，但不符合当代读者的阅读习惯，排版较费力。逐行整理主要适用于残断碑刻，各行之间无法连成完整的段落，不得不使用逐行整理的方式。对于碑文中较难的文字和文史知识用注解的方式进行解释，也作为碑文整理的一个组成部分。

碑文考述是对碑文内容进行较为深入的阐发，主要围绕村社的三个要素：村社地理、村社文化和村社社会经济。除上述三方面主要内容之外，在学术史、民间文献、历时性演变特点、个案特色等方面具有典型意义的问题也是碑文考述部分关注的内容。为方便读者阅读，碑文考述部分根据实际情况拟定小标题。

碑刻整理的元数据规范参照拓片元数据规范来进行制定。拓片是在碑刻原石基础上制作的印本，相对于碑刻来说更容易保存，是一种常见的馆藏文物类型。碑刻原石、拓片和数字图像在元数据中需要全面反映，[1]但作为馆藏文物的拓片不能反映碑刻原石的全面信息，仍需要借助田野调查手段在拓片元数据基础上做出增补。拓片元数据规范目前主要有北京大学古籍数字图书馆拓片元数据标准[2]、国家图书馆拓片元数据规范与著录规则[3]、台湾"中研院"历史语言研究所的拓片元数据需求规格[4]、科技部规则[5]、国家文物局《拓片元数据 著录规则（WW/T0093-2018）》[6]（以下简称国家文物局规则）等。国家文物局规则出台最晚（2018年），机构权威性最强，这里主要参照这一规则制定碑刻整理元数据规范，并参考国家文物局《馆藏文物登录规范

---

[1] 北京大学图书馆在制定拓片元数据标准过程中充分注意到了这一问题，但在缺少田野调查的情况下不可能完全解决这一问题，参看胡海帆、汤燕、肖珑、姚伯岳：《北京大学古籍数字图书馆拓片元数据标准的设计及其结构》，《图书馆杂志》，2001年第8期。

[2] 胡海帆、汤燕、肖珑、姚伯岳：《北京大学古籍数字图书馆拓片元数据标准的设计及其结构》，《图书馆杂志》，2001年第8期。

[3] 肖珑、苏品红、胡海帆主编：《国家图书馆拓片元数据规范与著录规则》，国家图书馆出版社2014年版。

[4] 张靖：《拓片元数据标准比较研究》，《中国图书馆学报》，2010年第1期。

[5] 肖珑、赵亮主编：《中文元数据概论与实例》，北京图书馆出版社2007年版。

[6] 中华人民共和国国家文物局发布：《拓片元数据 著录规则》，文物出版社2019年版。

（WW/T0017-2013）》[①]等其他相关规范。

国家文物局规则对拓片的描述包括元素、元素修饰词和编码体系修饰词，实际上是三个层级的元素（类似于子元素），为避免芜杂，本书不取编码体系修饰词这一层级，涉及编码体系修饰词的直接在具体内容前加冒号以示区别，例如"公历纪年：1644"表示编码体系修饰词为"公元纪年"。

国家文物局规则的元素包括文物类型、名称、总登记号、所在位置、传拓制作、材质、传拓技法、计量、附注、题识/标记、主题、级别、现状、来源、权限、展览/借展史、数字对象、相关文物、相关知识、金石原器物描述、版本、语种、书刻特征、录文、流传经历等，共计25个元素。

前4个元素为最基本的元素。本书所整理的村社碑刻文物类型均为碑刻。总登记号本来为馆藏文物编号，这里改作统一的编号，编号暂以碑刻所在地点加流水号来编订。碑刻所在位置与馆藏文物所在位置有区别，具体可以采用标准地名、历史地名、所在社庙三个元素修饰词，地名精确到村。碑刻名称与拓片有较大区别，命名方式需要调整。国家文物局规则中名称的命名方式是"传拓年代+刻石年代+作者+主要内容+器型+拓片"。对于寺院、庙庵、观、堂、会馆、府学碑刻，以"寺院、庙庵、观、堂、会馆、府学名称+石刻类名"作为命名方式。针对碑刻情况应当做一些调整。传拓年代与拓片均无须体现在碑刻名称中，但应该增加传拓情况这一元素，对已经被著录的拓片情况进行记录。有些碑刻由于残断等原因，刻石年代不详或不够准确，当属于有则必备。关于碑刻作者始终存在一些错误认识，碑刻并非个人的创作，而是包括撰文、书丹、篆额、村社首领、募化人、玉工等各种人的集体创作，不应当将撰文人作为碑刻作者进行著录，作者不应体现在名称之中。碑刻主要内容有两种情况，碑刻有首题的可以直接用首题，对于极个别首题非常长的碑刻可以进行省略。没有首题的可根据内容拟题目，为体现两种情况的区别，可在后一种情况碑刻内容前面加"无题名"字样。碑刻

---

① 参看国家文物局网站：www.ncha.gov.cn。

大部分不是馆藏文物，而是散落在村落社庙之中，碑刻名称最好增加地点这一项，地点包括县、村落和社庙在内，使用现代行政区划名称。这样，碑刻名称的命名方式是"刻石年代+现存地点+主要内容+石刻类名"，例如"天圣十年高平河西三嵕庙三嵕庙门楼下石砌基阶铭"。其中，主要内容和石刻类名尽可能尊重首题或额题的名称，但可根据实际情况修改。除上述标准名称外，碑刻其他名称作为元素修饰词进行著录，包括首题、额题、阴首题、阴额题、中题、尾题和其他名称。其他名称是其他文献中出现的碑刻名称。

材质、计量、附注和现状都是碑刻物理状态的描述元素。材质主要指石材种类，计量主要指碑刻尺寸，部分缺少数据的可以空缺。附注主要是形制、纹饰、存放位置和其他物理存在状态。现状是和文物保护有关的信息，主要是指完残程度。书刻特征主要有书体、镌刻特征、铭文行款、字数等元素修饰词，也是碑刻重要的元素。

另有一些元素则是一些参考性信息。相关文物主要收录同一庙中其他碑刻或与之相关的其他建筑和碑刻情况。相关知识由于有碑文考述部分做详细说明，这里改作相关文献，收录与碑刻有关参考文献。流传经历改作田野经历，记录笔者调查的情况。此外，录文由于另有专门的碑文全文整理，这里也不再列入。

传拓制作、传拓技法和版本直接与拓片有关，可修改为传拓情况记录现存拓片情况，本书暂不著录。主题实际上是关键词，由于主题词尚不完全，暂时不著录这一元素。语种由于都是中文，暂不著录这一元素。题识/标记、级别、来源、权限、展览/借展史、数字对象等元素都是和馆藏有关的元素，本书不著录。

金石原器物描述这一元素与碑刻原石有关，这一元素的元素修饰词可作为碑刻的元素，由于本书只关注碑刻，金石均改作石刻。石刻责任者记录与碑刻有关的撰文、书丹、篆额、玉工等人物，这些可作为元素修饰词。石刻年代记录碑刻的纪年，纪年应当既有年号纪年又有公元纪年。

以上 25 个元素中基本保留的有 11 个：文物类型、编号、所在位置、名称、材质、计量、附注、现状、书刻特征、相关文物和录文，其中录文在前述碑文整理部分中单独整理。改动较大之后保留的有2个：相关文献、田野经历。增加石刻责任者和石刻年代2个元素。共计14个元素，构成本书碑刻元数据信息整理的内容。有著录价值但是暂不著录的有传拓情况、主题和语种3个。其余与拓片直接相关和与馆藏文物有关的元素不著录。这些元素的整体情况整理为下表。

碑刻元数据信息整理规范

元素名称	元素修饰词	必备性	重复性
文物类型		必备	可重复
编号		必备	不可重复
所在位置	标准地名、历史地名、所在社庙	必备	可重复
名称	标准名称、首题、额题、阴首题、阴额题，中题、尾题和其他名称	必备	可重复
石刻责任者	撰文、书丹、篆额等	有则必备	可重复
石刻年代		有则必备	可重复
材质		有则必备	可重复
计量	尺寸	有则必备	可重复
附注	形制	有则必备	可重复
现状	完残程度、保护优先等级	有则必备	可重复
书刻特征	书体、镌刻特征、铭文行款、字数	有则必备	可重复
相关文物	同庙碑刻、相关建筑、其他碑刻	可选	可重复
相关文献	著录文献、研究文献	可选	可重复
田野经历		有则必备	可重复

凡　例

一、繁体字直接改为通行规范汉字，繁简转化涉及较复杂问题时加注解说明。异体字原字加圆括号"（）"，后面加方括号"[　]"补出通行规范汉字，例如：维（邨）[那]。碑文中疑为错字的，于疑错字后加圆括号"（）"补出疑是字。碑文中省略了的字在后面加方括号"[　]"补出省略的字。

二、碑文漫漶处可以识别字数的加与字数相同数量的"□"，不能识别字数的加"（阙文）"。碑文中少数漫漶的文字由于刻碑习惯、上下文和存在可校勘碑文等原因可以猜出，这时在后面加方括号"[　]"补出。

三、碑文中多个人物题名排序按照先中间，再依次以一右一左的方式排序，这种排序方式更符合刻碑者本义。

四、元数据信息中的相关文献仅写书名和页数，具体文献信息参看本书参考文献。笔者博士论文《宋代以来太行山村社研究（960—1949）》对本书所有碑刻均有研究，不一一注明。

五、全书碑刻的编排按照时间顺序进行，时间接近的编为一卷。

六、本书"村落与社庙概况"部分的人口统计情况均来自《晋城市乡镇志》[①]一书，不再一一注明出处。本书各社庙的建筑和面积等数据多来自《晋城文物通览·寺庙观堂卷》[②]一书，不再一一注明出处。

七、原碑文不分段的，根据文意进行分段，不一一加注。碑文中身份、称谓等与人名之间不空，多个人名并列时，人名之间空一个字符。

八、碑文中涉及的文史知识或典故在首次出现时加注，碑文引用的古籍

---

① 秦海轩主编：《晋城市乡镇志》，山西人民出版社2013年版。
② 晋城市旅游文物局编：《晋城文物通览·寺庙观堂卷》，山西经济出版社2011年版。

再出现时重复加注。

九、为方便统计,碑文整理对原碑文部分内容添加了序号,序号以带圆括号的阿拉伯数字表示,不再一一注明。

卷 一

01 大中祥符七年（1014）泽州庾能佛堂《无题名建立佛堂碑》

一、村落社庙概况

庾能村距晋城市区西北 13 千米，位于长河河谷东边缘，长河是沁河支流，所在区域为晋城市区通往阳城东部沁河干流区域的过渡地带，地理位置非常重要。庾能村西面靠近长河河谷，南面靠近阳城到晋城市区的道路，交通比较便利，西有大东线，南有晋韩路。庾能村地处丘陵地带，村落依山而建，地势东北高、西南低，北有贾泉岭，东有伊侯山，西临长河。村落格局以南北向为主，新村主要向西、北两个方向扩展。庾能村在清代属于凤台县建兴乡永义庾能里[1]，今属泽州县大东沟镇，2011 年有居民 409 户，1481 人，中等规模。除佛堂外，庾能村还有北阁玄帝阁、南阁碧霞阁、中阁观音阁、奎星楼、牛王殿、土地庙、黑虎庙、山神庙等祠庙。庾能村是交通便利的中等规模丘陵地带村落。

庾能佛堂又称佛堂殿、庾能寺，位于庾能村中，坐北朝南，前后二进院落，占地面积 976.4 平方米，有七佛殿、蚕姑殿、东奶奶殿、关帝殿等殿宇。除宋碑外，庾能佛堂还有三通明碑和两通清碑。庾能佛堂虽为佛寺，但具有社庙、大庙的功能，每年农历三月十八日有庙会。

---

[1] ［清］姚学甲纂修：乾隆《凤台县志》卷 3《里甲》，《凤台县志（点校简注本）》，三晋出版社 2012 年版，第 74 页。

二、碑刻元数据信息

元素名称	元素修饰词	信息
文物类型		碑刻
编号		山西泽州庚能 001
所在位置	标准地名	山西省晋城市泽州县大东沟镇庚能村
	所在社庙	庚能佛堂
名称	标准名称	宋大中祥符七年泽州庚能佛堂无题名建立佛堂碑
	首题	无
	额题	无
石刻责任者	书镌	和郁
	邑首维那	庚环
石刻年代		年号纪年：大中祥符七年
		公历纪年：1014 年
材质		青石
计量	尺寸	高 31 厘米，宽 46 厘米
附注	形制	圭首壁碑
	雕刻	碑额浮雕佛像一尊
	纹饰	碑额两旁为卷草纹
	刊立位置	镶嵌于正殿前墙内
现状	完残程度	保存完好

续表

元素名称	元素修饰词	信息
书刻特征	书体	正书
	铭文行款	18 行，行 10 字
	字数	107 字
相关文物	同庙碑刻	正德十三年（1518）《无题名碑》 嘉靖二十年（1541）《庚能社增修井泉记》 嘉靖三十七年（1558）《明泽州庚能社重修成汤庙记》 乾隆十六年（1751）《增修井泉碑记》 嘉庆九年（1804）《无题名碑》
	相关建筑	庚能佛堂现存建筑为清代风格
相关文献	著录文献	《三晋石刻大全》(晋城市泽州县卷)，第 26 页 《泽州碑刻大全》第 1 册，第 203—204 页
田野经历		2017 年 10 月 6 日杨波、杨建庭实地考察

三、碑文整理

首题：无

额题：无

庚能村合社人户建立佛堂一座。

邑首维（郁）[那] 庚环　次男庚（俉）[伈]

施地主庚钦

村人张绪　庚审　张顺　庚诚　张俨　庚普　庚堆德　庚坦　庚弁　蔺美　张远　张宣　张海　张嗣　史吉　庚遇　庚信　张元　李用　张演　张方　庚海　庚璘　庚显　庚吉　蔺益　张盛　张开　苇让　陈贞①

---

① 碑刻原石行款为每行 3 个人名，中有空格，共 10 行、30 个人名。

大宋祥符七年十月日记

汝南和郁[①]书镌

四、碑文考述

（一）社神与佛教

庾能佛堂是以佛为社神的社庙典型，兼具佛寺与社庙双重性质，是社祭文化与佛教文化相结合的表现。宋代，国家严格控制佛寺的建立，正规的寺院兴建是需要国家批准的，民间不得私自兴建。但是庵、堂一类的小庙，国家一般不加限制，因此民间常常建立庵、堂一类的小庙。[②] 庾能佛堂也属于这种类型的佛堂。嘉靖三十七年（1558）《明泽州庾能社重修成汤庙记》有"庾能村之东坡，在唐时建寺于其上，寺即以东坡名。"明代碑的说法虽不可全信，东坡寺的名称也非官方正式赐额的正规寺院，但这可以表明庾能村附近可能很早就有佛寺，有悠久的佛教传统，庾能佛堂的建立深受这种传统影响。庾能佛堂兴建的过程中完全看不到有任何僧人的参与，全部是由社人来组织修建的，以村社为主体的情况是比较明显的，因此，可以判断庾能佛堂的确是社庙。庾能佛堂在很多方面表现出与众不同的特点，诸如社庙位于村中、村社独立建庙，等等，这些特殊性均与其佛教性质有关系。

庾能佛堂的出现主要是佛教发展的结果，类似的情况也见于青莲寺在泽州建立的观音堂。宋代的青莲寺在泽州城内修建了一个观音堂，宋碑上有四至记载："南关观音堂四至：东至庙，南至街，西至壕，北至濠为界。"[③]

---

① 原字为"郁"，非"鬱"。
② 汪圣铎：《宋代政教关系研究》，人民出版社2010年版，第505页。
③ 崇宁四年（1105）《福严净影山场之记》，现存泽州青莲寺。

后至元二年（1336）《重修南关观音堂遗迹感应记》说明了宋代修缮的过程："粤观音堂，在泽城南门外偏左，白云北际偏右。旧有基墟，前抵道路，北迤濠水，西近城门，东围垣墙。前代已经兵燹荡平，视若僻隙廉隅之地也。大宋崇宁间，仅有本州青莲寺长老鉴峦，重举功力，木料砖甓起立观音堂殿三间，周延四阿，环以廊舍。及构前殿三间，俱有佛像，甚相具焉，安慰僧众。"① 此观音堂就是宋碑中所说的观音堂，其始建可能更早，崇宁时期进行了修缮。这显然是青莲寺为了能够更方便地在州城进行各种佛事活动而特意修建的。庾能佛堂这样的佛寺建在较大的村落之中，是佛教发展和世俗化的过程。庾能佛堂的例子中佛教的发展恰好和村社结合在了一起，但在宋代更多村社案例中，推动村社发展的还是民间信仰，而不是佛教。

（二）社人

包括邑首维那和施地主在内的庾能社社人共计33人，其中庾姓15人，张姓12人，占大多数，其余蔺姓2人，史姓、李姓、韦姓和陈姓都只有1人，数量上庾姓和张姓占绝对优势。庾姓的庾环担任了邑首维那，说明在村社中权力更大。庾环的第二个儿子庾侃也跟着庾环在邑首维那这里署名，说明邑首维那可能存在家族继承。施地主庾钦也是庾姓，说明庾姓在村社中也有较好的经济地位。庾姓在人数、社会权力和经济地位方面在村社中均占优势。

嘉靖三十七年（1558）《明泽州庾能社重修成汤庙记》记叙了庾能村社形成的过程："庾能村之东坡，在唐时建寺于其上，寺即以东坡名。时有庾姓名能者，不知迁自何许，择寺卤旷地而居，其渐繁衍。及他姓者咸萃于是，遂成村落，故以庾能名里。后寺废，遗阁利石顶醮纸石盆、八角石柱、原刻佛书及佛堂石碣，题名者惟庾姓居多，今只存一息，此其社之所以立□也。"嘉靖时佛寺的醮盆实物还存在，当为唐代遗物，醮盆上庾姓数量较

---

① 后至元二年（1336）《重修南关观音堂遗迹感应记》，现存泽州青莲寺。

多。这说明庾姓是庾能村的较早定居者，这是庾姓在村中占优势的原因之一。其他姓氏陆续迁入庾能村，这说明庾能村是在唐宋时期不断迁徙中逐渐形成的杂姓村落。宋初形成的村社已经将各种姓氏的社人纳入同一个集体之中。

（三）庾能社的特色

庾能村社是宋代山西地区比较独特的一个村社案例，它表现出以下一些与众不同的特色。首先，宋代绝大部分社庙兴修都是多个村社共同进行，围绕社庙建立起一个村社集群，这些社庙是村社集群共有的，而庾能佛堂是个例外，它是由庾能社独立兴建的。其次，就村社与祈雨的关系而言，祈雨是宋代山西地区绝大部分村社最重要的功能，很多还是社庙创修的直接原因，但是庾能佛堂没有明显的祈雨功能。原因在于，第一，祈雨对于宋代村社转型有重要的推动作用，但这种关系不是绝对的。第二，祈雨和民间信仰的地方神灵有密切关系，地方神灵对于村社发展也有重要作用，但这种关系也不是绝对的。再次，庾能佛堂修建中佛教邑义组织的特点表现得更加明显。泽州庾能佛堂碑文中出现了邑首："庾能社阖社建立佛堂一座。邑首维那庾环，次男庾偘。"邑首这一称谓明显是受到佛教的邑义组织影响，这一名称和其他村社中以乡、保、管名称来命名的首领很不一样，以佛作为社神的村社受到佛教影响更大，首领名称直接使用了佛教邑义组织的名称。最后，绝大部分宋代社庙都位于村外小岗上，庾能佛堂却位于村中。以上这些特殊性和其佛寺属性有密切关系。

宋代村社的发展有多重类型的推动力量，代表国家的地方政府，代表建制性宗教的佛教和代表民间力量的民间信仰都是重要的推动力，它们相对独立又紧密相关，总体而言，佛教发展的推动不是主要的方面，民间社会力量才是主要推动力。

02　天圣十年（1032）高平河西三嵕庙《三嵕庙门楼下石砌基阶铭》

一、村落社庙概况

河西村距高平市中心以北约 9 千米，地处丹河河谷地区，因位于丹河之西，故名。河西村向北与高平县城隔游仙山相望，向南是一片开阔的谷地，地势平坦，地理条件优越。河西村交通便利，紧临高平通往晋城市区的二级路。村落格局以南北向为主，新村主要向南扩展。河西村清代属第二十六都河西东里和河西西里，[①] 今属河西镇，系河西镇镇政府所在地。河西村 2010 年有居民 1060 户，3873 人，是区域内中心村落。河西村祠庙众多，除三嵕庙外，还有玉皇庙、关帝庙、观音庙、会馆、南佛堂、玄帝庙、觉智堂、三佛堂、五云阁、生生堂、西佛堂、东佛堂、奶奶庙等十余处祠庙或会馆。河西村是交通便利的大规模河谷地带村落。

河西三嵕庙位于村外北方小岗之上，村民将此小岗称作三嵕岭，系河西镇与高平县城盆地之间的游仙山（今又称牛山）余脉。三嵕庙主体格局为一进院，坐北朝南，现存建筑有正殿、献殿、厢房、山门、耳房等，现存宋天圣年间至清同治年间碑刻十一通、石柱题记一处，另有一金代经幢已经被盗。庙内建筑墙体多处有裂痕，亟须抢救性修复。2021 年，河西三嵕庙被评为山西省省级文物保护单位。

---

① ［清］傅德宜等纂修：乾隆《高平县志》卷 4《里甲》，《中国地方志集成·山西府县志辑》第 36 册，凤凰出版社 2005 年版，第 59 页。

二、碑刻元数据信息

元素	元素修饰词	信息
文物类型		碑刻
编号		山西高平河西001
所在位置	标准地名	山西省晋城市高平市河西镇河西村
	所在社庙	河西三嵕庙
名称	标准名称	天圣十年高平河西三嵕庙三嵕庙门楼下石砌基阶铭碑
	首题	三嵕庙门楼下石砌基阶铭
	额题	三嵕庙门铭记
	阴首题	大宋泽州高平县举义乡牛村保添修三嵕庙门下石砌基阶毕记
	阴额题	无
	其他名称	三嵕庙庙门铭记
石刻责任者	撰文	郭遗直
	书丹	王在存
石刻年代		年号纪年：天圣十年
		公元纪年：1032年
石刻材质		青石
书刻特征	书体	行楷书
	铭文行款	19行，行36字
计量	尺寸	高142厘米，宽77厘米，厚15厘米

续表

元素	元素修饰词	信息
附注	形制	圭首壁碑
	纹饰	碑额两侧为卷草纹
	刊立位置	镶嵌于正殿殿门右侧槛墙
现状	完残程度	完整，无明显漫漶
相关文物	同庙碑刻	宋政和元年（1111）石柱题记 金大定九年（1169）经幢 顺治六年（1649）《无题名捐款碑》 乾隆二十七年（1762）《重修护国灵贶王庙碑记》 乾隆四十四年（1779）《补修碑记》 乾隆四十六年（1781）《修理东垰增置地亩碑记》 道光五年（1825）《无题名补修捐款碑》 道光二十二年（1842）《补修大殿记》 咸丰四年（1854）《补修碑高禖祠西山墙风口并舞楼前面石台碑记》 同治五年（1866）《补修三崚庙碑记》 纪年不详《重修护国灵贶王庙碑记》
	相关建筑	三崚庙为山西省省级文物保护单位
相关文献	著录文献	《高平金石志》，第159页 王潞伟：《上党神庙剧场研究》，第45—46页
	研究文献	宋燕鹏、何栋斌：《宋元时期晋东南三崚山神信仰的兴起与传播》 杨波：《宋金元时期山西泽州的乡村聚落演变——以庙宇碑刻文献为中心》
田野经历		2013年5月17日孟伟、王潞伟和颜伟调查 2015年7月14日首届民间文献研修班集体调查 2018年7月28日魏春羊等调查

三、碑文整理

【碑阳】

　　首题：三峻庙门楼下石砌基阶铭

　　额题：三峻庙门铭记

　　乡贡三传郭遗直撰　　学究王在存书

　　若夫希夷闵象，不可以智知；大道幽玄，莫将其识识。（鑽）[钻]之弥固，仰之弥高，天地不能究其源，阴阳不能穷其始者，其唯神灵之谓乎？唯神成名静默，立德幽征，齐阴阳不测之功，状天地无私之力。春秋冬夏，挥律候（候）以明定四时；暑往寒来，吹灰管而潜分八节。而又三才共立，七气同分，显威风而以镇云雷，化雨露而苏草木；牧围得牺牲之滋盛，丁壮有黍稷丰登。在境（土）[土]之黎民，赖神祇之重德。

　　斯神也，三元至贵，九府极尊，赏罚无昧于吉凶，褒贬有凭于善恶。可谓威光自在，圣意逍遥，乘云游月殿星楼，控鹤（逸）[绕]丹台紫府。普天之下，堵（皆）承血物之恩；率土蒸民，尽荷无私之育。我皇陛下统临天业，握振华夷，文教盛而古风生，干戈偃而狼烟灭。乾坤荡荡，山岳巍巍，银（甕）[瓮]不汲而自盈，丹甑不炊而已熟。还淳返朴，比肩于五帝三皇，端拱垂衣，挺生于八元十乱。天地静而为无为，日月明而事无事。

　　今有当保录翁王通等，仁德双美，文武两全，阅礼乐而敦诗书，修寸心而行片善。于是三和有备，四德无亏，常怀克己之心，不务兼人之道。春秋献贺，踧踖而战战兢兢；送故迎新，鞠躬而悚悚惕惕。畴昔前年逢辛未，月值夹钟，当两乡祷庙之时，乃四社祈神之次，辄有录翁王通起而发言，语于众曰："通适睹堂廊峭峻，殿宇峥嵘，神仪以彩绘全新，圣像以装鉴鲜净。唯有门楼前土阶废坠，踏道崩摧，若不用石以为基，渐见骎残于柱顶。"众而叹曰："夫人不言，言必有中，一则壮冠于神明，二乃保安于黎庶。"是致征求易象，筮彼吉凶，砌叠无碍于三灾，添修恰当于五利。岂免远招石匠，近扰乡者，遍户排门，幸蒙允济，今则良功毕乎郢匠，成劳就此嘉辰，专伸虔讃。切以遗直才非待问，学昧周身，既坚请以再三，难遑斐然之作，辄陈寡识，用纪年辰。若遇英流，勿赐见诮而已。

时天圣十季岁次壬申四月辛丑朔二十五日乙丑记

【碑阴】

首题：大宋泽州高平县举义乡牛村保添修三崚庙门下石砌基阶毕记

额题：无

牛村保首领三人王通　秦旻　焦从

仙井北村首领三人常政　王显　焦信　长老董岳　王禧　苏嚣　焦显　耿能　祁嗣　董美　赵敏　董亮　赵象　董玉　董能　焦政　王信　王仪　王元　苏凝　苏璘　焦昇　苏诚　祁琛　田玉　贾吉　赵让　焦遂良　田清　王清　赵旻　吕绪　王则　秦翌　赵同　张元

常乐村首领焦旻　李能　郭让　长老焦遂　郭莭　郭元　李用　焦诚　郭德　李绪　李儒　焦嚣　雍坦　焦璘　焦则　朱亮　郭昌

仙井南村首领焦义　焦竣　王简　长老焦普　焦伦　焦明　焦用　王信　焦则　李恕　焦象　王从　李清　张诚　焦显　董诚　董裡　张昇　王习　焦钦　董有　董昇　冯梅　张琛　王政　杜玉　焦白　李伦　焦坦　焦简　焦深　郭显　冯谦　焦行　焦昌　冯宝　冯政　焦迪　焦恭　焦晏　王让　董伦　张伦　王遂　王清　老人李通　焦玘　郭宗　李绪　焦演　焦善　焦闰　马秀　丁意　郭琮　董新　王意　王信　焦贵　王颙　焦福　靳元　焦同　冯旻　焦德　焦素　焦旻　陈象　焦和　焦仪　王怀德　董郅　董琮　冯亮　王益　董简

牛村首领刘钦　秦亮　长老刘侃　王璘　赵旻　王信　牛宝　焦真　焦清　李宝　李昌　赵绪　王习　张旻　王侃　史政　李能　刘意　刘志　刘全

董信　秦节　李信　张元　郭莫

　　杜村首领刘从　耿远　郭元　刘昇　郭玉　董坦　杜吉　刘宣　刘亮
薛能　董旻　耿意　耿旻　郭旻　董吉　牛昌　耿让　李忠　□化
　　都善乡河西村焦晖施地一十五亩与举义乡牛村保仙井北村允修
　　神维那王通　焦颙等　庙子董怀德记之

四、碑文考述

（一）撰文书丹者及其书法

　　三嵕庙天圣十年碑碑阳的撰文和书丹为"乡贡三传郭遗直撰，学究王在存书"。两人均为底层的士人，乡贡是通过宋代地方科举考试者，三传（指《春秋》三传）与学究均为宋代科举考试的科目。此碑的书体以正书为主，部分字为行书，这增加了识读困难。此碑书法明显受到《怀仁集王羲之圣教序》影响，行楷相杂，虽或楷或行，但字字独立，寓活泼于庄重之中。线条圆润，用笔方圆有度，以圆笔居多，结体严谨，中宫舒朗，稍取外拓之意，显得比较温润。王在存为书丹之人，其身份为学究，即宋代科举明经"学究一经"之简称，也即五经之中学通一经，从其书法水平亦可窥见宋代士人的书学造诣。

（二）碑刻整理与研究

　　目前，此碑主要有两个版本的录文，《高平金石志》（以下简称《金石志》）的录文只有碑阳[①]，王潞伟的录文则是全部碑文[②]。其余研究大多直接使

[①]　《高平金石志》编纂委员会编：《高平金石志》，中华书局2004年版，第159页。
[②]　王潞伟：《上党神庙剧场研究》，中国戏剧出版社2016年版，第45—46页。

用《金石志》的版本。此碑识读有一定难度，两个主要版本的部分文字识读均存在比较严重的错漏之处。现对部分比较明显的文字识读问题做一些讨论，其他还有一些小的错漏之处不再一一指出。

首句"若夫希夷闵象，不可以智知；大道幽玄，莫将其识识。鑽之弥固，仰之弥高"，金石志"闵"误作"同"，"识识"断句有误，"弥固"断句有误。王潞伟"识识"误作"载识"，"鑽"误作"赞"，"固"误作"回"。此句"闵象"之"闵"为昏昧不清之意，意同后半句"幽"，也与"希夷"[①]照应，都是指"道"不可测。"识识"前一个"识"读作"shí"，后一个识读作"zhì"，意谓不可以用不同的认识来记录。"识识"对应前面的"智知"，此两字也本为同字异音，意谓不可以用普通的智慧来认知。即道家所谓"道可道，非常道"之意。"鑽"为"钻"的异体字，"钻之弥固，仰之弥高"[②]，坚与固同义。两个版本在这一句均存在较大错误。

"其唯神灵之谓乎？唯神成名静默，立德幽征，齐阴阳不测之功，状天地无私之力。春秋冬夏，挥律候以明定四时；暑往寒来，吹灰管而潜分八节"一句，"候"应写为"候"，意为气象的征候，与律共同确定四时；灰管为古代验节气变化的器具。《金石志》未识读出"候"。王潞伟将"灰"误作"仄"；"功"误作"切"；"私"误作"松"；"无""征""律""往"均未识读。

"牧圉得牺牲之滋盛，丁壮有黍稷丰登。在境土之黎民，赖神祇之重德"一句，境土为疆域领地之意。《金石志》"境"误作"坟"，其意不通，土字前衍"在"，皆误。王潞伟未识读"得"字；"在境土之黎民"断句有误；土之为异体字"圡"，王潞伟误作"出"。

"普天之下，堦承血物之恩；率土蒸民，尽荷无私之育。我皇陛下统临天业，握振华夷，文教盛而古风生，干戈偃而狼烟灭"一句，"堦"是"阶"的

---

① 出自《道德经》。
② 出自《论语·子罕第九》："仰之弥高，钻之弥坚。"

异体字，应当借代为"皆"字。《金石志》未识读出"临"。王潞伟未识读出"遘""之""土""业""振""生"；"灭"误作"威"；断句也有错误。

"夫人不言，言必有中，一则壮冠于神明，二乃保安于黎庶"一句，《金石志》脱"中"字。王潞伟后一个"言"误作"私"；"冠"误作"一村"，此句前后对应，字数相同，当为"冠"，不当为"一村"。

《金石志》未整理碑阴，王潞伟录文脱漏之处较多，"刘钦，秦亮"当为牛村首领，王潞伟误作"刘庄"，"都善乡"误作人名，这些是较大的错误。天圣十年碑碑阳主要分为三个部分，第一部分为泛论神灵的神妙莫测，第二部分具体谈三嵕神灵和皇帝的功绩，第三部分叙述修基阶的过程。第一部分由于涉及不少典故，识读最为困难，以上两个版本的错误也主要出现在这个部分。

对于天圣十年碑的研究，王潞伟与颜伟从戏曲文物角度对河西三嵕庙政和元年石柱题记所载宋代献楼进行了考证，也涉及天圣十年碑。① 宋燕鹏、段建宏和张楠等学者则从三嵕信仰角度对此碑有所关注。② 杨波从乡村聚落与社会文化角度对河西三嵕庙进行了研究。③

（三）三嵕信仰

三嵕信仰源于潞州（今长治市）屯留县，三嵕本为山名，宋代三嵕信仰已经传播到泽州高平和潞州长子等地，金元时期，三嵕信仰广泛传播到泽州晋城和沁水等县、潞州平顺、壶关等大部分县，甚至远达洪洞县和磁州等

---

① 王潞伟：《高平市河西村三嵕庙及其北宋"献楼"碑刻考》，《中华戏曲》，2015 年第 1 期。颜伟：《山西高平神庙剧场调查研究》，中国戏剧出版社 2019 年版。
② 宋燕鹏、何栋斌：《宋元时期晋东南三嵕山神信仰的兴起与传播》，《山西档案》，2015 年第 1 期。段建宏、雷玉平：《民间信仰的泛众化——以三嵕信仰为中心的考察》，《西北民族大学学报》（哲学社会科学版），2018 年第 5 期。张楠：《宋金元时期晋东南三嵕信仰新解》，《宋史研究论丛》，2021 年第 2 期。
③ 杨波：《宋金元时期山西泽州的乡村聚落演变——以庙宇碑刻文献为中心》，《宋史研究论丛》，2016 年第 2 期。杨波：《宋代以来太行山地区村社研究（960—1949）》，河北大学博士学位论文，2020 年。

地，这是宋金元时期三嵕信仰的大致情况。① 由于三嵕信仰的祖庙屯留三嵕山（现称老爷山）现不存早期碑刻，高平河西三嵕庙天圣十年碑是现存最早的三嵕信仰碑刻②，对于反映三嵕信仰在宋代早期的形态有不可替代的重要意义。

三嵕庙天圣十年碑对三嵕神灵的描述有三个鲜明的特点：一是道教神仙思想的影响，二是山神的形象，三是社神与地方神灵的结合。

首先，碑文中体现了道教神仙思想："斯神也，三元至贵，九府极尊，赏罚无昧于吉凶，褒贬有凭于善恶。可谓威光自在，圣意逍遥，乘云游月殿星楼，控鹤绕丹台紫府。"这段话道教神仙色彩非常明显，三元九府是典型的道教语言，三元就是三官，早在东汉末年的五斗米道就以三官手书而闻名，而三元各有三府，合为九府。乘云控鹤、月殿星楼、丹台紫府，这些也是典型的道教神仙语言。

其次，三嵕庙天圣十年碑中的三嵕神灵有明显的山神特点。"春秋冬夏，挥律候（候）以明定四时；暑往寒来，吹灰管而潜分八节。而又三才共立，七气同分，显威风而以镇云雷，化雨露而苏草木；牧圉得牺牲之滋盛，丁壮有黍稷丰登。在境土之黎民，赖神祇之重德。"这一段话主要是说天时、气候以及由它们所决定的好的收成，其中"牧圉"是指牧业，而"黍稷"是说农业。《宋会要》记载："三嵕山神祠，在屯留县。徽宗崇宁三年十二月赐庙额'灵贶'。"③这一赐额是在山川祠的部分，三嵕山神祠前后都是各地的名山。金贞元元年（1153）《潞州长子县钦崇乡小关管重修灵贶王庙碑》追溯了崇宁赐封的情况："逮宋崇宁间，缘屯留县申请：山川神祇，有不举者为不敬。郡守敷奏于朝，敕赐三嵕山，以'灵贶'为额。继而，诏书褒答曰：

---

① 宋燕鹏：《南部太行山区祠神信仰研究：618—1368》，中国社会科学出版社2015年版，第44—50页。

② 今泽州县渠头村现存康熙三十五年（1696）《移建三宗庙旧碑》翻刻了残缺不全的宋大中祥符五年碑，时间上早于天圣十年碑，但已非原碑，且残缺严重。

③ ［清］徐松辑：《宋会要辑稿》第20册《礼二十·山川祠》，中华书局1957年版，第814页。

'祭祀驭神，必隆德秩□赏称德，奚□幽明正直无私。庙食乐土，雨旸之应，有感必通。其启彻□之封用厚，一方之庇，尚绥祉福。□答民心，可特封显应侯。载在祀典，有司随时省祭以礼焉。'"① 虽然此碑时间较晚，但这里所引用的当为赐额诏书的原文，可信度是比较高的。三崚庙天圣十年碑中描述的主要是三崚山山神的神灵形象，这一神灵形象的几个主要特点和崇宁赐封的诏书的"雨旸之应"都非常类似。

最后，三崚神灵是和社神形象结合在一起的，三崚庙天圣十年碑表明三崚神已经完成了与社神的结合。社本为土地神，源于先秦社祭，先秦的社以春秋二月、八月的社祭为最基本的特点。宋代社神与地方神灵结合在一起，地方神灵具有社神性质，这在各地都有不少例子。丁荷生描述了福建碑刻中地方神灵与社祭的结合情况：宋代的《圣墩祖庙记》所记妈祖，《兴化军祥应庙记》所记显惠侯等神灵都和当时社祭有密切关系。②《长安志》中有社祭董龙的记载："董龙社树，在（鳌屋）县西南三十里，旧图经曰董龙，鳌屋人，家贫，村社众人祭社逐出之。龙遂以泥造饭祭之，后穿地得黄金，因大富，遂名董龙树。"③董龙因为得黄金的神迹而成为当地地方神灵，与社树祭祀结合。《新安志》也记载了徽州程灵洗被奉祀为社神的情况："今人即灵洗墓处为坛，水旱祷者八十余社。"④程灵洗是南北朝时期徽州的名将，在宋代已经成为地方神灵，对它的祭祀也与社祭相结合。天圣十年碑中有："春秋献贺，踧踖而战战兢兢；送故迎新，鞠躬而悚悚惕惕。畴昔前年逢辛未，月值夹钟，当两乡祷庙之时，乃四社祈神之次，辄有录翁王通起而发言。"保录翁王通发

---

① 申修福主编：《三晋石刻大全》（长治市长子县卷），三晋出版社2013年版，第55页。
② 〔美〕丁荷生：《福建社神之转型》，收入刘永华编：《中国社会文化史读本》，北京大学出版社2011年版，第240页。
③ 〔宋〕宋敏求撰：《长安志》第18卷，《宋元方志丛刊》第1册，中华书局1990年版，第188页。
④ 〔宋〕罗愿纂，赵不悔修：《新安志》第3卷，《宋元方志丛刊》第1册，中华书局1990年版，第7638页。

起修三嵕庙基阶是在辛未年夹钟月的"祷庙""祈神"活动中，此碑刊立于天圣十年（1032），辛未年当为前一年天圣九年（1031）。夹钟月是以十二律记录的月份，实际上就是二月。"春秋献贺"也就是"春祈秋报"，延续了秦汉以来春秋社祭的传统。天圣十年碑碑文中对三嵕神的描述明显有保佑风调雨顺、庄稼丰收之意，形象接近于社神，可以说三嵕神的山神形象已经和先秦以来的社神传统相结合了。

（四）村社集群空间特征

宋代社庙大多建在聚落外、靠近聚落的地方，并不在聚落中，社庙其实并不属于某一个聚落，而是属于周围几个村社构成的村社集群。参与补修河西三嵕庙的主要有五个村，以三嵕庙为中心，附近的仙井北村、常乐村、仙井南村、牛村、杜村组成了一个村社集群，可以称之为河西三嵕庙村社集群。在这里，村社集群以社庙来命名，社庙以所在聚落名称来命名，以所在聚落来命名社庙严格说并不妥当，这里只能按照现在命名习惯权且为之。三嵕庙是村社集群共同举行各种社事活动的场所，也就是它们共有的社庙。值得注意的是上述五个村中并不包括三嵕庙现在的河西村。碑文最后提到"都善乡河西村焦晖施地一十五亩与举义乡牛村保仙井北村允修"，这说明庙宇所在土地是河西村人卖给仙井北村的，当时并不属于河西村。乡、保这一类国家基层地理划分单元也影响着村社集群的构成。

河西三嵕庙村社集群的五个村在碑文上也称作"四社"，仙井南、北两村应当被视作一社。这样，"四社五村"就构成了以河西三嵕庙为中心的一个民俗文化社区。四社五村大体上均分布在丹河河谷两侧，沿着丹河呈带状分布（具体参看图1所示）。这种分布呈现出一种典型的小流域类型的分布特点：若干个村社主要是沿着一条小河组成一个村社集群。

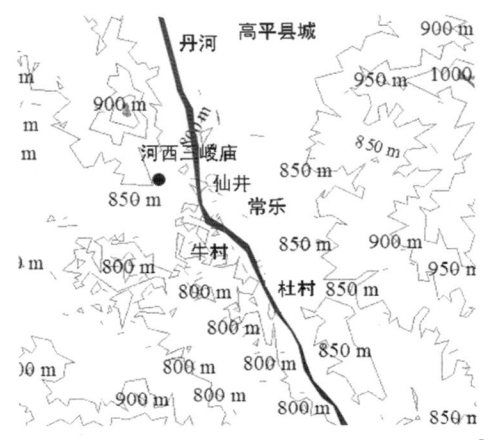

图 1　河西三崚庙村社集群空间特征示意图①

（五）社人

四社五村参与人数不等，根据碑阴题名进行统计，仙井北村 36 人，常乐村 17 人，仙井南村 76 人，牛村 25 人，杜村 19 人。仙井南村是人数最多的，其他村社在 10—30 人。

村社最重要的首领是发起人保录翁王通，保是宋代基层管理组织名称，通常认为始于神宗王安石变法期间，但天圣十年（1032）早于王安石变法，可见在变法之前就有保这一组织形式。

录翁也称录事，不见于传世文献，最早见于唐代碑刻，太行山中部的鹿泉县唐《鹿泉本愿寺铜钟铭碑》的碑阴有"□□乡录事李奉箚、录事张凤归，封龙乡录事韩处亮，丰润乡录事霍三良，录事赵少箚，光泉乡录事雍伯恭，崇善乡录事冯□仁"。②叶昌炽说："唐人又有'社录''耆宿'等称。盖

---

① 说明：本书使用的图片底图数据来自中科院地理空间数据云网站；个别村落由于古今地名变迁未标注在图上；一村数社的只标注村落名称；图片均未标注比例尺，仅作参考示意，聚落位置不能严格符合。

② 王言：《金石萃编补略》，转引自杜文玉：《唐五代州县内部监察机制研究》，《江西社会科学》，2013 年第 2 期。

乡里愚氓，因事立号，本无义例，亦不能备详也。"① 由于唐代贞观十五年（641）就废除了乡级长吏，乡的事务主要由里正来完成，有学者认为这里的乡录事实际上是指里正，是部分地区仿照县以上的录事称谓对里正的一种美称。②

长老和老人含义基本相同，都属于耆老，是中国古代乡村管理中的重要力量。柳田节子探讨了宋代父老在乡村社会中的作用，除了住持祭祀和祈雨之外，父老在农田、水利、诉讼和户籍等方面均起到重要作用。③

碑文最后有"神维那王通、焦顋等，庙子董怀德记之"，这里的神维那是工程执行中的实际负责人，王通是保录翁，也是牛村保首领。保录翁是王通在官方的身份，首领是他在村社中的身份，而维那是在兴修工程中的临时身份，这是牛村保首领兼任神维那。这里的庙子当类似于后世的住持，负责社庙日常管理工作。

---

① 〔清〕叶昌炽撰，姚文昌点校：《语石》卷五，浙江大学出版社2018年版，第157页。
② 杜文玉：《唐五代州县内部监察机制研究》，《江西社会科学》，2013年第2期。
③ 〔日〕柳田节子：《宋代的父老——关于宋代专制权力对农民的支配》，《漆侠先生纪念文集》，河北大学出版社2002年版，第331—338页。

03 嘉祐四年（1059）泽州东中村二仙庙《大宋国泽州高都郡晋城县移风乡招贤管□□长老重兴二仙行宫记》

一、村落社庙概况

东中村距离晋城市区以东约22千米，属柳树口镇，东面靠近泽州县与陵川县边界。东中村原名中村，后因重名，按照地理位置改为东中村。东中村位于白洋泉河河谷之中，白洋泉河是丹河的一条支流，流经陵川和泽州所属的晋城东部山区，东中村附近村庄均沿河谷分布，分上、中、下三村。东中村属山区，相对高差较大，交通不便。村落沿白洋泉河河谷大体呈东西向分布，村落均建在河流右侧半山坡上。东中村2011年有居民84户，共309人。东中村规模不大，庙宇数量不多，但历史悠久，二仙庙西北侧有玉皇庙，村中另有佛堂和观音阁。东中村是典型的交通不便的小规模山区村落。

东中村二仙庙位于村西小岗之上，在村落边缘。嘉祐四年（1059）泽州东中村二仙庙《大宋国泽州高都郡晋城县移风乡招贤管□□长老重兴二仙宫记》描述了庙宇的选址："斯阜也，彻视其东，九仙隐之台；极目其右，文殊示现岩溪；禅师宝塔异水于南；龙门莠出于北。四顾悉畅。"东中村二仙庙现为两进院落，坐北朝南，现存建筑为山门及其耳楼、东西厢房、正殿及其耳楼，正殿前有献殿地基，西厢房建设尚不完整，现存建筑为1997—1998年重建。

二、碑刻元数据信息

元素名称	元素修饰词	信息
文物类型		碑刻
编号		泽州东中村001
所在位置	标准地名	山西省晋城市泽州县柳树口镇东中村
	所在社庙	东中村二仙庙
名称	标准名称	嘉祐四年泽州东中村二仙庙重兴二仙行宫记
	首题	大宋国泽州高都郡晋城县移风乡招贤管□□长老重兴二仙行宫记
	额题	修二仙行宫碑
	阴首题	无
	阴额题	皇帝万岁
石刻责任者	举意立碑首领人	王侃（王仁侃）
石刻年代		年号纪年：嘉祐四年
		公历纪年：1059年
材质		青石
计量	尺寸	高100厘米，宽70厘米
附注	形制	螭首龟趺
	刊立位置	院中倒伏
现状	完残程度	有部分漫漶处
书刻特征	书体	正书
	铭文行款	22行，行32字

续表

元素名称	元素修饰词	信息
相关文物	同庙碑刻	1999年《修复二仙观功德碑记》 2005年《二仙观功德碑记》
	相关建筑	东中村二仙庙建筑为1997—1998年重修
相关文献	著录文献	《三晋石刻大全》(晋城市泽州县卷上),第29—30页 《泽州碑刻大全》第3册,第24—25页
田野经历		2017年10月4日杨波与杨建庭实地调查

三、碑文整理

【碑阳】

首题：大宋国泽州高都郡晋城县移风乡招贤管□□长老重兴二仙行宫记

额题：修二仙行宫碑

辞曰：惟微虚极，寂宁□□。非名言之可言，岂智识之能识？细人至要，理绝随迎，禀自然清静而升，得冲一精气而圣。性能包通象外，真仪隐于域中。合大道而混同，永无终极，孰与于此？乐氏神之谓欤？二仙之先，成汤、宋戴公之后，所生大梁实沈之分，晋、赵、韩、魏之方。上天既御风云，入洞别通苍昊，日慈不怒，睹仰何多？以致贵贱归依，严裡供祀如趋，冬之日，夏之阴也，非爵位而首尊至矣哉！□□之列仙，得以是为号。

且行宫古庙旧制甚卑，寝远□年，而及颠覆，神仙岂堪止处？然兴废有数，盛衰在时。若思必葺增修，吉卜无故之日，偶今上道通神明，临融瞰日，自天之下，人莫敢违。亦又郡守贤明，县尹聪正。今也上下宁泰，民力普存。□可以重修，复可以动众，即以其殿旧址，益之宅土。斯阜也，彻视其东，九仙隐之台①；极目其右，文殊示现岩溪。禅师宝塔异水于南，龙门莠

---

① 九仙台位于陵川县台南村附近，相传九仙曾会于此。

（秀）出于北①。四顾悉畅，一□绝观，其□神仙之府也。

嗣兴新庙，必须纲维。是故选众求能，举乡录翁王仁侃等为维那□之，可谓身正家肥，有乡里之誉，特立独鉴，无以尚之。而乃千意一志，万口和附，则备物□材，凑押而美焉，匠氏舆人接踵而至矣。匪贪厚直，皆重天仙，展效（衔）[炫]奇，忘其劳费。于是易卑为垍②，易故作新。行宫全工不数日而告就，轮奂成美，冠绝于凡，丽□□□。当谅人世□寡有，曷可胜记邪？固辞不获，忍耻直书，系而为颂：清净道□，□□□□，听否可宣，真庙貌俨在然。灿兮正殿，超兮殊前。庭庑丽，左右圆，五道门楼，内外俱全。神仙大福，今上圣帝，永固兮坚，兆纪兮年。

知乡录事先举意立碑首领人王侃

副乡首领同意人纠司郝秀　候象

副乡首领同意人纠司□□

副乡首领同意人纠司张□

管社知事老人张筠　王宣　刘顺　杨坦　司元　孔卿　孔坦　□□　孔吉　王坦　贾则　段让　张开　刘意　封进　韩和　李隐　阎宗

神官张□　郝兴　刘化

皇宋嘉祐四（禩）[祀]③岁次己亥七月癸巳朔□七日己未立记

【碑阴】

首题：无

额题：皇帝万岁

中村东社

修门楼□□□　老人候权象　老人孔吉　老人李绪　王海　刘忠　刘

---

① 龙门在丹河水东村附近，相传大禹治水处。

② 垍：地势高而干燥。

③ 祀：此处应当为年的意思。

玉　刘元　候璘　刘昇　李元　候让　刘人方　张简　赵宗　王化　冯则
□□　李□　□□

中村西社

老人段让　老人贾则　老人王坦　老人王禋　老人邰谦　老人邰兴　刘化　王琛　王昌　□□　张□　张□　程宣　任吉　郭绪

下村社

老人张筠　知事老人王蒇　知事老人张㝡　知事老人封进　知事老人张白　知事老人张益　知事老人张赞　知事老人张开　知事老人韩和　村人景昌　秦玉　贾信　王辛　贾元　赵志　张珪　张琏　张用志　张德　张宗东　张琏　张又　芦开　张利用　李清　张吉　苏田　赵琏　赵宁　史信　张则　赵亮　王吉　马遂　王同　林恕　李白　封□　马德

上村社

老人王元耸　赵海　宰璘　王同　王宣　王显　王兴　杨坦　司元　秦政　王坦　刘顺　王清　苏用　秦弁　李能　王侃　李蕲　陈用　司□　□□　毛诗学究王久皋

阎家社

老人毛用　李隐　阎宗

郝家社

知事老人王元　知事老人郝弁　郝信　知事老人郝昌　知事老人冯则　郝兴　郝秀　郝意　景清　王能　郭伦　苗和　张靖　李绪　崔坦　成宗　张清　王则　杨海　杨用　祁宣　赵则　李□郎　周宗　续远　王㝡　郝和　李坦　郭化

孔家社

老人孔坦　老人孔聊　孔又　孔和　孔琛　孔绪　孔益　孔遂　孔志

上村造碑

石匠□造并书篆额袁定己

同造人冯宗

木匠人工高　郭□道

四、碑文考述

（一）二仙信仰

二仙是泽州地区宋元民间祠神神灵中完全由民间兴起的神灵，它不像汤王、炎帝等信仰那样依托古代的圣王、圣贤，同时也不像三嶕那样源于某种山川自然崇拜。二仙源于潞州壶关紫团山地区，五代时期传入泽州地区，宋代就遍及陵川、晋城和高平等县。早期二仙具有比较浓厚的唐代修仙色彩，金元时期丰富了其孝女的形象，已经是一种具有一定伦理色彩的信仰。唐末宋初，二仙信仰尚有浓重的道教神仙色彩，现存最早二仙碑刻为唐昭宗乾宁元年（894）《大唐广平郡乐公之二女灵圣通仙合葬先代父母有五瑞记》，另有后周显德三年（956）《大周潞州大都督府泽州陵川县龙川普安鸡鸣三乡共造二圣神碑并序》，这两通早期的二仙庙碑刻中都将二仙称作"二圣"，其形象主要是修仙得道的"仙女"，与后来受继母虐待的孝女形象有较大差异。[①]

东中村嘉祐四年碑的碑文仍然有一定的修仙色彩："惟微虚极，寂宁□□。非名言之可言，岂智识之能识？细人至要，理绝随迎，禀自然清静而升，得冲一精气而圣。性能包通象外，真仪隐于域中。合大道而混同，永无终极，孰与于此？"这些都是道家修仙词汇。二圣虽然已经改为二仙，但"上天既御风云，入洞别通苍昊……□□之列仙，得以是为号"的说法仍将她们视作女仙。

---

① 宋燕鹏：《南部太行山区祠神信仰研究：618—1368》，中国社会科学出版社2015年版，第119—169页。

（二）村社集群空间特征

东中村二仙庙重修"即以其殿旧址，益之宅土。斯阜也，彻视其东，九仙隐之台"，这里的"阜"是村落外边缘位置的小丘陵的意思。这种选址具有如下特点：首先是社庙地势高峻，不仅易于防范水患且凸显神灵的崇高与威严，这也是中国宋元以前祠庙选址通行的做法；其次是社庙不在村落之中，神与人保持一定的距离，这种神人相分的习惯与明清以后村中兴建大量祠庙的情况形成很大反差；最后，宋代社庙虽然会靠近某个村社，但实际上不完全属于这个村社，而是属于周围几个到十几个村社共有。上述特点可以概括为地势高、位于村外和多村社共有，这种选址惯例是当时社庙选址的普遍情形。

东中村二仙庙村社集群共包括七个村社：中村东社、中村西社、下村社、上村社、阎家社、郝家社和孔家社。由于古今地名差异，更由于东中村二仙庙缺少明清时期碑刻，这些村社大部分难以确定其所属聚落的具体位置。但其地理空间结构特征是明显的。村社集群中最重要的是中村、上村和下村这三个村，现在中村和下村村名没有发生改变，只是为避免重名都加了东字。正如三个村名称所表明的那样，三个村是沿着白洋泉河分布的。由此可以推断东中村二仙庙村社集群也是一个典型的小流域分布的村社集群，构成这个村社集群的村落大体上都沿着白洋泉河分布。

（三）社人

东中村二仙庙村社集群共包括七个村社，每个村社的人数情况为：中村东社20人、中村西社15人、下村社39人、上村社22人、阎家社3人、郝家社29人、孔家社9人。社庙所在中村不是人数最多的村，下村社人数最多，阎家社仅有3人，其余也大都在10—30人。

东中村二仙庙兴修的发起人和组织者是王仁侃，他还同时兼任维那，王仁侃承担村社首领的原因是："嗣兴新庙，必须纲维。是故选众求能，举乡录翁王仁侃等为维那□之。"①王仁侃的身份是乡录事（乡录翁），他是上村人，并非社庙所在中村人，是具有乡身份的人牵头修庙。东中村二仙庙兴修中，乡录事王仁侃和三位"副乡首领同意人纠司"作为主要牵头人，是村社集群层级的村社首领。

村社层级负责执行和落实的则是18位"管社知事老人"，这里的管社知事老人当为管老人和社老人的合称。管是宋代比乡层级低的基层管理单位，②管老人当是管这个层级的老人，比乡一级要低，而社老人则是社这个层级的老人。这些管社知事老人的名字大部分在碑阴题名中可以找到，他们身份大部分注明老人或知事老人。张筠是下村社老人，孔卿和孔坦是孔家社老人，孔吉是中村东社老人，王坦、贾则、段让是中村西社老人，张开、封进、韩和是下村社知事老人，李隐、阎宗、王宣、刘顺、杨坦、司元等人见于碑阴，但未称老人，个别人名不见于碑阴。就各村社老人的数量来说，东中村二仙庙村社集群的各村社都不相同，有的村社老人数量相当多，下村社有8人，中村西社有6人，不过大多数也还是2—3人。村社层级的村社首领主要是管老人和社老人。

东中村二仙庙碑文中出现的另外一些称谓值得辨别清楚。"副乡首领同意人""举意立碑首领人""知乡录事""管社知事老人"，这里的"举意（某事）"、"首领人"、"同意人"和"知事"或"知……事"均不是特指的村社首领名称，而是一般性的词汇。举意人就是发起人，"知事"或"知……事"就是负责某事，也常见于宋代官职名称，首领人和同意人就是负责人的意思。但其中"副乡首领同意人"均为纠司，都应当是具有乡或管身份的人。

东中村二仙庙碑文有"神官：张□，郝兴，刘化"，这里的神官出现在碑文最后，或许和神录或庙子等说法类似，只是称谓不同，类似后世的住持。

---

① 碑阳序文中写作王仁侃，碑阳后面题名中写作王侃，碑阳序文中王仁侃是组织者，又是管录事，与后面题名中王侃身份一致，当为同一人。碑阴题名中也写作王侃，但却没有注明其管录事身份，混在社人之中。

② 相关研究较多，可参看包伟民：《宋代乡村"管"制再释》，《中国史研究》，2016年第3期。

04 熙宁九年（1076）泽州府城玉皇庙《玉皇庙碑文》

一、村落社庙概况

府城村距离晋城市中心东北方向约10千米，随着晋城市区扩大，府城村距离晋城市区已经很近。府城村东临丹河，地处丹河中游的一片小盆地之中，地势较为平坦，地理条件优越。交通便利，有高速和二级路经过，附近路网密布。府城村大体呈东西向分布，地势西北高、东南低，两处主要庙宇玉皇庙和关帝庙均位于村外。府城村在清代属移凤乡丰安都府城里[①]，今属金村镇，2011年有居民376户，共1476人。村中除玉皇庙外还有另一国家重点文物保护单位——府城关帝庙，同样规模很大，碑刻众多，玉皇庙旁另有一座财神阁。府城村是典型的小盆地交通便利的中等规模村落。

府城玉皇庙位于村北小岗之上，在村外。府城玉皇庙规模很大，前后四进院落。第一进院落有东西碑廊，山门及其耳房。第二进院有六瘟殿、地藏菩萨殿、文昌殿、咽喉祠以及钟鼓楼。第三进院有成汤殿、东岳殿、三王殿、药王殿、五道殿、高禖殿、老君殿等。最里一进院落有玉皇正殿及其侧殿三垣四圣殿、十二辰殿、二十八宿殿、十三曜星殿、关帝殿、蚕神殿、太尉殿等。整个玉皇庙是一个以星辰神灵为主体的庞大殿宇群。府城玉皇庙除此碑之外，尚有金元到明清时期碑刻三十余通。府城玉皇庙现为全国重点文

---

① ［清］姚学甲纂修：乾隆《凤台县志》卷3《里甲》，《凤台县志（点校简注本）》，三晋出版社2012年版，第74页。

物保护单位，二十八星宿和十二辰塑像均为元代作品，艺术价值很高，已经初步进行了旅游开发。

二、碑刻元数据信息

元素名称	元素修饰词	信息
文物类型		碑刻
编号		山西泽州府城001
所在位置	标准地名	山西省晋城市泽州县金村镇府城村
	所在社庙	府城玉皇庙
名称	标准名称	宋熙宁九年府城玉皇庙碑文
	首题	玉皇庙碑文
	额题	玉皇行宫之纪
	阴首题	无
	阴额题	无
石刻责任者	撰文	郡学李安时
	书丹	进士马同
	篆额	覃怀进士苏孝恪
石刻年代		年号纪年：熙宁九年
		公元纪年：1076年
材质		青石
计量	尺寸	高133厘米，宽69厘米，厚20厘米
附注	形制	
	刊立位置	石刻立于山门前东碑廊内

续表

元素名称	元素修饰词	信息
现状	完残程度	完整，无明显漫漶
书刻特征	书体	正书
	铭文行款	15行，行30字
相关文物	同庙碑刻	三十余通碑刻，数量众多，参考《晋城玉皇庙碑刻初探》一文
	相关建筑	府城玉皇庙为全国重点文物保护单位
相关文献	著录文献	《山西通志·金石记》 乾隆《凤台县志》卷19《辑录》 《三晋石刻大全》(晋城市泽州县卷)，第32页 《泽州碑刻大全》第2册，第232—234页 杜正贞：《村社传统与明清士绅：山西泽州乡土社会的制度变迁》，第291—294页
	研究文献	杜正贞：《村社传统与明清士绅：山西泽州乡土社会的制度变迁》，第51—52页 杨波：《宋熙宁九年府城玉皇庙碑刻考释》
田野经历		2011年11月4日，2015年11月11日，2018年7月30日和2019年10月25日杨波先后四次实地调查

三、碑文整理

【碑阳】

首题：玉皇庙碑文

额题：玉皇行宫之纪

覃怀进士苏孝恪篆盖

天荡荡苍苍于上者，此天之形也，匪天之气也。若乃播五行斡四时，雷鼓风动，雨润云蒸，群象循轨而运于上，万物不令而生乎下，岂非有主宰之权（惣）[总]统乎？古者，圣人以谓天神邈然而不可求，涣然而不可礼。故方涣散之时始为庙貌。将格其神，故《涣》其《象》曰："先王以享于帝，立庙"，及乎聚，得其灵于其间，可得而礼也。至《萃》之时，又曰："王假有庙"，故自天子至于庶人，各有祀典之制矣。

府城社玉皇行宫者，始为岁旱遍于群神，祈祷无应。本社李宗、秦恕二人即陵川之下壁请得信马，于当社祈求，克日而甘泽沾足，即时兴议，卜地北岗，秦吉、秦简地内，鸠工营匠，不日而成。又得秦翌、杜惟熙等纠率乡人，敛集藻绘廊庑之费，无不喜从者。先是，廊殿既成，有信义之士李宗颜自备己力，构成三门，费直之缗，不下数万。按道家之说，玉皇位在三清之上。在儒者之论，即所谓耀魄之宝也，在六天之神屋（居）中而最尊者也。或者曰："天神之尊，岂庶人得祀邪？"愚将应之曰："世俗可鄙者，淫邪之祀也。苟有心在乎利众，奚害其所为哉？至如春獭之鱼，秋豺之兽，豺獭之微，尚知其祭，岂人不若乎？"

今以熙宁丙辰中秋月来告庙成，郡学李安时乐为之书。

　　进士马同书　　刊者邢进　　管纠司杜惟熙　　维那尹恭　　进士秦谷　　同立石

【碑阴】

　　首题：无

　　额题：无

　　尝闻岁旱之时，大赖于玉皇之德。欲不朽乡人之雩礼，故谷列信马之仪式：通事舍人一人，献花仙童二人，进宝大仙三人，执辔二人，张盖一人，白马青（骔）[鬃]在红盖下黑云上，大仙五人执圭在马后。

　　（1）府城社

　　修殿维那李信　秦韶　秦翌　彩画正壁维那大理寺丞孙刘宗嗣　毛怀信　彩画东壁维那李用　秦禹锡　焦文政　管老人秦恕　李恭

　　社人张吉　李盖　大理寺丞孙刘宗颜　李习　李旻　李侃　秦简　李昌　毛白　李集　李望　秦弁　王用　李勃　郭从　秦德　秦昱　秦选　焦

善　李锡　李安　陈志　陈昌　李清　李绶　李晏　秦应　陈义　李志　李准　秦昇　李能　李顺　阎宗左　秦谅　张德　秦士安　张信　陈庆　陈忠　王清　赵贵　宋清　宋诚

（2）水东社

管录事王应　管纠司维那　牛太初

社人张习　维那司宪　使院前行司奕　管老人司孜　司宗祐　司盛　范昌　李□　李清　李宗道　保长李定　神录司秘　医院景明　景和　李遂　牛清　牛简　赵贵　刘袭　刘旦　刘绪　刘政　范兴　范昌

（3）内曲社

管老人成绪　成恭　义勇第二指挥使司宣　押司官司清

社人阎遂　阎义　司德　阎简　司贵　李坦

（4）水北社

□神地阴阳官张□　州院勾押官上官从一　管老人兼维那张清　管纠司赵太初

社人上进　杜琏　杨质　上义　上志　张和　赵问　杜昇　□应　杜月　上绪　赵巽　董亮　杜宗　刘锡　张士温　张奭

（5）元庆社

管老人段继文　张宝

社人段顺　段宗仪　段士安　张宁　段士荣

（6）元庆下社

段锡　段诚　段进　袁德

（7）漳东大社

维那段士琮　李宣　刘清

社人郭绪　郭恩　郭进　李文通　李宗善　王登　周宣　李吉　赵寿　李庆　郭思　金政　乐政坦　李有庆　李揆　李从　李存　李绶　李锡　冯九哥　李凤昌　石清　李宸

（8）焦家社

皇志　任凤　焦清　胡介　张用和　王宗庆　张清　张宗祐　侯节　焦永初　乡贡进士胡知柔　保甲第五都保正焦本立

（9）秦家社

维那秦宗应

秦士安　赵昌　秦志　秦宗　刘昌　刘用　秦侃　秦良　赵宗庆　秦义　刘顺　卫让

（10）漳东南社

大理寺丞孙刘纪

社人陈德　刘演　刘诚　刘式　刘景　刘祐　胡清　刘安　赵宣　管职学士男乡贡进士刘发

（11）黄头社

管老人杨锡　祁习　管录事韩中时　义勇第二副指挥使韩坦

社人尹吉　祁信　杨翌　祁德　杨简　王信　祁清　杨昌　幺元　李永庆　王□　祁昌　尹昌　韩仲允　周庆　王斐　韩习　韩顺　□□□　王□　杨德　王诚　焦师中　杨茂先　韩宗嗣

（12）水西社

管老人李宗颜　李严正

社人常遂　李翌　司袭　牛锡　牛凤昌　常坦　常宣　杨文□　冯遂　袁宗　任吉　牛戬　任新　任宣　赵昌　张坦　赵诚　王清　赵应　李从

（13）吴庄社

维那司吉

社人张宣　李绪　李亮　司素　司宸　任用　司明　司贵

（14）临择社

管老人张在　管老人张白

张隐　张宣　张□　张闰　张诚进　张兴　常素

（15）赵庄社

管老人李宣　管老人李元政

李化　李□应　李元□　李玉　王谦　赵昌　赵明　段贵
（16）风安社
管老人牛宗望
成坦　韩权　牛闫
司徒村（阙文）①
塑绘神仪施主水北社张遇　漳东大社段遂同
本殿神录张士明

四、碑文考述

（一）从社坛到社庙

原始形态的社祭场所通常为坛、石或树的形式，故也称为社坛、社石或社树。按照《礼记》中规定的礼制，社祭是不允许建屋子的："天子大社必受霜露风雨，以达天地之气也。是故丧国之社屋之，不受天阳也。"②"社，古礼也，坛而不屋，因地所宜木为主。今庶民之社，往往多绘事于家，屋而不坛，非古。"③社祭场所如果有了屋顶，就可以称作社庙："春祈秋报，惟社为亲。古者祠以坛，则谓之里社；今者祠以屋，则谓之社庙，其为社一也。且岂惟一里之中有社，虽一家之中亦有社。"④为了表述方便，这里将不具有屋顶的社

---

① 应当为捐施记录，未完成。司徒村应当不属于府城玉皇庙村社系统。
② ［清］朱彬撰，饶钦农点校：《礼记训纂》，中华书局 1996 年版，第 391—392 页。
③ ［宋］胡炳文《云峰文集》卷 2，转引自〔美〕丁荷生：《福建社神之转型》，收入刘永华编：《中国社会文化史读本》，北京大学出版社 2011 年版，第 239 页。
④ ［宋］黄震：《黄氏日抄》卷八，转引自〔日〕须江隆：《社神之变容》，《文化》第 58 卷第 1 期，1994 年。

祭场所统称为坛墠，具备屋顶的社祭场所称作屋庙，村社与屋庙建筑形式结合就是社庙。①从府城玉皇庙熙宁九年碑中可以看出，在屋庙兴建之前，村社就存在某种简易的坛墠类社祭场所："府城社玉皇行宫者，始为岁旱遍于群神，祈祷无应。本社李宗、秦恕二人即陵川之下壁请得信马，于当社祈求，克日而甘泽沾足，即时兴意，卜地北岗秦吉，秦简地内，鸠工营匠，不日而成。"这里的"当社"应该是比较简单的社坛、社石或社树之类。《长安志》中有此种坛墠的记载："董龙社树，在（盩厔）县西南三十里，旧图经曰董龙，盩厔人，家贫，村社众人祭社逐出之。龙遂以泥造饭祭之，后穿地得黄金，因大富，遂名董龙树。"②这虽然是一个传说，但反映了宋代仍然有社树的存在。《新安志》也记载了社坛的存在："今人即灵洗墓处为坛，水旱祷者八十余社。"③这里所说的"水旱祷者"也说明社坛可以作为祈雨的场所。府城社祈雨的场所也应该是在类似的坛墠，我们也有理由推断府城玉皇庙村社集群中的其他社可能都有类似的简单的社祭场所。大部分社庙兴建活动都是在先有村社及其坛墠的情况下，再去兴建屋庙。每个村社都有自己的祭祀场所，但是屋庙则是规模更大的场所。就祭祀场所而言，坛墠是每一个自然聚落的信仰中心，而屋庙则是一定区域范围之内的聚落群层级的祭祀中心。在宋代，这种多层级的祭祀结构已经在地方社会形成了，但还没有以统一的社庙形式体现出来。

（二）玉皇信仰

"玉皇"本为道教神灵，最早见于南朝陶弘景的《真灵位业图》。唐诗中

---

① 郑振满讨论了福建的社庙合一问题，赵世瑜列出四种社的形态（其第一、第二种类型大致为这里的坛墠，第三、第四种大致为这里的屋庙），都是讨论类似问题。参看郑振满：《明清福建里社组织的演变》，郑振满、陈春声主编：《民间信仰与社会空间》，福建人民出版社2003年版，第339页。赵世瑜：《历史过程的"折叠"与"拉伸"——社的存续、变身及其在中国史研究中的意义》，《清华大学学报》（哲学社会科学版），2020年第2期。
② ［宋］宋敏求撰：《长安志》第18卷，《宋元方志丛刊》第1册，中华书局1990年版，第188页。
③ ［宋］罗愿纂，赵不悔修：《新安志》第3卷，《宋元方志丛刊》第1册，中华书局1999年版，第7638页。

也屡见"玉皇"一词,但在宋代以前,"玉皇"主要是一般性的名词,而不是普遍受到奉祀的具体神灵。① 宋代"玉皇"逐渐进入国家祀典之中,这一过程有三个关键的时间节点。宋太宗在夺取皇位的过程中利用张守真"黑杀将军降临"事件,借助神灵之口宣称他将要即位。太宗即位之后在盩厔县修建上清太平宫,奉祀黑杀将军,内有玉皇通明殿。② 据传,黑杀将军是玉皇的辅臣,玉皇信仰由此直接进入国家兴建的道观之中。但上清太平宫仅是地方性的道观,此时的玉皇尚未进入国家祀典的核心层面。宋真宗时期,降天书同时还制造了圣祖降临,以圣祖崇拜为核心,宋真宗修建了玉清昭应宫。由于圣祖降临是奉玉皇之命,因此,玉清昭应宫的神灵体系以玉皇为中心。③ 到真宗时,以玉皇为中心的圣祖祀典体系正式构建起来,玉皇正式进入国家祀典之中。玉清昭应宫既有国家祀典中宗庙系统的性质,同时又具有道教宫观的性质,体现了道教对国家祀典的影响。仁宗朝,玉清昭应宫地位有所下降。到徽宗朝,玉皇地位再度提高。宋徽宗新建了玉清和阳宫,奉祀神灵发生了较大变化。首先,玉皇之上增加了道教的三清,这样和阳宫的主神灵就和道教道观一样成为三清。其次,宋徽宗给玉皇上尊号为"太上开天执符御历含真体道昊天玉皇上帝",配祀神灵也改为儒教祭天的配祀神,建立起一个融合了三清与玉皇的神系。这样玉皇被等同于儒教的昊天上帝,这又体现出以儒教与道教融合的趋势。④

府城玉皇庙熙宁九年碑中对玉皇的叙述是这样的:"天荡荡苍苍于上者,此天之形也,匪天之气也。若乃播五行斡四时,雷鼓风动,雨润云蒸,群象循轨而运于上,万物不令而生乎下,岂非有主宰之权总统乎?……按道家之说,玉皇位在三清之上。在儒者之论,即所谓耀魄之宝也,在六天之神尻

---

① 方百寿:《唐代文人的玉皇信仰》,"闽台玉皇文化研究"会议论文,1996年。
② 韦兵:《"张守真神降"考疑:术士与宋太祖太宗皇权更替》,《华东师范大学学报》(哲学社会科学版),2017年第3期。
③ 朱永清:《神格与政治:赵宋圣祖崇拜新论》,《宁夏师范学院学报》,2019年第8期。
④ 吴铮强、杜正贞:《北宋南郊神位变革与玉皇祀典的构建》,《历史研究》,2011年第5期。

（居）中而最尊者也。"碑文作者的说法不太准确，道教恰恰是认为三清在玉皇之上，玉皇在三清之上实际上是儒家的观点。朱熹曾经批评道教说："尊老子为三清：元始天尊，太上道君，太上老君。而昊天上帝反坐其下。悖戾僭逆，莫此为甚！……况庄子明言老聃之死，则聃亦人鬼耳。岂可僭居昊天上帝之上哉？"[1] 这里所说的"耀魄宝"是天皇大帝的别称，"钩陈口中一星，曰天皇大帝，其神曰耀魄宝"[2]。天皇大帝耀魄宝是天上的星辰，在儒教的郊祀体系中，常作为昊天上帝的配祀神。唐代郊祀的礼制中，昊天上帝是主神居于坛上，第一等祀为五方帝、日、月七座，第二等祀为天皇大帝、北辰、北斗、天一、太一、紫微、五帝座七个特殊星辰及其他内官星座。[3] 宋真宗景德二年（1005），在王钦若的主持下，将天皇大帝提升到五帝之上，成为仅次于昊天上帝的神灵。碑文作者的基本观点是玉皇大帝就是儒家礼制系统中的天皇大帝，景德改制之后，天皇大帝是国家郊祀体系中仅次于昊天上帝的神灵，而碑文作者"玉皇在三清之上"的看法又明确表现出以儒学为主体、杂糅儒道思想于一体的倾向。

（三）信马仪式

熙宁九年碑的碑阴记载了以信马为核心的祈雨仪式："尝闻岁旱之时，大赖于玉皇之德。欲不朽乡人之雩礼，故谷列信马之仪式：通事舍人一人，献花仙童二人，进宝大仙三人，执辔二人，张盖一人，白马青骢在红盖下黑云上，大仙五人执圭在马后。"碑文中提到了"信马"应该是当时流行的一种"纸马"。[4] 这里的"白马青骢在红盖下黑云上"显然不可能为真实的马，真实的马不可能在红盖下、黑云上，这里的信马是纸扎起来的马或者是在纸

---

[1] ［宋］黎靖德编：《朱子语类》卷125，中华书局1986年版，第3005页。
[2] ［唐］房玄龄等撰：《晋书》卷11《天文志》，中华书局1974年版，第289页。
[3] 《大唐开元礼（附大唐郊祀录）》卷1，民族出版社2000年版，第13页。
[4] 关于"纸马"的历史参见耿涵：《民间信仰实践中的造神与构境——河北省内丘县民间神码研究》，天津大学2014年博士论文。

上画的马。① 元至元三十一年（1294）府城玉皇庙《玉皇庙功德碑》："黄头社尹家门下金氏同男忠显、校尉千户尹彦忠妻刘氏施神马一疋……临泽□□玉同妻王氏、男郭时㸕施神马一疋。"② 这里的神马也当是纸扎的马，说明信马仪式一直延续到元代。宋代南太行地区其他社庙中也有关于马的记载，潞州长子县宋宣和四年（1122）《紫云山新建灵贶庙记》有："或未庙者，请神行马，大兴供献，仪仗、法物，僭拟王者，百戏妓乐，所费不赀，官司莫之禁，习以为常。……神之怒者猛马四张，白雨飞兮流矢中伤。"③ 这里的"行马"与"信马"当为同样的东西，从后面的赞语可以看出马似乎是神灵的坐骑或引导者。距离府城玉皇庙不远的高平南庄玉皇庙有金大安二年（1210）《重修玉帝庙记》："庙之立也，积有岁时，耆旧相传，盖因陵川县下壁玉皇庙前，神马屡至，嘶鸣片时，忽然不见。又缘旱暵，徧祷群神，靡获感应，唯请祈上帝，遽获甘澍，生我百谷，岁则大熟，人荅神休，遂立祠焉。"④ 这里同样有关于马的记载。关于"马"的记载说明这个区域的村落分享着共同的传说、仪式和这一类的地方知识，具有相同的文化背景环境，而这是玉皇信仰得以传播的一个文化基础。

（四）村社集群空间结构

府城玉皇庙创修时的选址为"卜吉北岗"，这里的"岗"是村落外边缘位置的小丘陵的意思。这是宋代村社集群社庙选址的典型情况。玉皇庙不完全属于距离最近的府城社，而是由周围的十六个村社共同兴建的。围绕着府城玉皇庙形成一个村社集群，可以称之为府城玉皇庙村社集群。府城玉皇庙村社集群由十六个村社组成，包括府城社、水东社、内曲社、水北社、元庆

---

① 有学者认为"所请的玉皇端坐于白马青鬃之上"，这种理解似有误，参看燕飞：《府城玉皇庙碑所记宋代求雨仪式"信马"初探》，《文物世界》，2014年第4期。
② 至元三十一年（1294）《玉皇庙功德碑》，现存泽州府城玉皇庙。
③ 申修福主编：《三晋石刻大全》（长治市长子县卷），三晋出版社2013年版，第47页。
④ 大安二年（1210）《重修玉帝庙记》，现存高平南庄玉皇庙山门前。

社、元庆下社、漳东大社、焦家社、秦家社、漳东南社、黄头社、水西社、吴庄社、临泽社、赵庄社、凤安社。这些村社所在村落均位于晋城盆地东部，丹河边低地，总体呈块状区域（参看图2）。

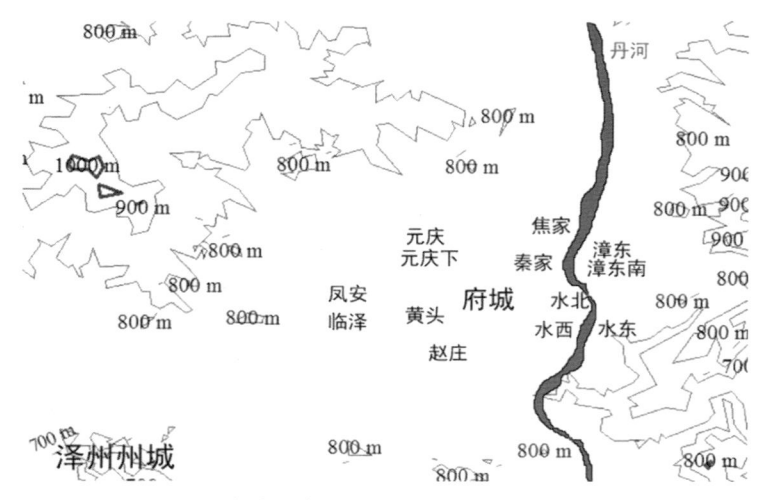

图2　府城玉皇庙村社集群空间特征示意图

（五）社人

组成府城玉皇庙村社集群的各村社社人的数量（含村社首领在内）从几个人到几十个人不等，府城社54人、水东社26人、内曲社10人、水北社21人、元庆社7人、元庆下社4人、漳东大社26人、焦家社12人、秦家社13人、漳东南社11人、黄头社29人、水西社22人、吴庄社9人、临泽社9人、赵庄社10人、凤安社4人。社庙所在的府城村人数最多，最少的凤安社只有4人，10—30人的社数量最多。

府城玉皇庙兴修中，组织修庙的主要人员是杜惟熙和秦翌。杜惟熙是碑阳最后署名的管纠司，但并没有出现在碑阴题名之中，府城村54人中没有一个杜姓的人。因此，杜惟熙或许并非府城村的人，而是府城村所属管的首领，是具有管身份的人牵头修庙。秦翌是府城村人，是"修殿维那"，显然是这次兴修工程最主要的维那,也就是最主要的日常管理组织者。

与秦翌同为维那的是府城村的另外两人,"彩画正壁维那:大理寺丞孙刘宗嗣,毛怀信。彩画东壁维那:李用,秦禹锡,焦文政",这些维那都和具体的工程项目直接联系在一起。他们都是具体工程的组织管理者。府城玉皇庙的兴修缘起于祈雨活动,祈雨也是最重要的社事。祈雨的领导者是李宗和秦恕二人,碑阴题名中没有李宗,大概在立碑时已经不在世,而秦恕则是府城社的两位管老人中排在最前面的,后面一位李恭应当是李宗的族人。也就是说,祈雨活动主要的领导者是管老人。李宗颜是水西社的管老人,他是最主要的独立捐施者:"廊殿既成,有信义之士李宗颜自备己力,构成三门,费直之缗,不下数万。"

神录出现在府城玉皇庙碑文最末:"本殿神录:张士明",神录明显有记录者的含义,当为记录社人、社事乃至社账的人,是社内有特殊职务的社人。

碑文中还出现了不少具有特殊身份的人,总的来说包括如下三种类型。首先是官员的亲属,包括"大理寺丞孙刘宗嗣""大理寺丞孙刘宗颜""大理寺丞孙刘纪""管职学士男乡贡进士刘发"。其次是地方佐贰、吏役和武官,包括"使院前行司奕""保长李定""保甲第五都保正焦本立""医院景明""义勇第二指挥使司宣""义勇第二副指挥使韩坦""押司官司清""□神地阴阳官张□""州院勾押官上官从一"。最后是取得地方科举考试中功名的人,包括"乡贡进士胡知柔""管职学士男乡贡进士刘发"。

05　宋代泽州村社石柱题记三条

一、村落社庙概况

今山西泽州县现存数十处宋代石柱题记，主要分布在晋城盆地的东北部，周边各县也偶有发现。这里选择实地考察较为充分的三处石柱题记，作为此类型村社石刻材料的具体实例。

（一）高都景德寺

高都为山西省泽州县高都镇镇政府所在地，由于聚落规模较大，现划分为三个行政村：保福村、北街村和南街村，三村实为同一个自然聚落，这里合并介绍。高都位于晋城市区东北方向约16千米处，东临丹河，位于丹河边盆地边缘，地势平坦，西侧紧邻高平到晋城的二级公路，交通便利，地理位置优越。高都聚落方正，北街和南街靠东南北分布，保福村靠西。高都在清代属莒山乡保福都，保福里、高都东里和高都中里大体对应高都三村。[①]高都今属高都镇，2011年北街村有1919人，南街村有1768人，保福村有1912人，规模很大。高都祠庙众多，规模较大的有东岳庙、北阁、玉皇庙、觉明院、观音堂、三官庙、佛堂、大王庙等，重要文物古迹还有万年桥。高都是典型的地处盆地边缘、交通便利的大规模聚落。

高都景德寺位于高都南部的南街村，坐北朝南，二进院落，占地面积

---

① ［清］姚学甲纂修：乾隆《凤台县志》卷3《里甲》，《凤台县志（点校简注本）》，三晋出版社2012年版，第73页。

3376平方米，系全国重点文物保护单位，近年来逐步完成修缮。中轴线上依次有南殿、中殿、正殿，东西有厢房和耳房，庙院结构完整，保存较好，现存正殿初步断代为金代建筑，其他建筑为明清建筑。

（二）青莲寺

青莲寺位于山西泽州县金村镇丹河边的山区中，距离聚落较远，附近村落为寺南庄和郭壁。青莲寺通常也称作泽州青莲寺，历史悠久，古迹众多，1988年被列入第三批全国重点文物保护单位。青莲寺现包括上下两院。青莲寺始建于北朝时期，初为无正式赐额的山间小寺，名硖石寺。唐咸通八年（867）获得正式赐额："至咸通八年，敕下却令收管。孟员外闻奏此寺敕之赐额乃号青莲。"[①] 公元890年到942年之间，僧人玄依又创建了青莲寺的上方院，青莲寺具备了上下两院格局。宋太平兴国三年（978），朝廷给予了正式的赐额福严院。此后，上院称为福严院，而下院仍旧称为青莲寺，上下两院也可以统称为青莲寺。宋代青莲寺的主要发展都集中在福严院中。各种殿宇修建活动持续不断。到宋代晚期，福严院的建筑大体上已经完备，现存释迦殿就是宋代遗构。宋代青莲寺还在泽州州城修建了一个观音堂，其影响力遍及州城。据初步统计，青莲寺唐宋时期碑刻和题记就达到二十余通（处），是元代以前晋城地区碑刻最为集中的庙宇。

（三）西顿济渎庙

西顿村位于晋城市区东北方向约15千米处，与东顿村相邻，现为两个独立的行政村，均属高都镇。西顿村东南方向靠近高都三村，位于高都镇所在小盆地边缘，地势平坦，东临高平到晋城的二级公路，交通便利。西顿村规模很小，2011年有居民52户，232人。西顿村是典型的地处盆地边缘、交通便利的小规模村落。

---

① 乾符四年（877）《青莲寺碑碣之所记》，现存泽州青莲寺。

西顿济渎庙位于村东南,坐北朝南,一进院落,占地面积1294平方米,始建于北宋末年,现存正殿为宋代遗构,其余建筑为明清风格。中轴线有舞楼、正殿,两侧有耳殿和厢房。

二、石刻元数据信息

(一)宋元祐二年(1087)高都景德寺石柱题记

元素名称	元素修饰词	信息
文物类型		石柱题记
编号		山西泽州南街村001
所在位置	标准地名	山西省晋城市泽州县高都镇南街村
	所在社庙	高都景德寺
名称	标准名称	宋元祐二年高都景德寺崔永定捐施石柱题记
石刻责任者	捐施人	崔永定
	住持	永明
	石匠人	司寿
石刻年代		年号纪年:宋元祐二年
		公历纪年:1087年
材质		青石
现状	完残程度	完好
书刻特征	书体	正书
相关文献	著录文献	《三晋石刻大全》(晋城市泽州县卷),第36页
田野经历		2018年7月30日杨波实地考察

（二）宋元祐四年（1089）泽州青莲寺石柱题记

元素名称	元素修饰词	信息
文物类型		石柱题记
编号		山西泽州青莲寺009
所在位置	标准地名	山西省晋城市泽州县金村镇
	所在社庙	青莲寺
名称	标准名称	宋元祐四年泽州青莲寺杜选捐施石柱题记
石刻责任者	捐施者	杜选
石刻年代		年号纪年：宋元祐四年
		公历纪年：1089年
材质		青石
现状	完残程度	完好
书刻特征	书体	楷书
相关文献	著录文献	《凤台县志》《山西通志·金石记》《山右石刻丛编》《三晋石刻大全》（晋城市泽州县卷），第37页
田野经历		2016年5月19日和6月5日杨波实地考察

（三）宋宣和四年（1122）西顿济渎庙石柱题记

元素名称	元素修饰词	信息
文物类型		石柱题记
编号		山西泽州西顿村001
所在位置	标准地名	山西省晋城市泽州县高都镇西顿村
	所在社庙	西顿济渎庙

续表

元素名称	元素修饰词	信息
名称	标准名称	宋宣和四年西顿济渎庙王泊捐施石柱题记
石刻责任者	捐施者	王泊
石刻年代		年号纪年：宋宣和四年
		公历纪年：1122 年
材质		青石
现状	完残程度	完好
书刻特征	书体	正书
相关文献	著录文献	《三晋石刻大全》（晋城市泽州县卷），第37页
田野经历		2016年7月10日张鹏实地考察 2017年7月21日杨波实地考察

三、碑文整理

（一）宋元祐二年（1087）高都景德寺石柱题记

尹寨村[①]河北社崔永定，奉为先考崔从，先妣李氏，亡男元哥，亡男七哥，施石柱顶石，法堂上施粟一十石，钱一贯，妻司氏，女子留住，女子夺住，女子招喜。

功德主讲上生经沙门福遇

勾当住持寺主沙门永明

元祐二年丁卯岁八月日施主崔永定

---

① 今北尹寨村。

石匠人司寿

（二）宋元祐四年（1089）泽州青莲寺石柱题记

此［北］①村社尚书杜选②谨舍净财施石柱一条，永为供养，长男杜昌，杜宗祐，杜裘。

元祐四年十月日记

（三）宋宣和四年（1122）西顿济渎庙石柱题记

顿村西社王洎施柱一条，妻焦氏，男祐、妻李氏，男乐僧。

时宣（咊）［和］四季岁次壬寅孟夏月己丑朔丙申日记

出车载石柱人焦诚

四、碑文考述

（一）宋代村社碑刻资料的类型

宋代村社碑刻资料主要有两种类型，一类是前述社庙兴修碑刻，另一类则是寺观或民间祠庙之中记录善信捐款捐物情况的石刻题记。后一类可以称作捐施题记。捐施题记形式多样，主要有石柱、石门或醮盆等石质构件或器物上面的石刻题记。捐施题记内容比较简单，主要包括捐施人所属村社、捐施人姓名、家庭成员姓名、捐施钱物种类、捐施钱物数量、捐施时间，有时

---

① 原字字形近似"此"，当为北村社，属东南村二仙庙村社集群。
② 青莲寺元祐四年（1089）僧人墓塔碑《清□塔记》有题名"长阴押司杜显，尚书杜选"，押司是宋代基层隶役，尚书也应该是类似的隶役称谓的别称，当类似于录事，而不是村社首领的称谓。

还有寺观祠庙负责人或其他相关人的题名。这一时期的此类捐施通常以家庭形式出现，捐施题名中常常会出现整个家庭所有成员的题名，甚至出现已经去世的家人。从社会经济层面来说，这也反映了当时兴修庙宇主要由少数几家富户来承担的情况。

从形式上来说，捐施题记常见于元代以前，明清时期就比较少见了。这一方面和建筑构件的演变有关，使用石质构件越来越少，另一方面也和村社制度的变迁有关系，村社的经费越来越倾向于由全体社人共同承担，突出个别捐施者显得没有必要。从内容来看，宋代与村社有关的石刻文献内容仍显得较为单一，没有明清以后内容丰富，这也和村社功能的单一有关系。

（二）佛教与村社发展

有相当数量的捐施题记出现在比较正规的佛寺之中，如这里收录的泽州青莲寺和高都景德寺。这些佛寺和庚能佛堂这一类民间社会兴建的小规模佛堂不同，有正规的国家赐额和职业僧人。如高都景德寺有金泰和八年敕牒，石柱题记中也有"功德主讲上生经沙门福遇　勾当住持寺主沙门永明"，这些捐施者在信奉自己所属村社系统的社神同时也信奉佛教，两者并不矛盾。

在这些佛寺捐施题名中，社人都是以个人或家庭身份参与佛寺兴建的，目前尚未见到宋代有村社作为一个集体捐施的情况，集体捐施是明清时期常见的情况。尽管如此，捐施者却喜欢在个人名字前面加上村社的名称。这里的村社名称实际上代表的是村社所在聚落，说明社人在为佛寺捐施时更喜欢突出自己社人的身份标识。虽然在捐施题名中，村社仅仅是作为捐施者的一种身份标识出现的，但这也表明了村社这种身份标识对于捐施者的重要性。

（三）宋代村社存在的普遍性

总的来说，宋代村社碑刻数量不多。如何通过这些仅有的碑刻来推测宋代村社存在的普遍性，这是宋代村社研究中的一个重要问题。捐施题名虽然字数少，能提供的村社信息有限，却保留了数量较多的村社名称，这些捐施题名充分表明村社在晋城地区（今泽州县）是普遍存在的，除了类似府城玉皇庙村社集群这样的聚落群之外，在周边其他村落中也广泛存在村社。

晋城以外的其他地区情况复杂一些。在晋城周边地区也偶有村社相关碑刻出现，大部分属于碑阴中的捐施题名，仅有村社名称，没有太多其他信息，这些碑刻上的捐施题名一起透露出村社的特点。闻喜县汤王庙碑文中有"坡申东社"和"坡申西社"，[①]绛州曲沃县经幢上有"曲沃县襥祁乡□□村南社"，[②]潞州平顺九天圣母庙建中靖国元年碑上出现的社比较复杂，大体均为"陈家庄众社"，包括北社、西社、东社、下社、中社、上社。[③] 以上这些晋城周边地区的宋代村社碑刻上出现的村社，无一例外的都是按照方位命名的名称，未见以"聚落名称+社"的方式来称呼村社的。本书收录的上述捐施题记中分别出现了"尹寨村河北社""北社""顿村西社"的称呼，也是以方位命名的。这就说明捐施题名中出现的村社除了作为捐施者身份标识的意义之外，还在很多情况下是为了区分同一村落名称的不同部分。当存在同一村落有多个村社（一村多社）的情况时，为了区分这些不同村社，村社名称才被记录了下来。在晋城以外的很多其他地区，兴修庙宇并未以村社的名义进行，但村社实际上仍然存在。村社是普遍存在的，但在不同区域的发展阶段和表现形式是不同的。

---

① 太平兴国四年（979）《大宋国解州闻喜县姜阳乡南五保重建汤庙碑铭》，参看《山右石刻丛编》卷11，收入《石刻史料新编》，第15176页。

② 政和六年（1116）《宋政和六年经幢》，雷涛、孙永和编：《三晋石刻大全》（临汾市曲沃县卷），三晋出版社2011年版，第15页。

③ 建中靖国元年（1101）《潞州潞城县圣母三池东圣母仙乡之碑》，现存平顺九天圣母庙内，参看冯俊杰编著：《山西戏曲碑刻辑考》，中华书局2002年版，第27—32页。

06 大观元年（1107）泽州东南村二仙庙《二仙庙记》

一、村落社庙概况

东南村位于晋城市区以东约 10 千米处，今属金村镇。东南村原名南村或小南村，因与南村镇的南村重名改为今名。东南村东临丹河，与东村所在小区域隔河相望。东南村为丘陵地形，地处晋城盆地东部边缘山区与盆地的交界地带，南流的丹河在此左转进入山区，然后横穿太行山流入河南。东南村主要呈南北分布，2011 年有居民 84 户，279 人，规模很小。东南村是典型的地处盆地边缘、交通不便的小规模村落。

东南村二仙庙也称二仙观，学界习惯上称作小南村二仙庙，位于村东北，在村外，始建于宋代。关于其地理位置，政和七年（1117）《新修二仙庙记》有"其地离枕青莲之寺，坎靠龙门之神，震依翁婆，兑临梁府"。[1] 南方丹河下游是青莲寺，北方是丹河龙门，东面是浮山翁婆神庙（伏羲女娲庙），西面则是东岳神系的梁甫（碑文写作梁府）庙。政和七年（1117）《新修二仙庙记》还有"庙自绍圣四年[2]五月内下手，至政和七年秋方始工毕"，此庙历时 20 年才完工。东南村二仙庙有前后两进院落，后院基本保存原貌，中轴线有前后两进山门、戏台、香亭和正殿。戏台为明清建筑，正殿内有宋代塑像。东南村二仙庙除大观元年碑外，尚有宋代石柱题记一处，宋碑两通，清代碑刻五通，民国碑刻两通。

---

[1] 政和七年（1117）《新修二仙庙记》，现存泽州东南村二仙庙。

[2] 绍圣四年，公元 1097 年。

二、碑刻元数据信息

元素名称	元素修饰词	信息
文物类型		碑刻
编号		山西泽州东南村003
所在位置	标准地名	山西省晋城市泽州县金村镇东南村
	所在社庙	二仙庙
名称	标准名称	宋大观元年泽州东南村二仙庙记
	首题	无
	额题	二仙庙记
	阴首题	无
	阴额题	无
石刻责任者	撰文	苟显忠
	都维那	田宗
	副维那	杜琮
石刻年代		年号纪年：大观元年
		公历纪年：1107年
材质		青石
计量	尺寸	高90厘米，宽59厘米，厚14厘米
附注	形制	圭首方趺
现状	完残程度	保存完好

续表

元素名称	元素修饰词	信息
书刻特征	书体	正书
	铭文行款	18 行，行 29 字
相关文物	同庙碑刻	建中靖国元年（1101）石柱题记 崇宁五年（1106）《二仙铭记》 政和七年（1117）《新修二仙庙记》 顺治十八年（1661）《二仙庙田碑记》 乾隆十三年（1748）《二仙观修路改水碑记》 嘉庆二十三年（1818）《重修二仙观高禖祠三曹殿西陵祠五道殿碑记》 道光十六年（1836）《无题名取水碑》 同治七年（1868）《无题名碑》 民国二十六年（1937）《重修二仙观正副山门暨两下耳房东西厦碑记》 民国三十二年（1943）《无题名神位碑》
	相关建筑	东南村二仙庙为全国重点文物保护单位
相关文献	著录文献	《三晋石刻大全》（晋城市泽州县卷），第 42 页、第 123 页[①] 《泽州碑刻大全》第 2 册，第 297—299 页
	研究文献	宋燕鹏：《南部太行山区祠神信仰研究：618—1368》，第 138 页
田野经历		2017 年 10 月 4 日杨波和杨建庭实地考察

三、碑文整理

【碑阳】

　　首题：无

　　额题：二仙庙记

　　其仙隐乎，必处而青霄之外，视之不可见其形，求而遇之者自非乎□□。二仙夙为圣女，累代灵焉。世传陵邑人也，族闻乐氏。然于书传无质，得闻

[①] 《三晋石刻大全》（晋城市泽州县卷）将此碑的碑阳、碑阴分别著录，误将碑阴系于正统十二年之下。

父老之语而垂名不朽，而后仍脱尘双化于上党郡之东南壶关县之境内，自古迄今有庙。传圣侧洞府依然，手迹尚存，有灵及物，四方之民时思盼飨。

以其地遥，钦奉无由，于是管内耆德编民之愿，悉发诚恳，度地于招贤管头村，于西北高岗左侧之间。其山耸勇盘峘，而五气皆聚。东临清丹①一注无穷，次望者女娲圣洞②，西望高都③之郡，约二十里至郭④，北望龙门古境⑤，谷响潺潺而不绝，南望青莲之狭石，至远公掷笔(峯)[峰]台⑥。四望雄杰，此方可以所建也。乃择匠材植，云集斧斤，奔木雷动，经之营之，不日而成。殿宇峥嵘壮丽。命其名手塑像彩绘而未称其情。

有都维那田宗等发言与百众曰：其仙殊灵，其像可以施金乎？百众曰：善哉，皆所愿也。乃率众坚缕金而成妙矣。举皆一新，诣灵山⑦而礼请其仙来斯庙□。远迩士民各有所仰，咸赖其祐，遂使岁成丰穰，仓箱盈溢，一富于比屋之家，举无冻馁之患。□有功于民则祀之，此仙之功有济于世，岂曰小补哉。则仙所依者人也，而人之所获祐者仙也。噫！所贵顺时，而报飨之礼无怠于民哉。是乃邑众见托难以辞，自愧琐才，聊叙其仙之本。

大观元年丁亥岁九月甲申朔十五日戊戌记

苟显忠撰文

【碑阴】

　　首题：无

　　额题：无

　　招贤管西五社纠金□箔

---

① 清丹：丹河，流过东南村二仙庙东侧。
② 女娲圣洞：今山西临汾浮山女娲庙，也称翁婆庙或伏羲女娲庙。
③ 高都：今晋城市高都村附近，汉代设高都县，曾作为郡治所在地。
④ 郭：当时泽州州城。
⑤ 龙门古境：龙门在丹河水东村附近，相传是大禹治水处。
⑥ 掷笔峰台：今青莲寺，寺内有掷笔台。
⑦ 灵山：壶关紫团山。

都维那田宗等母亲李氏　副维那杜琮立

招贤社维那王準　董顺

东村社维那冯臬

北村社维那赵明

南下社维那苏清　妻朱氏　苏绍宗　苏文进　妻王氏　苟思　三新妇田氏 施金人刘氏　苏贵

崔家社维那崔恕　杨兴　和政　崔御　崔庆

柳泉社维那陈元进

霍秀村妆銮镂金匠人卫弼

镌碑人李进

四、碑文考述

（一）碑文版本

乾隆《凤台县志》卷13《艺文》收录东南村大观元年碑文，但碑文与现存碑刻原石有很大差别，现移录全文如下：

神仙渺冥之说，必处而青霄以外，不可以行求也，以行求，则自后代之设像始也。世传二仙，唐之陵川乐氏二女，母始娠感神光而生，继母□遇之，酷冬月单衣见胫，责采，茹号于野，泣血渍土，产苦□赤叶班如，持以奉母，虐愈盛。移家壶关紫团山，使拾麦田穗，无所得，呼天以诉，黄龙忽从空下，御之以升，代有灵迹。国朝崇宁壬午王师讨西夏之馌，二女显化饭军，赐号冲惠、冲淑真人，敕有司所在立庙，岁时奉祀。泽地与陵川错壤，父老咸欲以时盼响，因其地僻路岐，瞻礼无由，公议建立行祠。与招贤管众谋佥同。卜地于馆之头村西北高岗，左侧远眺望东有女娲圣窟，西有垂棘玉洞，南为凤凰山惠远公掷笔之台，北有龙门峡魏孝文驻跸之地。山环水绕，允为此方胜境。遂选匠庀材，雷动云集，经之营之，不日而成巨观。复绘壁以彩，绣像为金，宝珞庄严。入庙者凛然生敬。嗣是隆其禋祀，用以仰见灵庥，俾雨赐时，若年岁丰登，□有疫灾。礼曰有功德于民则祀之，此仙之功德，上既有以济夫国，下复有以庇于民也。余窃谓仙以人为凭依，人倚仙为福佑，所贵瞬时报享不疏不数，则于礼有合矣。庙成之日，众以记见委，辞不获已，自愧琐才，聊叙其仙之本。是大观丁亥也。苟显忠撰文。①

宋燕鹏在考证上述两种碑文之后，认为县志中的碑文系清代人改写。理由主要是碑文中提到了二仙"赐号冲惠、冲淑真人"，而二仙赐封的时间政和元年（1111）晚于碑刻刊立时间大观元年（1107）。② 从碑文内容来看，两碑均提到招贤管头村，可以确认为东南村二仙庙碑文。碑文虽然大部分不同，但部分文字又有雷同之处，应当有渊源。县志所载碑文时间较晚是可以肯定的。

（二）二仙信仰的本地化

东南村大观元年碑中的二仙形象仍然保持了部分女仙形象，诸如"其仙隐乎，必处而青霄之外，视之不可见其形""二仙夙为圣女""而后仍脱尘双化于上党郡之东南壶关县之境内"等话都与唐末五代时期的女仙传说类似，尚未加入任何孝女的故事和形象。宋代，晋城（今泽州县）已经有几处二仙庙，包括东南村、东中村和湖里等村，这几处二仙庙所在地区皆邻近陵川县。晋城二仙信仰是从陵川传播而来，在传播过程中，传说本地化。关于乐氏二仙

---

① ［清］姚学甲纂修：乾隆《凤台县志》卷13《艺文》，《凤台县志（点校简注本）》，三晋出版社2012年版，第306页。
② 宋燕鹏：《南部太行山区祠神信仰研究：618—1368》，中国社会科学出版社2015年版，第138页。

的籍贯，早期碑刻中记录得较为清楚。据《大唐广平郡乐公之二女灵圣通仙合葬先代父母有五瑞记》[①]所载，乐氏二仙原是唐代广平郡人，相当于宋金时期太行东麓的洺州。但在东南村大观元年碑中，二仙被认为是"世传陵邑人也"，也就是陵川县人。这一方面体现出晋城的二仙信仰从陵川传播而来，另一方面也表明二仙传说有一定程度的本地化，二仙籍贯被传为泽州本地。

（三）村社集群空间结构

东南村二仙庙的选址是"管内耆德编民之愿，悉发诚恳，度地于招贤管头村，于西北高岗左侧之间。其山耸勇盘岖，而五气皆聚。"这里的"岗"是"村落外边缘位置的小丘陵"的意思。招贤管头村当为招贤管治所所在地，也即下面所说的招贤社所属村落，招贤管头村当另有村落名称，目前很难判断其具体位置。

以东南村二仙庙为中心的村社集群被称作五社，由于碑文内容的复杂和村落名称的古今变化，五社的具体构成需要进行一番考证。大观元年碑上出现的五社名字有招贤社、东村社、北村社、南下社、崔家社和柳泉社，并有"招贤管西五社"的说法。政和七年（1117）《新修二仙庙记》是工程全部完工之后的碑文，碑阳和碑阴三次提到五社的具体名称，碑阳有招贤社、招贤西社、北村社、南下社和崔家社，碑阴在列举社人时出现的五社名称与碑阳相同，碑阴列举"女弟子"时出现的五社是招贤社、东村社、北村社、南下社和崔家社。通过对比上述这些名称大体可以判断柳泉社不属于五社这一村社集群或附属于其他村社参与到庙宇兴修工程中，招贤社与招贤西社不是这两个聚落的本名，而是别名，招贤西社即东村社，它们均是按照招贤管名称来命名的，招贤社当为招贤管的头村或首村，招贤西社则是因位于招贤社之西而得到的别名。东村社、北村社和南下社所对应的聚落现在分别称作东村、东北村和东南村，东北村和东南村均因为与泽州县其他村落重名而改。招贤社和崔家社所对应的聚落名称则不能确定。

[①] 参看《山右石刻丛编》卷9，第41—43页，收入《石刻史料新编》，第15129—15130页。

在村社的发展中，村社之间的关系具有极强的稳定性，村社集群的关系常常会在几百上千年的时间中都保持不变，因此，我们可以利用明清以后的碑刻来推断宋元时期村社集群的构成情况。顺治十八年（1661）东南村二仙庙《二仙庙田碑记》记录了当时二仙庙村社集群摊钱的情况："南村社出钱十千文，山头、雨（峪）西社出钱十千文，西山、大会、两长阴社出钱十千文，北村社出钱十千文，东村、庵（安）立社出钱十千文。"这时东南村与二仙庙村社集群已经形成了"五社十村"的格局。这一格局大体在元明时期形成。五社十村是从宋代五社发展而来的，或许这些小村落早已存在，逐步进行了整合，或许有些小村落是后来逐步分化形成的，但二仙庙村社集群的地理空间布局大体上是保持稳定的。因此，我们大体可以知道招贤社在今长阴村附近，崔家社在今山头和峪西村附近。图3是东南村二仙庙村社集群地理结构的示意图。

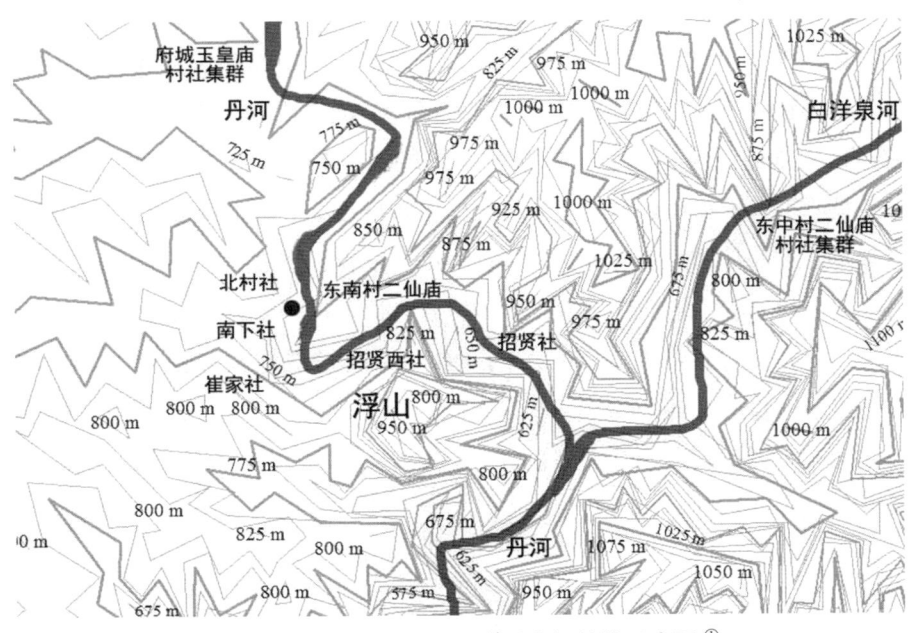

图 3　东南村二仙庙村社集群空间结构示意图[①]

---

① 说明：村落名称对应关系复杂，图中仅标注村社名称。

从图3可以看出，丹河在进入泽州县之后大体沿着晋城盆地东边缘向南流，在东南村二仙庙村社集群所在区域有两次拐弯，先向东进入山区，接纳支流白洋泉河，再向南流入太行山腹地。丹河两次拐弯环绕的就是浮山，浮山是晋城盆地东边缘较为突出的一座山脉。东南村二仙庙村社集群就在浮山以北，丹河东流的这一段。溯丹河北上就靠近了府城玉皇庙村社集群，溯白洋泉河东上就是东中村二仙庙村社集群。

（四）社人

此次庙宇兴修工程的村社首领也分为村社集群和村社两个层级。村社集群层级的首领为"都维那田宗"和"副维那杜琮"，维那是工程期间的临时称谓，二人的日常身份没有明确交代。村社层级的首领也称维那，每个村均有一名至数名维那，南下社和崔家社人数较多，不属于五社范围的柳泉社也有一名维那。"崔家社维那崔恕"见于崇宁五年（1106）《二仙铭记》，其中有"老人崔应等，崔恕、崔锡"，崔恕身份应当也为老人。政和七年（1117）《新修二仙庙记》中有"招贤管西五社管老人"和各社的"社老人"的说法，这些是除了都维那和副维那之外村社集群和村社层级的村社首领，他们的身份都是老人。从碑阴中的上述村社首领题名来看，都维那田宗和南下社维那的题名中均包含了他们的母亲或妻子，这类似于捐施题名中的情况，可见这一时期在村社的社会和经济活动中，村中个别富户仍起到主要作用，家庭因素仍然很重要。

卷 二

07 正隆二年（1157）高平西李门二仙庙《无题名石门题记》

一、村落社庙概况

西李门二仙庙现在位于西李门南面小岗上的岭坡村，西李门二仙庙受到关注时，岭坡村尚属于西李门村的自然村，故目前学界已经约定俗成称之为西李门二仙庙。更重要的是西李门村历史更为悠久，西李门二仙庙的早期历史主要和西李门村有关。因此这里按照习惯将二仙庙系于西李门村之下。

西李门位于高平市区东南方向约10千米处。西李门村属于丹河河谷到高平东南部丘陵的过渡地带，毗邻高平到晋城二级公路，沿南边公路呈东西向分布，交通便利。西李门村清代属第二十八都李门西里[①]，今属河西镇，2010年有居民545户，1900人。西李门村庙宇众多且大多保存较好，规模较大的有东、西两处真武庙和玉皇庙、三义庙等。西李门村是地处丘陵地形、交通便利的中等规模村落。与西李门村隔公路相对的是南面的岭坡村，两村本为同一行政村，后来岭坡村独立。岭坡村原名南坡，因重名改为现名，2010年有居民61户，223人，规模很小。

西李门二仙庙位于西李门南今岭坡村南山上，坐北朝南，占地面积2816平方米，二进院落，中轴线上有山门、中殿、后殿，中殿前有露台或献殿，两侧有配殿和廊庑，山门外有戏台。西李门二仙庙始建不详，相传始建于

---

① ［清］傅德宜等纂修：乾隆《高平县志》卷4《里甲》，《中国地方志集成·山西府县志辑》第36册，凤凰出版社2005年版，第60页。

唐，目前最早石刻资料为金初，至少在北宋晚期已经存在。西李门二仙庙现存金代题记三处，但要么文字较少，要么漫漶严重。除了这三通金代石刻外，庙内碑刻总体上受到破坏较为严重，现存嘉靖时期石供桌题记四处，明清碑刻三通。西李门二仙庙是第六批国家重点文物保护单位。

二、碑刻元数据信息

元素名称	元素修饰词	信息
文物类型		石门题记
编号		山西高平西李门001
所在位置	标准地名	山西省晋城市高平市河西镇西李门村
	所在社庙	西李门二仙庙
名称	标准名称	正隆二年西李门二仙庙无题名石门题记
石刻责任者	纠首	司翊、司停、司谨、成攉、苏立、司完、司宣、司茇
	石匠	郑言、侄男郑宝
石刻年代		年号纪年：正隆二年
		公元纪年：1157年
材质		青石
现状	完残程度	保存完好
书刻特征	书体	正书
相关文物	同庙碑刻	正隆三年（1158）《无题名重修二仙庙碑》 大定三年（1163）《举义乡丁壁村砌基阶记》 嘉靖二十一年（1542）四处石供桌题记 万历二十九年（1601）《重修二仙庙碑记》 光绪六年（1880）《纪荒警世碑》 光绪十一年（1885）《永禁兴窑碑》
	相关建筑	西李门二仙庙为国家重点文物保护单位

续表

元素名称	元素修饰词	信息
相关文献	著录文献	王新英辑校:《全金石刻文辑校》,第98页 《三晋石刻大全》(晋城市高平市卷),第31页
	研究文献	于飞:《山西高平西李门二仙庙月台东侧线刻汉服伎乐图考》 杨澍:《山西高平西李门二仙庙的历史沿革与建筑遗存》 李沁园:《山西西李门二仙庙测绘图》 王潞伟:《高平西李门二仙庙方台非"露台"新证》
田野经历		2013年5月23日与31日王潞伟、颜伟和杨波等实地考察,2014年6月17日和2016年6月16日杨波多次实地考察

三、碑文整理

晋城县莒山乡司徒村众社民户施门一合

正隆二年岁次丁丑仲秋二十日谨记

纠首司竫　司停　司谨　成薙　苏立　司完　司宣　司茂

石匠郑言　侄男郑宝

石匠人乔进

木匠人刘均

四、碑文考述

（一）石门捐施题记

宋金元时期，祠庙建筑上使用石制构件较多，这些石制构件通常由附近村落村民捐施，捐施者以村落或村社名称来作为自己的身份标识，这一类石刻题记就成了村社石刻资料中一种独特的类型。西李门二仙庙正隆二年石刻题记位于二仙庙正殿石门的门楣之上，就属于这一类的石刻。和之前所介绍的宋代石柱题记相比，石门上的题记更少见一些。类似的还有西郜崇寿寺金天会八年题记、高都玉皇庙金泰和八年题记等。这类石门通常有精美的石雕，其本身就是一件艺术品，这类题记成为一种特殊类型的石刻资料，通常被称作门楣题记。明代以后，特别是明中叶以后，这类石刻题记就非常罕见了。

（二）村社关系与社人

为西李门二仙庙捐施石门的捐施者并不是个人，而是"晋城县莒山乡司徒村众社民户"，这在早期碑刻材料中是较少见的。这是较早出现的以村社集体名义进行的捐施，它比以个人名义捐施更值得关注。对于后一类石刻题记来说，村社仅仅是其身份标识，但对于本案例来说，村社本身就是捐施主体。司徒村是村落名称，众社说明司徒村有若干个社组成。司徒村这一名称保存到了现在，距离西李门村20余千米，在当时可以说距离相当远，已经不能算作周围村落。纠首大部分为司姓，应当全部是司徒村社之人，这也说明捐施石门这件事情是司徒村社社人广泛参与，并以村社名义进行的。我们现在无法知道这两个村落之间是什么关系，因为什么原因进行了这次捐施，但这种捐施现象的存在说明当时村社之间已经建立起来了某种村际关系。这在明清时期成为非常普遍的情况。

08 大定八年（1168）陵川张仰玉皇庙《昊天玉帝行宫之碑》

一、村落社庙概况

张仰村位于陵川县城约 22 千米处，属西河底镇。张仰村地处陵川、高平和泽州三县（市）交界处，东邻高平市的三槐庄村，西靠泽州县的东张后村，北望黄庄，南经三泉村即到西河底镇所在地，张仰村位于晋城通向陵川县城的道路旁，交通便利。张仰村所在位置为晋城东部盆地与太行山区交界的丘陵地区，大体为南北向格局。张仰村是地处丘陵地带、交通便利的小规模村落。

张仰玉皇庙坐北朝南，一进院落，占地面积 1331 平方米，现存建筑为清代风格，中轴线上建有舞楼、正殿，两侧有厢房、配殿和耳殿等。张仰玉皇庙始建不详，金正隆元年（1156）到正隆三年（1158）期间工程虽名为重修，但实为异地创建："欲迁故庙，大而作新。于是允协众意，乃卜于旧庙之西，其地可基。"旧庙当在今庙之东，规模较小。张仰玉皇庙除金代碑刻外还有清代碑刻三通，2017 年重新修缮，为晋城市文物保护单位。

二、碑刻元数据信息

元素名称	元素修饰词	信息
文物类型		碑刻
编号		山西陵川张仰村001
所在位置	标准地名	山西省晋城市陵川县西河底镇张仰村
	所在社庙	张仰玉皇庙
名称	标准名称	金大定八年张仰玉皇庙昊天玉帝行宫之碑
	首题	昊天玉帝行宫之碑
	额题	昊天玉帝行宫之碑
石刻责任者	撰文	张铸
	书丹	李梅
	篆额	张镕
石刻年代		年号纪年：金大定八年
		公历纪年：1168年
材质		青石
计量	尺寸	高245厘米，宽80厘米，厚20厘米
附注	形制	螭首方趺
	纹饰	四周有团花缠枝纹
现状	完残程度	保存完好
书刻特征	书体	正书

续表

元素名称	元素修饰词	信息
相关文物	同庙碑刻	嘉庆二年（1797）《补修大庙新建照壁碑记》 道光十九年（1839）《创修文峰塔凿井重修茶亭补路碑记》 咸丰八年（1858）《重修街路碑记》
	相关建筑	张仰玉皇庙为晋城市文物保护单位
相关文献	著录文献	《三晋石刻大全》（晋城市陵川县卷），第23—24页
	研究文献	颜伟：《村社传统与神庙演艺——以山西泽州地区为中心》
田野经历		2017年7月14日杨波与颜伟实地调查

三、碑文整理

【碑阳】

首题：昊天玉帝行宫之碑

额题：昊天玉帝行宫之碑

儒林郎[1] 充唐州[2] 军事判官[3] 武骑尉[4] 赐绯鱼袋[5] 张铸撰

---

[1] 儒林郎：散官名，授从七品下文官。

[2] 唐州：金代唐州属南京路，辖泌阳（今唐河）、比阳（今泌阳）、湖阳（今唐河湖阳镇一带）、桐柏等四县。

[3] 军事判官：《金史·职官志》未载军事判官，但多见于碑刻资料，北宋置军事判官，助理行政，掌簿书案牍文移付受督催。

[4] 武骑尉：武散官名，从七品。

[5] 绯鱼袋：一种证明官员身份的服饰，允许低级官员佩戴绯鱼袋是一种特别的恩宠，官衔中要加此名称。

承德郎①行河南府登封县令飞骑尉②赐绯鱼袋张镕篆

乡贡进士③李梅书丹

仆窃考古昔载籍，自混元肇迹已来，暨高卑定位之后，冠百神之尊，为群物之祖者，首推乎帝矣。论其道不可以名名，远其德不可以已已也。《易》称："能以美利利天下，不言所利，大矣哉！"④孔子曰："大哉乾元，万物资始。"⑤信斯言也。是故普天之下，有生之灵，皆仰戴而通祀之，况识乎不因不成⑥之义者，讵可慢乎？

粤有陵川县张仰村西南之岗，旧有帝庙存焉，所居有进士冯□巨源⑦者。一日，与村中老人数十辈以奠献之礼祗载⑧见于庙，睹旧制湫隘，而矢棘跂翼⑨之势俱无也。兼栋楹梁桷⑩，腐朽挠折，赤白移剥不治，圣像之威，毁昧就灭。盖瓦级砖甃，散破缺殆，为荆榛瓦砾之场。公乃喟然叹曰："是可以尊事上帝者乎？"遂乃议及于众，欲迁故庙，大而作新。于是允协众意，乃卜于旧庙之西，其地可基，相协厥卜，有老人张温者，愿施其地。公乃倡率居民，先舍私财，余众悉为之助，于是亟选匠氏，度财计庸⑪，躬典厥事。起于正隆丙子之春，讫于戊寅三年⑫之夏，约费百万金。维邻村密迩，亦无复

---

① 承德郎：散官名，授正七品上文官。
② 飞骑尉：武散官名，从六品。
③ 乡贡进士：对参加科举进士科考试但未能中第者的美称。
④ 出自《周易·易传》，《文言》篇："乾始能以美利利天下，不言所利，大矣哉！"
⑤ 出自《周易·易传》，《彖》篇："大哉乾元，万物资始，乃统天。"
⑥ 不因不成：出自扬雄《法言》："天不人不因，人不天不成。"
⑦ 进士冯□巨源：巨源当为字或号，单字名难以辨识。目前所见地方志资料中陵川这一时期冯姓进士除了冯澍之外，仅有冯运一人。碑阳叙明冯□巨源已经去世，而冯运名字见于碑阴已经去世人的名单。由此推测冯□巨源即冯运。参看万历《泽州志》卷6《选举志》。
⑧ 祗载：小心恭敬貌，《商书》有"祗载见瞽瞍"。
⑨ 出自《诗经·斯干》："如跂斯翼，如矢斯棘。"是对建筑的描写。
⑩ 桷：方形的椽子。
⑪ "庸"通"佣"，这里当指工匠。
⑫ 丙子为正隆元年，公元1156年；戊寅为正隆三年，公元1158年。

敢求。为三门、两庑、正殿凡十数间，庄严静深，于中绘周天三百六十分位星辰之妙像，及补塑天皇之表，俨然一新，使人望而畏之。至于门窗之营，砖甓之事，涂茨之宜，丹臒之饰，皆得其制，为乡人伟观。

落成之日，众欲作乐以享帝，冯公乃曰："帝贵诚尚质，不如清醮，则神之格斯，众遂可其语。"自设醮之后，人果无疠疫，潜受其祉，所谓不祈而祈也。自尔众咸请于公，欲刻石以纪讫功。公非好其名者，又念国家方兴，后于卞阳有事，于江左调发，系数遂咈众愿，及乎内外既平，不幸而公又殂。迄于大定七年秋，众因行乡社之礼，复请于冯公之弟澍子信①曰："公可总成乃兄之美事，惟公能念天显，克恭厥兄，恐其不名于后。"遂敬诺焉。时又知予瓜代纯留②县，退食乡里，径以书嘱予乎："子其为我记之以刊诸石，庶丁终耀于无穷，觊君勿拒焉。"予既嘉冯公之贤，又善其弟之悌，亦乐为称道之，乃不辞而承公命。

呜呼！惟帝临下有赫，覆物无私，行四时，斡万化，亏盈益谦，祸淫福善，不言而善应，无为而有为，其玄功妙用，恢恢而不失常。使斯民动静而敬畏之，是又知不可不尊奉也明矣。予以是识冯公及居人造意诚，能敬恭其明命，务知报本，非求妄福者也与。夫豚蹄盂酒③之祝，固有间矣，岂不美哉！故予书之而不怍。冯公昆仲，乃予同志乡人也。

大定八年正月二十有五日记

大定八年岁次戊子十二月十二日

社众张铎等立石

刊匠李仙　李进

---

① 冯澍，贞元中进士，子信当为字，参看万历《泽州志》卷6《选举志》。
② 纯留：此处或为屯留。
③ 出自《史记·滑稽列传》："道傍有禳田者，操一豚蹄，酒一盂。"后以豚蹄盂酒指代祭祀田神的礼仪。

【碑阴】

维大金国泽州陵川县路城乡①三泉里张仰村人户同心愿修玉帝行宫维那等姓名如后：

张铎　皇珪　皇千　陈简　成望　张显　牛立　成伦　张宝　赵翌　赵奇　张信　成显　张秘　张淙　张胜　冯言

社户赵荣　牛颜　张林　冯俊　冯志　李道　成因　成江　牛荣　李福　牛闰　成达　李德　皇应　成全　维备　赵赟　皇显　雍发　冯奎　皇信　牛宝　李颜　赵信　冯玠　赵端　牛春　王立　雍玘　任贵　成言　成坚　焦遇　牛□　王俊　赵倚　张甫　张诚　张俊　成立　李顺　成海　成俊　郭立　冯顺　郝太　冯忠　王珍　冯恕　秦顺　成简　皇璧　张兴　唐琪

正隆丙子同心愿修玉帝殿宇，各获寿考，今已成佛人等成光辅　张卿　张楫　男张果　冯运　赵嵩　皇铣　韩俊　赵志　张颜　张济　成吉　成仙　成深　成琬　成佑　皇道　雍海　任渊　张闰　冯闰　张赟　成田　冯周

木匠张政　男张直

画工张思远

散乐人樊嘉庆　男樊事新　樊事安　樊山远

正隆己卯成伦愿心施玉帝黄罗帐一座记

四、碑文考述

（一）村社地理特征

聚落尺度上，金代的大部分社庙依然建在村外小岗之上，张仰玉皇庙的

---

① 今潞城镇，同音异写。

位置"粤有陵川县张仰村西南之岗,旧有帝庙存焉"。宋代除个别情况外,社庙都是由几个到十几个村社共同组成村社集群而兴建的。从金代开始,新建的社庙有不少是一个村社独立兴建的,玉皇庙就是张仰村独自兴修的,"维邻村密迩,亦无复敢求",张仰村社独自完成,并没有请求邻村共同兴修。这说明随着社会经济的发展,有些规模较大的村落有能力独自兴修社庙。

（二）村社中的散乐

金元时期,山西地区村社开始出现散乐、杂剧等演出形式,舞台演出的"娱人"性质越来越突出。张仰玉皇庙碑阴中有:"散乐人:樊嘉庆,男樊事新,樊事安,樊山远。"①关于这里的散乐是指何种演出形式,颜伟做了考证:"宋元时,散乐也用来称呼杂剧艺人。《宦门子弟错立身》第二出有'前日有东平散乐王金榜,来这里作场'的描述,即以散乐称呼杂剧艺人。南宋赵彦卫《云麓漫钞》卷一二:'今人呼路岐乐人为散乐。'《武林旧事》:'或有路岐不入勾栏,只在耍闹宽阔之处作场者,谓之打野呵,此又艺之次者。'《梦粱录》:'拖儿带女,就街坊桥巷,呈百戏使艺,以觅铺席宅舍钱酒之资。'称路岐大抵是由于散乐班社'冲州撞府'的流动演出形式,故名。用散乐指称杂剧艺人,或是因杂剧为散乐正色的缘故吧。元代'忠都秀'壁画、'张德好'石刻、'庆楼台'石刻中的'大行散乐''大行散乐人'等都是以散乐指称杂剧艺人。"②

（三）社人的分歧与合作

张仰玉皇庙的重修是在正隆元年（1156）到正隆三年（1158）,但刊立碑刻迟至大定八年（1168）,在兴建过程中,进士冯巨源起到了重要作用。冯巨源与村社老人共同在社庙中举行祭祀,发现社庙破败狭隘而发起重修,

---

① 大定八年（1168）《昊天玉帝行宫之碑》,现存陵川张仰玉皇庙。
② 颜伟:《村社传统与神庙演艺——以山西泽州地区为中心》,山西师范大学博士学位论文,2018年。

并带头捐资，发起兴修工程。这些过程中冯巨源与社众的目的是一致的，但社庙落成之后，他们的分歧就出现了。社众希望以乐酬神，这里的乐就是碑阴中出现的散乐，当为民间的杂剧，而冯巨源不同意，他说"帝贵诚尚质，不如清醮，则神之格斯"，冯巨源认为杂剧这样的民间戏曲不符合礼制。社众这时表面上同意了他的意见，进行了斋醮。但是，从大定碑碑阴的散乐人记录来看，社众在冯巨源去世之后的祭祀活动中还是选择了散乐的形式，散乐对于民间社会的社人来说显然更加具有吸引力。士人与社人在新修社庙一事上有共同的诉求，但是士人对于礼制的要求和社人对于娱乐的需要存在着矛盾。

此次社庙兴修工程维那共计17人，他们的身份当都属于碑阳中所说的老人，数量比较多，显然是有比较细致的分工。社户54人，另有在修庙期间已经去世的24人，加上前述17位维那，这大体反映了村落规模的情况。社人姓氏较杂，张、冯两姓较有优势。木匠、画工和散乐人等工匠艺人群体都体现出家族特点。

09 大定九年（1169）高平河西三嵕庙《三嵕□盆铭》

一、村落社庙概况

参看本书卷一天圣十年（1032）高平河西三嵕庙《三嵕庙门楼下石砌基阶铭》。

二、碑刻元数据信息

元素名称	元素修饰词	信息
文物类型		经幢
编号		山西高平河西003
所在位置	标准地名	山西省晋城市高平市河西镇河西村
	所在社庙	河西三嵕庙
名称	标准名称	金大定九年河西三嵕庙施醮盆经幢
	首题	三嵕醮盆铭
石刻责任者	捐施者	连氏
石刻年代		年号纪年：大定九年
		公历纪年：1169年

续表

元素名称	元素修饰词	信息
材质		青石
附注	形制	八面经幢
现状	完残程度	漫漶较为严重，原石已经被盗，现存照片
书刻特征	书体	正书
田野经历		2013年5月17日孟伟、王潞伟和颜伟等实地考察

三、碑文整理[1]

（第一面）

三崚□［醮］盆铭

□□以神□□也无□□□□□在神无体也无□则无乎□□神非无方也

□方不能构非无体也而体不能□不构不碍立乎无□存于不测超（阙文）

万□□云气而御飞□□祭□□□□于地也□□□而观（阙文）

□使物不□□□神□□□和□□□此张□□正隆年间□启虔（阙文）

（第二面）

三崚庙内舍己资财愿醮盆[2]一坐因修□□□化有妻连氏言（阙文）

初□诚心试醮盆一坐高四尺镌有醮盆一坐不□故旧其醮盆（阙文）

□连氏曰砂石性□而太朴□万世不朽之事，□石用贡质美（阙文）

□曰　　　三崚之灵青史具载其有显迹不能备（阙文）

---

[1] 此醮盆文字漫漶之处较多，这里采用逐面逐行整理的格式，下缺处加"（阙文）"以标明，缺字过多之处不断句。

[2] 醮盆本为道教斋醮仪式所用器物，民间信仰中泛指祭祀中的焚烧用具。

旧日宋朝春秋省癸愿施醮盆已后

(第三面)

三灵□□诸□来臻星□□□而□行□□契诚而□君

二岐五□之端麦禾□□□□一穗之嘉禾□□不断乃

三峻灵神，显化无穷，施之罔极

大定九年岁次己丑季夏六日

连氏　婿李进　女张氏

(第四面)

苏庄南社长老　张（阙文）

王□　王林　王谦（阙文）

张德（阙文）

苏庄北社

苏进　苏□（阙文）

(第五面)

仙井南村老人李实（阙文）

张坦　杜□（阙文）

李责　李□　赵□（阙文）

(第六面)

都善乡仙井河西村邑众长老袁家门下李氏　杜家门下牛氏

袁家门下□氏　张家门下李氏　郭家门里邵氏　李家门下史氏

□家门下□氏　李家门下张氏　□家门下曹氏　□家门下张氏

李家门下焦氏　魏家门下王氏　王家门下李氏　□家门下□氏

张家门下李氏　张家门下焦氏　□家门下司氏　王家门下赵氏

（第七面）

□家门下焦氏　河西魏家门下张氏　焦家门下赵氏　杨家门下焦氏

都善乡元村老人

李彦　张进　元顺　□□　李□

□□　元显　牛□　秦□　□□

元□　马全　□□　张进　□贵

元□

（第八面）

都善乡李村□老人

长老李□　李□　李仙　王德　崔□　李□　□□　□顺　李彦　李□

□□　□□　石通　朱立　张□　元□　□清　李□　徐方　李□

石生

举义乡□□□村长老董德　祁元　苏□　焦佐　焦□□　秦□

□□　□□　焦珣　□宜　焦辛　焦□　焦桂　焦□　焦德　王言

□义□□□□（阙文）

四、碑文考述

（一）村社地理结构的变化

河西三峻庙村社集群的构成不是一成不变的。宋天圣十年碑上为"四社五村"：仙井北村、仙井南村、常乐村、牛村、杜村，这些村均属于举义乡。政和元年（1111）《无题名补修石柱题记》[①]上的村落包括牛村、杜村、

---

① 政和元年（1111）《无题名补修石柱题记》，现存高平河西三峻庙正殿檐柱。

仙井北村、仙井南村、常乐和河西村，共六村，增加了距离三嵕庙最近的河西村。大定九年经幢包括苏庄南社、苏庄北社、仙井南村、仙井河西村、元村、李村，另有一村名漫漶不清。从这些村落名称和位置，我们大体可以推测出其变化过程和特点。苏庄毗邻河西村，大体上是从河西村中分化出来的聚落，如果仙井河西村是指河西村的话，那么河西村原本也是从仙井村分化出来的。这种村落分化过程大体上就发生在金元时期。①总的来说，金代河西三嵕庙村社集群地理结构的变化主要有三个特点：首先，这些村落形成的村社集群范围有所缩小，更加集中在三嵕庙周围，距离三嵕庙较远的牛村、杜村未在村社系统中；其次，村社集群突破了原来举义乡和牛村保的范围；最后，从原有村落中分化出来的新村落也纳入村社系统之中。村社集群结构的这种变化也有另外一种可能性，规模较小的捐施或修缮活动中，参与村社不一定是整个村社集群的所有村落，而是一部分村社参与，参看府城玉皇庙泰和七年碑中的情况。即便如此，这也说明村社地理结构演变具有上述一些特点。

（二）村社首领与女性

河西三嵕庙村社集群大定九年经幢中有"苏庄南社长老……仙井南村老人……邑众长老……元村老人"等，这些体现了宋代一样的老人作为村社首领的情况，金代仍然延续这种特点。经幢中还出现了比较少见的女性作为长老的例子："都善乡仙井河西村邑众长老：袁家门下李氏，杜家门下牛氏，袁家门下□氏，张家门下李氏，郭家门里邵氏，李家门下史氏……"在通常情况下，村社首领和老人都不会出现女性，这一石刻性质比较特殊，它是村中一位女性（连氏）捐施醮盆之后留下来的经幢，石刻中出现了"邑众长老"一词，这里的邑可能就是中古时期流行的女邑，在敦煌文书和宋代碑刻上均

---

① 杨波：《宋金元时期山西泽州的乡村聚落演变——以庙宇碑刻文献为中心》，姜锡东主编：《宋史研究论丛》，2016年第2期。

有体现。在这个女邑中，所有成员均为女性，与此形成对照的是，经幢中其他村社出现的长老或老人均为男性。连氏或许就是河西村人，捐施醮盆这件事情主要由河西村的女性负责，因此组织这件事情的河西村首领就由女性来担任。

10 泰和七年（1207）泽州府城玉皇庙《重修玉帝庙记》

一、村落社庙概况

参看本书卷一熙宁九年（1076）泽州府城玉皇庙《玉皇庙碑文》。

二、碑刻元数据信息

元素名称	元素修饰词	信息
文物类型		碑刻
编号		山西泽州府城村002
所在位置	标准地名	山西省晋城市泽州县金村镇府城村
	所在社庙	府城玉皇庙
名称	标准名称	泰和七年府城玉皇庙重修玉帝庙记
	首题	重修玉帝庙记
	额题	重修玉帝庙记
	阴首题	无
	阴额题	重修玉帝庙记

续表

元素名称	元素修饰词	信息
石刻责任者	撰并书	段承志
	篆额	张霖
	维那	段继
石刻年代		年号纪年：金泰和七年
		公历纪年：1207年
材质		青石
计量	尺寸	高203厘米，宽85厘米，厚25厘米
附注	形制	笏首方趺
	纹饰	四周有缠枝纹
现状	完残程度	保存较好，下部有部分漫漶文字
书刻特征	书体	正书
	铭文行款	25行，行50字
相关文物	同庙碑刻	三十余通碑刻，数量众多，参考《晋城玉皇庙碑刻初探》一文
	相关建筑	府城玉皇庙为全国重点文物保护单位
相关文献	著录文献	《三晋石刻大全》（晋城市泽州县卷），第77—78页 《泽州碑刻大全》第2册，第235—237页 杜正贞：《村社传统与明清士绅：山西泽州乡土社会的制度变迁》，第291—294页
	研究文献	杜正贞：《村社传统与明清士绅：山西泽州乡土社会的制度变迁》，第53—55页
田野经历		2011年11月4日、2015年11月11日、2018年7月30日和2019年10月25日杨波先后四次实地调查

三、碑文整理①

【碑阳】

首题：重修玉帝庙记

额题：重修玉帝庙记

粤自周公制礼，乃立春官，"大宗伯之职，掌建邦之天神、人鬼、地示之礼"，"以吉礼事邦国鬼神示，以禋礼祀昊天上帝，以实柴祀日、月、星、辰，以槱燎祀司中、司命、（飙）[风]伯、雨师"②，皆于冬至日祀之于圜丘。秦汉以来，举之而莫废，《月令》③著之详矣。迨唐"高宗时，礼官以谓太史《圜丘图》，昊天上帝在坛上，耀魄宝在坛第一等"。《唐志》又云："天皇大帝，北辰耀魄宝也"④。宋之祥符元年，东封泰山，设圜台于山上，以祀昊天上帝，设五方帝、日、月、天皇大帝、北极神座于山下，封祀坛之第一等。洎祥符七年九月辛卯，敬上圣号"太上开天执符御历含真体道昊天玉皇大天帝"。以来年正月奉玉册衮服诣太初殿，备荐献之礼。自时厥后，上自京□[师]，下及闾里，罔不建祠而得通祀焉。

濩泽⑤东（埜）[野]，距郡城二十里，有聚曰府城，屋（居）民百家，比屋鳞次，阡陌交通。土壤膏腴□[敞]平□□[于前]，重阜绵亘于后，越丹峰之阳，蓊郁⑥古木之间，有庙岿然而峙者，昊天玉帝之行宫也。地

---

① 此碑与大安二年（1210）高平南庄玉皇庙《重修玉帝庙记》雷同之处较多，此碑漫漶之处较多，参照大安二年碑校勘补出缺字。
② 以上两处引文出自《周礼·大宗伯》。
③ 月令：指《礼记·月令》。
④ 以上两处引文出自《新唐书·礼乐志三》，《唐志》即指此。
⑤ 濩泽：古县名，在今山西晋城阳城，这里指代泽州。
⑥ 蓊郁：草木茂盛貌。

（隘）[脉]爽垲①，面太行而下瞰龙门，左丹水而右司马山②，累霭连氛，气象溢目，真神仙之窟□[宅]，□□□□□[足以为乡人祈祷]归依之所。

庙之立也，积有岁时。耆旧相传，盖因旱暵③，乡人（徧）[遍]祷群神，靡获感应。士人李宗、秦恕躬诣延川下壁玉帝庙请雨，遽获甘澍④，生我百谷，岁则大熟，人（荅）[答]神休，遂立祠焉。奈历（禩）[祀]寖远，堂宇庳陋，椽栋毁坠，圬墁⑤残□□□[于风雨]，□□□[丹青剥]而渂涊⑥。四时祭飨，人皆恻然，徒嗟衰蔽，虽欲改革，或未遑也。

迨圣朝改元明昌，岁在阉茂⑦仲冬月，管众集而议之曰：我辈生太平之世，为太平之民，久沐唐虞之化，悉犕⑧周孔之□[教]，□□□□□[加以年谷丰]登，内外亲睦，既荷百福而无报谢，是为人而有负也，况时难得而易失，流光奔骤，老耄逼人，虽有陶朱猗顿之富，金□□□□[穴铜山之资]，（尠）[尟]能长守，且福地难遇，胜缘难成，可不同心勷力，再营庙貌，非止久以宁神，抑亦此方之壮观也。众欣然而景从。

于是□□□□[择一乡之]善士，东元庆进义副校尉段继纠而司其事，又五社管首老人数十辈，一一信响，输愿力，出清赀，具材木，征工僦⑨功，□□□□[革故鼎新]。□□[迨用]有成，不愆于素⑩，用钱无虑二百万。

---

① 垲：地势高而干燥。
② 右司马山：在晋城市区正北，尚有汤王庙。
③ 暵：干旱。
④ 澍：及时的雨。
⑤ 圬墁：涂抹。
⑥ 渂涊：污浊。
⑦ 阉茂：戌在岁星纪年法中的别称，明昌元年为庚戌年，公元1190年。
⑧ 犕：驾驭，这里引申为蒙受。
⑨ 僦：租赁。
⑩ 不愆于素：出自《左传》，指不错过原来计划，按时完成。

大殿軮轧①，如翚斯飞；金碧炫耀于榱题②，锦石璘瑜③于(階)[阶]隋④，规抚⑤壮丽，□□[宦奥⑥靓]深⑦，而□□□□[又缭以垣墉]，翼以廊庑。来而游者佥曰：休哉！于虖！完补祠宇，钦仰神明于冥冥之间，率颛意⑧而无怠心，向非段公识明，虑远□□[用能]，□□□□[劝导居民]，□[则]是庙之成，亦或未可。

岁在赤奋若⑨九月初吉，管众欲纪其本末，来款于余，姑以翰墨为请，应曰："道不可体，体之则小；名□□□[不可泥]，泥之则拘。矧乃寂兮寥兮，柱史⑩格言；芒乎芴乎，漆园⑪至论。故百姓日用，知之者鲜于一方，孰能明之哉？虽然，或可强为之□□[名焉]。若夫四时迭运，暑寒代谢，煦妪⑫生成，利而不害，非日劳功之道欤？人之为人，得天之灵，固超然□□□[异于群]生。老有终，□[少]有□[养]，□□□[安时乐]俗，非日阴骘之□[力]欤？民神之主也，神之于人，不求其报，人之受赐，不为不多，竟莫知所谢欤？□[况]闻□[礼]有五经，莫重□□[于祭]。然行□□[秒祀]丰，犹不蒙佑，德脩荐薄，吉必大来。⑬是知洁粢丰盛，嘉粟甘酒，能备礼也，亦在虖上下皆有嘉德而无违心，则祀事孔明矣。

---

① 軮轧：广大貌。
② 榱题：屋椽的端头，通常伸出屋檐，即出檐。
③ 璘瑜：文采貌。
④ 隋：台阶，见《集韵》。
⑤ 规抚：仿效、依循。
⑥ 宦奥：宦和奥分别指屋子的东北角和西南角，一般泛指房屋深处。
⑦ 靓深：幽静而深远。
⑧ 颛意：专心。
⑨ 赤奋若：丑在岁星纪年法中的别称，明昌元年（1190）开工到泰和七年（1207）立碑，中间有两个丑年，泰和五年（1205）更合理。
⑩ 柱史：官名，代指老子。
⑪ 漆园：代指庄子，相传庄子曾管理漆园。
⑫ 煦妪：抚育、长养。
⑬ 出自《汉书》："行秒祀丰，犹不蒙祐，德修荐薄，吉必大来。"意思是修德比祭祀更重要。

□□□[此我邦]人，自今以始，益务修德，以荐馨香，则神之听之，降福穰穰而无穷已。"既语之以尽，敬于神又嘉□□□[其敏于]缮完，义弗能□□，梗概以告云。

泰和七年八月二十日

乡贡进士段承志撰并书

阴阳王震

张霖篆

□□□社□□□

【碑阴】

首题：无

额题：重修玉帝庙记

水东管西五都纠司维那东元庆社进义校尉段继立石

府城社

随社纠司　秦用

管首陈脎　男陈鸿　管首陈迴　管首王琼　管首刘赟　男琼秀　进义校尉刘兴　管首李用　管首刘江　男德进

社人进义校尉陈晖　进义校尉王顺　郭轸　郭完　王安　秦诚　李茂　刘显　王恩　进义校尉杜恩　李阔

元庆□[东]社

管首段崇　孙男段广　管首段均　男段绅　进义校尉段仪

社人段伸　段琮　段演　段弻　段用　段亨　段滋　张世安　张霖

黄头社

随社纠司祁榷　祁弥　韩佑　副纠司王玸

管首王忠　维那管首评事祁懋　管首师信　师彦　管首韩让　管首韩礼　管首韩懿　管首张逸　管首王时　王璋

社人祁立　郭诚　王顺　申宝　庾德　陈立　男陈让　赵恩　赵真　祁

佑　王政　郭升　王福　王琚　王琮　王祐　祁义　韩瑄　韩□　韩赟　韩立　韩全　张诚　张德　□进　韩顺　赵吉　赵□

西赵庄社

随社纠司赵元

管首赵元　管首李信　管首牛永　管首李福　管首进义校尉李春　崔庄管首李景　男李植　李赟

社人李权　牛珪　牛升　李泉　司元　李威　李诚　张诚　牛琮　成义　王在　李云　李先

元庆西社

副纠司段珪

管首段文　管首进义校尉段育　段立　段赟　段用　管首进义校尉段宣　管首段淳　管首赵漳　管首段宜　管首段铎

社人段均　段懿　段政　刘章　段琳　段琇　段仪　董诚　段蔚　师□进义校尉袁琮　段庆　段昇　段荣　段益　段丙　段福　段□

丰安社

随社纠司牛恩

管首牛谨　管首牛让

社人牛实　李汙　李永　李清　成铸　李源　牛良

黄头师顺　同妻王氏　男师福　师祯　师元　师荣　师整　施脊檩一条补塑龙床照壁石柱一条

元庆社（阙文）

四、碑文考述

（一）玉皇的神灵形象

府城玉皇庙泰和七年碑对玉皇这一神灵有非常详细的描述，碑文概括了玉皇信仰发展的三个阶段。第一个阶段为先秦到秦汉时期，以昊天上帝祭祀作为儒家整个礼制的重要组成部分"粤自周公制礼，乃立春官，'大宗伯之职，掌建邦之天神、人鬼、地示之礼'，'以吉礼事邦国鬼神示，以禋礼祀昊天上帝，以实柴祀日、月、星、辰，以槱燎祀司中、司命、飌伯、雨师'，皆于冬至日祀之于圜丘。秦汉以来，举之而莫废，《月令》著之详矣。"这里援引了《周礼》中的记载说明其祭祀体系。第二个阶段从唐代到宋真宗之前，以天皇大帝配祀昊天上帝，玉皇大帝（天皇大帝）因此进入了国家祀典，但此时并不称玉皇大帝。"迨唐'高宗时，礼官以谓太史《圜丘图》，昊天上帝在坛上，耀魄宝在坛第一等'。《唐志》又云：'天皇大帝，北辰耀魄宝也。'"这里主要是援引《新唐书》，明确说明了耀魄宝天皇大帝进入祀典体系的过程。第三个阶段为宋代真宗上圣号，玉皇信仰开始兴盛，全国上下大建祠庙："宋之祥符元年，东封泰山，设圜台于山上，以祀昊天帝，设五方帝、日、月、天皇大帝、北极神座于山下，封祀坛之第一等。洎祥符七年九月辛卯，敬上圣号'太上开天执符御历含真体道昊天玉皇大天帝'。"

泰和七年碑的这种说法和府城玉皇庙熙宁九年碑文一样，玉皇大帝被认为等同于天皇大帝，也就是耀魄宝。泰和七年碑是对熙宁九年碑说法更详细的解释和说明。值得注意的是这种说法与宋代官方玉皇信仰并不完全符合。宋代官方的玉皇信仰是和赵氏的圣祖有关系的，在真宗"降天书"的过程中都没有出现过玉皇，真正出现玉皇是在圣祖降临中，玉皇进入祀典是通过祭祀祖先的宗庙体系来完成的，而不是祭天的郊祀体系。与郊祀昊天上帝发生关系的是天皇大帝，它作为昊天上帝的配祀神是在郊祀体系之中。

（二）水东管西五社

府城玉皇庙村社集群在宋代由十六个村社组成，金代碑阴中仅仅出现六个村社，包括府城、东元庆、西元庆、黄头、西赵庄和丰安。碑文中有"五社管首老人数十辈一一信响"，碑阴又有"水东管西五都"[①]，这里的西五都和五社当指五个村社，上述东、西元庆两个村社当合并记为一个村社，这样就符合五社的数量。

"水东管西五社"的说法和宋代东南村村社集群的"招贤管西五社"的说法是一致的，都是宋代流传下来的说法，这说明同属于一个管的村社可以按照地理方位进行进一步的区分。从村落地理分布来看，上述五个村社确实都位于府城玉皇庙的西面，东面的水东、水北等村社均未参与到此次兴修社庙中。从元代以后的修庙碑来看，府城玉皇庙村社集群的构成村社基本没有太大变化，这说明金代府城玉皇庙村社集群的结构并未发生大的变动，只是金代这次的兴修工程只有西五社参与，东面的几个村社没有参与。

对于府城玉皇庙村社集群这样规模较大的村社集群来说，村社集群中的某些村社具有更为亲密的关系，一些规模较小的社庙兴修活动就可以由村社集群中的部分村社来承担。金代，单一村落承担社庙兴修的情况已经越来越普遍，村社集群中部分村社也有能力独立兴修社庙。这样，村社集群中各村社之间的关系就呈现出较为复杂的情况，实际的层级更多，村社之间的关系更复杂。

---

① 泰和七年（1207）《重修玉帝庙记》，现存泽州府城玉皇庙。

（三）村社传统的延续

金代府城玉皇庙的兴修工程看起来是非常普通的，但是商议修庙的是"管众"，组织修庙的是"管首"。这些词汇提示我们修庙的主体是以"管"为单位进行的，既不是政府的敕令，也不是佛教的僧侣，同样不是后世更为常见的"社众"和"社人"。"管"早在一百多年以前已经废止，北宋王朝都已经南渡，但村民仍然按照宋代的基层组织——管，组织在一起。这或许不能用留恋北宋王朝来解释，而是长期以来在村落社会中已经形成了一种习惯。这说明对于村落社会来说，旧的地域划分单元在地域化和聚落化后会在村落社会中保持相当长时间。"管"这个称谓一直维持到元代，到了明代以后，这个称谓在大多数地区都消失了。

11 大安二年（1210）高平南庄玉皇庙《重修玉帝庙记》

一、村落社庙概况

南庄属河西镇，位于高平市区东南方向18千米的高平、晋城和陵川三县（市）交界处。南庄与其西紧邻的永宁寨两村东、西、南、北均在晋城范围内，东面为东张后村，北面为鲁村，西面为丹河底（是深入晋城境内的一小片区域），南庄属于丘陵地带，嘉靖三十五年碑的碑文中这样描述南庄地形："东据彭城之岫，西控灵山之祠，其北也温阳，望以崇崇；其南也□□，交而范范。于是之景，花木怡神，在岁之中烟霞满目，真神仙之窟宅。"[①] 碑文有溢美之词，但南庄玉皇庙周围景色确实不凡。南庄村庄规整，呈近似长方形，东西宽约300米，南北窄一些，为150多米。2010年有居民103多户，350多人，是规模较小的山区村庄。南庄庙宇众多，除玉皇庙外，还有村西的关帝庙和西阁，村中的文庙（孔夫子庙），等等。

南庄玉皇庙是泽州著名庙宇，历史悠久，现为国家级文物保护单位。南庄玉皇庙位于河西镇南庄村东南，实际上在村外，坐北朝南，占地面积约1804平方米。始建时间不详，明嘉靖三十五年碑碑文上说："建武二年三月十八日创立，大唐先天三年重修，大金大安二年重修。"[②] 建武是东汉年号，明代这种说法可信度很低，但此庙历史悠久是肯定的。金大安二年（1210），

[①] 金大安二年（1210）《重修玉帝庙记》，现存高平南庄玉皇庙。
[②] 嘉靖三十五年（1556）《大明国河东南路泽州高平县举西乡南鲁村仲社愿心人等同修昊天玉帝行宫》，现存高平南庄玉皇庙。

明嘉靖三十五年（1556）补修，清乾隆四十年（1775）重修，民国十七年（1928）重修，现存最早碑刻为金大安二年补修碑刻。南庄玉皇庙依地势而建，建筑高低错落，中轴线上建有山门、拜殿、正殿，两侧为耳房、配殿。庙内现存金大安二年、嘉靖十五年（1536）、万历三十四年（1606）、乾隆四十年（1775）、光绪十二年（1886）、光绪十八年（1892）和民国十七年（1928）碑刻多通。

二、碑刻元数据信息

元素名称	元素修饰词	信息
文物类型		碑刻
编号		山西高平南庄001
所在位置	标准地名	山西省晋城市高平市河西镇南庄村
	所在社庙	南庄玉皇庙
名称	标准名称	大安二年南庄玉皇庙重修玉帝庙记
	首题	重修玉帝庙记
	额题	重修玉帝庙记
	阴首题	无
	阴额题	昊天玉帝行宫之碑
石刻责任者	撰并篆书丹	韩仁煦
	总领修崇	韩彬
	纠率立碑	韩铎
石刻年代		年号纪年：金大安二年
		公历纪年：1210年

续表

元素名称	元素修饰词	信息
材质		青石
计量	尺寸	高 177 厘米，宽 83 厘米，厚 20 厘米
附注	形制	笏首方趺
	纹饰	碑额有龙纹，碑身四周有团花纹，碑阴碑首有龙凤纹
现状	完残程度	保存较好
书刻特征	书体	正书
	铭文行款	26 行，行 48 字
相关文物	同庙碑刻	嘉靖十五年（1536）《同修昊天玉帝行宫》 万历三十四年（1606）《无题名碑》 乾隆四十年（1775）《五社重修来凤山昊天玉帝行宫碑记》 光绪十二年（1886）《立公食水碑记》 光绪十八年（1892）《无题名碑》 民国十七年（1928）《来凤山重修昊天玉帝行宫碑记》
	相关建筑	南庄玉皇庙是国家重点文物保护单位
相关文献	著录文献	《三晋石刻大全》（晋城市高平市卷），第 40—41 页
田野经历		2013 年 7 月 23 日孟伟和王潞伟等实地考察 2016 年 10 月 30 日杨波等人实地考察

三、碑文整理①

【碑阳】

首题：重修玉帝庙记

额题：重修玉帝庙记

乡贡进士韩仁煦撰并篆书丹

粤自周公制礼，（迺）[乃]立春官，"掌建邦之天神、人鬼、地示之礼。以吉礼事邦国鬼神示，以禋礼祀昊天上帝，以实柴祀日月星□[辰]，□[以]槱燎祀司中、司命、（飙）[风]伯、雨师。"②皆以冬至日祀之于圜丘。秦汉以来，举之而莫废，《月令》着之详矣。迨唐"高皇时，礼官以谓太史《圜丘图》，昊天上帝于坛上，耀魄宝在第一等"。《唐志》又云："天皇大帝，北辰耀魄宝也。"③宋之祥符元年，东封泰山，设圜台于山上，以祀昊天上帝。设五方帝、日、月、天皇大帝、北极神位于山下，封祀坛之第一等。洎祥符七年九月辛卯，敬上圣号"太上开天执符御历含真体道昊天玉皇大天帝"，以来年正月奉玉册衮服诣太初殿，备荐献之礼。自时厥后，上自京毂（都），下及闾里，罔不建祠而得通祀焉。况识乎不因不成之义者，讵可慢乎？

今乃太行之北，泽郡之东，地分晋野，境属高平，距县城三十余里，有聚曰鲁村，屋（居）民百家，比屋鳞次。（埜）[野]东原上，土壤膏腴敞平于前，盘岗重阜绵亘于后，蓊郁古木之间，有庙岿然而峙者，昊天玉帝行宫

---

① 此碑与泰和七年（1207）泽州府城玉皇庙《重修玉帝庙记》雷同之处较多，碑文中涉及的文史知识不再重复出注。

② 出自《周礼·大宗伯》。

③ 以上两处引文出自《新唐书·礼乐志三》，《唐志》即指此。

也。地（脳）[脉]爽垲，东据彭城之岫；西控灵山之祠①；其北也温阳，望以崇崇；其南也国□，交而泛泛。于时之景，花木怡神，在岁之中，（堇）[烟]霞满目，真神仙之窟宅，足以为乡人祈祷归依之所。

庙之立也，积有岁时。耆旧相传，盖因陵川县下壁玉皇庙前，神马屡至，嘶鸣片时，忽然不见。又缘旱暵，（徧）[遍]祷群神，靡获感应，唯请祈上帝，遽获甘澍，生我百谷，岁则大熟，人（荅）[答]神休，遂立祠焉。奈历（禩）[祀]寖远，堂宇庳陋，椽栋毁坠，圬墁残于风雨，丹青剥而湮讫。四时祭飨，人皆恻然，徒嗟衰弊，虽欲改葺，或未遑也。

迨圣朝改元泰和，岁在甲子②仲春月，众集而议之曰：我辈生太平之世，为太平之民，久沐唐虞之化，悉备周孔之教，加以年谷丰登，内外亲睦，既荷百福而无报谢，是为人而有负也。况时难的而易失，流光奔骥，老耄逼人，虽有陶朱猗顿之富，金穴铜山之资，（尠）[尟]能长守？且福田难遇，胜缘难成，可不同心勠力，再营庙貌？非止久以宁神，抑亦此方之壮观也。众欣然而景从。

于是择一乡之善士，韩彬纠而司其事，又众社老人数十辈，一一信响，输愿力，出清赀，具材木，征工僦功，革故鼎新。运用有成，不愆于素，约费百万余金。大殿轶轧，如翚斯飞。金碧炫耀于榱题，锦石璘瑜于（階）[阶]隋，规抚壮丽，宜奥靓深。而又缭以垣墉，翼以廊庑。来而游者佥曰：休哉！于虖！完补祠宇，钦仰神明于冥冥之间，率颛意而无怠心，向非韩公识明，虑远用能，劝导居民，则是庙之成，亦或未可。

岁在庚午若③八月初吉，有信士韩铎纠率老人以奠献之礼祗载见王庙，喟然叹曰："是可以刻石，欲纪其本末。"众遂可其语，来款于余，姑以翰墨

---

① 灵山之祠：即承安三年（1198）《晋城县菖山乡成公管北六社创修舞亭记》所记的灵山神庙，其位置正在高平南庄玉皇庙以东。
② 甲子年为泰和四年，公元1204年。
③ 庚午：大安二年，公元1210年。若：应当为借鉴泰和七年（1207）泽州府城玉皇庙《重修玉帝庙记》中的"赤奋若"过程中的衍字。

为请，应之曰："道不可体，体之则小；名不可泥，泥之则拘。窈乃寂兮寥兮，柱史格言；芒乎芴乎，漆园至论。故百姓日用，而知之者鲜于一方，孰能明之哉？虽然，或可强为之名焉。若夫四时迭运，暑寒代谢，煦妪生成，利而不害，非曰劳功之道欤？人之为人，得天之灵，固超然（異）[异]于群生，老有终，少有养，安时乐俗，非曰阴骘之力欤？民神之主也，神之于人，不求其报；人之受赐，不为不多，竟莫知所谢欤？况闻礼有五经，莫重于祭。然行秽祀丰，犹不蒙祐，德修荐薄，吉必大来。是知洁粢丰盛，嘉粟旨酒，能备礼也，亦在庠上下皆有嘉德而无违心，则祀事孔明矣。此我邦人，自今以始，益务修德，以荐馨香，则神之听之，降福禳而无穷已。"既语之以尽，敬其神又嘉其敏于缮完，仁煦退鹢文场①，飞（蹤）[踪]故里，乡人见请，安敢固（辞）[辞]？且直记于岁月，敢曲术于文章？后之览者，勿致诮焉。

石匠宋璘

【碑阴】

首题：无

额题：昊天玉帝行宫之碑

大金国河东南路泽州高平县举义乡鲁村众社愿心同修昊天玉帝行宫今具合村大小人户从老至幼姓名于后：

长老进义校尉皇潜　进义校尉李璋　韩珍　修庙维那成瑞　李达　李溥　成珎　韩浚　李清　焦顺　张澄　韩涓　郭润　苏政　李信　韩琮　李通　秦斌　韩钦　韩玉　郭进　牛恩　韩曦　郭全　皇美　秦琰　皇立　郭俊　张和　崔通　皇元　韩顺　韩操　张清　成谨　韩昶　张荣　成升　秦通　张庆　郭琮　李洵直　秦伸　崔琪　成庆　李安　崔政　王兴　郭瑀　崔福　焦荣　张信　焦昌　韩珏　秦谨　李彬　郭元　韩泉　张志　韩显

---

① 仁煦为撰文者名，退鹢文场是自谦的比喻。

崔翼　庐苇　焦元　朱亮　崔泌　李顺　崔亨　韩立　韩汴　韩沂　成全　韩旭　李林　赵万　韩美　韩端　李益　赵赞　成顺　皇润　郭皋　张诚　杜深　焦敢

总领修崇韩彬　纠率立碑韩铎

今具众邑婆姓名于后：

成珎妻韩氏　李溥妻牛氏　张成氏　郭王氏　郭成氏　赵悮贞　秦妙氏　秦妙周　焦张氏　魏遇贞　韩张氏　姚善净　韩□氏　张成氏　韩善净　崔皇氏　成妙实　李韩氏　韩张氏　韩李氏　韩冯氏　韩妙果　韩焦氏　李皇氏　皇姚氏　毕遇贞　崔妙新　崔皇氏　韩秦氏　张韩氏　张李氏　崔张氏　成李氏　韩薛氏　牛净贞　缑净贞　韩冯氏　崔妙贞　焦韩氏　牛秦氏　杜韩氏　郭韩氏　张成氏　韩靳氏　靳寿仙　韩祁氏　郭张氏　郭成氏　崔张氏　韩崔氏　成韩氏　韩王氏　韩张氏

（旹）[时]大安弍年岁次庚午仲秋初七日功毕记耳

四、碑文考述

（一）碑文的雷同

大安二年（1210）高平南庄玉皇庙《重修玉帝庙记》与泰和七年（1207）泽州府城玉皇庙《重修玉帝庙记》的刊立时间相隔仅3年，碑文内容有很多雷同之处，下面做表做简单比较。

表 1　玉皇庙碑文

比较项目	府城玉皇庙泰和七年碑	南庄玉皇庙大安二年碑
玉皇信仰的历史渊源	粤自周公制礼，乃立春官大宗伯之职，掌建邦之天神、人鬼、地示之礼。……上自京师，下及闾里，罔不建祠而得通祀焉。	粤自周公制礼，乃立春官，掌建邦之天神、人鬼、地示之礼。……上自京都，下及闾里，罔不建祠而得通祀焉，况识乎不因不成之义者，讵可慢乎！
祠庙所在地理环境	濩泽东野，距郡城二十里，有聚曰府城，居民百家，比屋鳞次。……累霭连氛，气象溢目，真神仙之窟宅，足以为乡人祈祷归依之所。	今乃太行之北，泽郡之东，地分晋野，境属高平，距县城三十余里，有聚曰鲁村，居民百家，比屋鳞次。……在岁之中，烟霞满目，真神仙之窟宅，足以为乡人祈祷归依之所。
祠庙历史重修原因	庙之立也，积有岁时。……虽欲改葺，或未遑也。	庙之立也，积有岁时。……虽欲改葺，或未遑也。
祠庙重修发起过程	迨圣朝改元明昌，岁在阉茂仲冬月，管众集而议之曰……非止久以宁神，抑亦此方之壮观也。众欣然而景从。	迨圣朝改元泰和，岁在甲子仲春月，众集而议之曰……非止久以宁神，抑亦此方之壮观也。众欣然而景从。
修建过程	于是择一乡之善士，东元庆进义副校尉段继纠而司其事，又五社管首老人数十辈，一一信响……向非段公明识，虑远用能，劝导居民，则是庙之成，亦或未可。	于是择一乡之善士，韩彬纠而司其事，又众社老人数十辈，一一信响……向非韩公识明，虑远用能，劝导居民，则是庙之成，亦或未可。
撰写碑文过程与议论	岁在赤奋若九月初吉，管众欲纪其本末，来款于余……既语之以尽，敬于神又嘉其敏于缮完，义弗能□□，梗概以告云。	岁在庚午若八月初吉，有信士韩锋纠率老人以奠献之礼祇载见王庙……既语之以尽，敬其神又嘉其敏于缮完，仁煦退鹢文场，飞踪故里，乡人见请，安敢固辞？直记于岁月，敢曲衔于文章？后之览者，勿致消焉。

从上表可以看出碑文前后因袭雷同很明显。从时间上来说，府城玉皇庙泰和七年碑更早，南庄玉皇庙大安二年碑明显有所借鉴。碑文主要就是修改了人名、地名等专有名词，甚至在借鉴碑文时还出现了错误。大安二年碑碑文将泰和七年碑的岁星纪年法"赤奋若"改作了干支纪年，但不小心少删去

一字，就出现了"庚午若"这样的错误。大安二年碑碑文不仅仅借鉴了泰和七年碑，还借鉴了其他玉皇庙碑文。例如，下壁玉皇庙皇祐五年碑有"东宅马鞍之岫；西枕晋河之纳；其北也秦城，望以崇崇；其南也三泉，交而泛泛。于时之景，花木怡神；在岁之中，烟霞满目"。① 南庄玉皇庙大安二年碑中"东据彭城之岫；西控灵山之祠；其北也温阳，望以崇崇；其南也国□，交而泛泛。于时之景，花木怡神，在岁之中，烟霞满目"的记载明显与其雷同。张仰玉皇庙大定八年碑有"皆仰戴而通祀之，况识乎不因不成之义者，讵可慢乎？"南庄玉皇庙大安二年碑的"罔不建祠而得通祀焉，况识乎不因不成之义者，讵可慢乎？"也与其雷同。可以说，大安二年碑实际上是综合了此前多通玉皇庙碑刻而创作的，有明显的因袭之处。这种因袭也可以表明，晋城、陵川和高平三县交界处的玉皇庙相互之间有密切交流，撰文者在撰写碑文之前将其他几处玉皇庙碑文都看了。

（二）社庙地理特征

碑文中描述玉皇庙的位置："鲁村，居民百家，比屋鳞次。野东原上，土壤膏腴敞平于前，盘岗重阜绵亘于后，蓊郁古木之间，有庙岿然而峙者，昊天玉帝行宫也。地脉爽垲，东据彭城之岫；西控灵山之祠；其北也温阳，望以崇崇；其南也国□，交而泛泛。"② "野东原上"表明玉皇庙是在村外，且是在小山冈上，这和宋代社庙选址具有类似特点。

南庄玉皇庙在金代属鲁村，聚落规模为"今乃太行之北，泽郡之东，地分晋野，境属高平，距县城三十余里，有聚曰鲁村，居民百家"，这一规模在当时是比较大的。南庄玉皇庙也是由鲁村独立兴建的，从碑阴来看也没有涉及其他村落，此时并未有多个社共同修建的情况。至迟到明代，周围几个村社以南庄玉皇庙为中心逐步形成五社组织。嘉靖三十五年补修碑文中有"一

---

① 皇祐五年（1053）《新修玉皇行宫碑》，现存下壁村中。
② 大安二年（1210）《重修玉帝庙记》，现存高平南庄玉皇庙。

社四庄"的说法,这四庄是"东张、南鲁、西寨和南北二山",这里的东张就是今东张后村,西寨就是今永宁寨,南、北二山就是今北黑山底和南黑山底,实际上是五个村,只是当时可能南、北二黑山底村还没有分开,因此称作四庄。万历三十四年碑上首次出现了"一社五庄"的说法,但是没有具体列出五个村庄的名称,但基本可以肯定就是上述五个村庄。乾隆四十年(1775)《五社重修来凤山昊天玉帝行宫碑记》开始使用五社这种说法,而且列出了五社的具体名称:"永宁寨共捐银五百六十两,东张后共捐银四百二十两,南鲁村共捐银二百八十两,北黑山底共捐银一百七十五两,南黑山底共捐银一百七十五两。"由此可见,南庄早在金代就有村社组织。明代就有"一社四庄"或"一社五庄"的说法,五社的雏形在至少明代中期就已经形成。

值得注意的是五社所包含的五个村社并不包括金代碑文中所说的鲁村,鲁村今位于五社所在区域的西北方向,距离很近。鲁村是规模较大的村落,据说村中现有始建于元代的关帝庙,在晋东南地区属于较早的关帝庙。这种变化说明金元至明代前期,以南庄玉皇庙为中心的聚落发生了一定的演变。五社所述村落或许原本是属于鲁村,后来发生了分化,逐步出现新的村落,这些村落距离南庄玉皇庙更近。鲁村却逐渐与五社脱离了关系。

(三)女性社人

南庄玉皇庙大安二年碑的碑阴详细开列了鲁村社人的名字。前后分为两个部分,第一部分为"今具合村大小人户从老至幼姓名于后",后一部分为"今具众邑婆姓名于后"。前面当为每一户的户主男性,后面是村中女性名字。类似这种刻碑的做法在宋代碑刻上也存在:"招贤社女弟子……东村社女弟子……北村社女弟子……南下社女弟子……崔家社女弟子。"[1] 在这通宋代碑刻中,没有充分证据证明这里的这些题名是"女人社",[2] 这些题名仅仅罗列

---

[1] 政和七年(1117)《新修二仙庙记》,现存泽州东南村二仙庙。
[2] 易素梅:《家事与庙事:九至十四世纪二仙信仰中的女性活动》,《历史研究》,2017年第5期。此文中作者直接认为这些都是女人社,而未做任何讨论。

了女性的名字，并未提及他们建立了任何组织，这里的社主要还是聚落名称的含义。但大安二年碑中则直接出现"众邑婆"的说法，这里的邑当为模仿佛教邑义组织建立的女性组织，当在社庙兴修中起到了重要作用，碑阴特意存留善名。类似这种题名中出现女性的情形在宋金时期并不鲜见，其他碑刻上也常常会出现，只是上述两个例子将女性集中在一起列举。这些题名中出现女性的例子充分证明了女性参与村社事务的普遍性，女性有出现在碑刻题名上的权利。这些题名中绝大部分以"某某氏"的形式出现，这仍然是依附于男性户主的表现，其中也有少数是直接记录女性名字，如"韩妙果""毕遇贞""崔妙新"等。独立出现的女性题名也说明女性未必一定附属于家庭中的男性户主，这些女性可能是尚未成婚或丈夫去世。尽管存在这样一些女性参与村社事务的记录，但总的来说，女性在村社中的地位仍然还是比较边缘的。

12 崇庆元年（1212）陵川郊底白玉宫重修碑

一、村落社庙概况

郊底村位于陵川县城南约13千米处，属潞城镇。郊底村地处潞城、附城和崇文三镇交界处，东北倚靠上背村，西南临近圪塔村。郊底村位于陵川西部丘陵地带与东部太行山腹地交界处，丹河支流白洋泉河在此段沿太行山西麓自东北流向西南，郊底村即位于河边，是陵川与晋城泽州县东部文化交流的通道。郊底村清代属郊义里，乾隆年间有95户。[1] 郊底村是山区边缘地带交通不便的小规模村落。

郊底白玉宫位于郊底村西，坐北朝南，三进院落，占地面积2516平方米。创建时间不详，金崇庆元年（1212）碑所记即为重修，始建当不晚于金代中期。成化七年（1471）、民国十二年（1923）均有重修。现存建筑正殿为金代遗构，其他建筑为明清风格，中轴线现存山门舞楼、三仙殿、正殿、后殿，两侧有廊房、耳殿等。郊底白玉宫为全国重点文物保护单位，除金崇庆碑刻外，尚有明代石刻两通，清代碑刻三通，民国碑刻两通。

---

[1] ［清］程德炯等纂修：乾隆《陵川县志》卷10《户籍》，《中国地方志集成·山西府县志辑》第42册，凤凰出版社2005年版，第256页。

二、碑刻元数据信息

（一）金崇庆元年（1212）郊底白玉宫《重修东海神祠记》

元素名称	元素修饰词	信息
文物类型		碑刻
编号		山西陵川郊底村001
所在位置	标准地名	山西省晋城市陵川县潞城镇郊底村
	所在社庙	郊底白玉宫
名称	标准名称	金崇庆元年郊底白玉宫重修东海神祠记
	首题	重修东海神祠记
	额题	无
石刻责任者	撰文	乡贡进士锦屏都大荣
	书丹	居人郭敏
	社首	郝昇
石刻年代		年号纪年：崇庆元年
		公历纪年：1212年
材质		青石
计量	尺寸	高53厘米，宽105厘米
附注	形制	壁碑
	纹饰	四周有团花缠枝纹
现状	完残程度	保存完好

续表

元素名称	元素修饰词	信息
书刻特征	书体	正书
相关文物	同庙碑刻	金崇庆元年（1212）《无题名维那等题名碑》 明成化七年（1471）《重修玉帝行宫碑》 嘉靖二十三年（1544）《无题名捐资碑》 同治九年（1870）《阖社公议移来松峰例禁旧界碑记》 同治十年（1871）《创买松坡碑记》 光绪三十一年（1905）《无题名禁约碑》 民国十二年（1923）《补修庙宇创筑舞楼配房之碑记》及同年《无题名捐资碑》两通
	相关建筑	郊底白玉宫为国家重点文物保护单位
相关文献	著录文献	《三晋石刻大全》（晋城市陵川县卷），第32页
田野经历		2017年7月13日杨波与颜伟实地调查

（二）金崇庆元年（1212）郊底白玉宫《无题名维那等题名碑》

元素名称	元素修饰词	信息
文物类型		碑刻
编号		山西陵川郊底村002
所在位置	标准地名	山西省晋城市陵川县潞城镇郊底村
	所在社庙	郊底白玉宫
名称	标准名称	金崇庆元年郊底白玉宫无题名维那等题名碑
	首题	无
	额题	无
石刻责任者	社首都维那	郝昇
	看庙人	程俊
石刻年代		年号纪年：崇庆元年
		公历纪年：1212年

续表

元素名称	元素修饰词	信息
材质		青石
计量	尺寸	高57厘米，宽98厘米
附注	形制	壁碑
	纹饰	四周有团花缠枝纹
现状	完残程度	保存完好
书刻特征	书体	正书
相关文物	同庙碑刻	金崇庆元年（1212）《重修东海神祠记》 明成化七年（1471）《重修玉帝行宫碑》 嘉靖二十三年（1544）《无题名捐资碑》 同治九年（1870）《阖社公议移来松峰例禁旧界碑记》 同治十年（1871）《创买松坡碑记》 光绪三十一年（1905）《无题名禁约碑》 民国十二年（1923）《补修庙宇创筑舞楼配房之碑记》 及同年《无题名捐资碑》两通
	相关建筑	郊底白玉宫为国家重点文物保护单位
田野经历		2017年7月13日杨波与颜伟实地调查

三、碑文整理

（一）金崇庆元年（1212）郊底白玉宫《重修东海神祠记》

首题：重修东海神祠记

额题：无

乡贡进士锦屏都大荣撰

居人郭敏书

窃闻天地定位，立一圣以（惣）[总]临，山海奠形，有百神而分主。凡在土地之众庶，阴资仁德以扶持，然而微妙难明，变化各（異）[异]。或功著德茂而受荐于亿载；或羽跃仙登，而血食于一方。与造化争功，阴阳争奥，无祷不应，有感即通。虽皆有益于人，能利于物也。至于烁电□以耀八纮，震霆声而惊四远。呼吸而风振荡，吐纳而云飞扬。滂沛雨泽，浸润生物，其妙用无方，不可以形而诘者，皆无□于海神之灵，是宜缋丰洁之祀，邈乎无穷矣！考之于古，其详靡得而言。在唐宋间，筑室而祭者，莫计其数。江、淮、颍之俗，陈、蔡、许、汝之民崇信尤笃，奔而奉祀者惟恐其后。迨圣朝革命，南北抚定，九州四海，郡邑村落，飞檐峻宇，争为设祠祷祭者又从而皆是，固不知几何。

　　所邑之西南，地逾一舍，瞳有下郊，亦建其祠，以为一方之镇。居人岁时致祭祠下，或馈荐牲饩，或酌献醪醴。其仪卫严设，则辉革灿目；其肃鼓备奏，则声音沸天。朔而又朔，终而复始，靡有旷阙。□神心亦□□以此保绘焉。脱或阴阳之错谬，灾害之流行，礼而荣之，□休征即应。是以有土之俗，默受无穷之恩。

　　然自立庙以来，□□绵邈，垣墉圮毁，榱栋欹倾，不无鼠牙雀角之害。其制度又且卑隘，一旦居人不视。而社首郝公昇祀神之礼粗，且如是又岂可仍旧贯而艰于改作，坐观其弊而不为葺乎？于是议同，众口一辞曰美矣，愿施金帛，而毕其事。（逈）[乃]于故基之北，诛茅析薪，揆景正方，增大其制，遂□斫鼻之工①，以作凌霄之构，斧仃（钉）雷动，材木云蒸，柱础森严。辟坤仪而踊出，舼棱②峨巘，排空际以飞来。庶民功之不□成矣。加以丹青文饰，交腾金碧之辉，经营于大安□□之夏，断乎于崇庆壬申之秋③，望之俨然，功其美矣！中安神像，式副其德，使春秋祀事之明，造庭瞻仰者，

---

① 斫鼻：出自《庄子·徐无鬼》，比喻技艺精湛。
② 舼棱：建筑转角处的瓦脊成方角棱瓣之形。
③ 壬申为崇庆元年，公元1212年。

愈加其肃□□。

噫！是功之兴，诚不易耳。仍虑后之继主其事者或倦于□葺□，迨岁月浸久，以致摧毁，不副前人兴作之意，欲纪其本□［末］□于坚石，以为来者之戒。功既落成，友人郭文辅具道□所以致殷勤之恳，祝予为记，牢让再三，义莫能拒，姑书此以□塞责。

时崇庆元年中元后三日志

（二）金崇庆元年（1212）郊底白玉宫《无题名维那等题名碑》

维大金国河东南路泽州陵川县路城乡下郊村社首郝昇谨发诚心纠众维那，召□名匠重修东海神祠，永为缮祀。

具维那名目于后：

都维那郝昇　男郝仙　次男郝沂　次男郝赟

副维那郭仙　男郭瑀

副维那靳甫　男靳祐　次男靳志　男靳聚　男靳沂

副维那郭琳　男郭□　男郭变　男郭□　男郭安　男郭进

副维那成林　男成才　次男成荣　男成贵　男成福

副维那都展　男都银　次男都变

副维那张林　男张用　次男张荣　次男张和

副维那都珍　男都立　次男小叔

副维那郭立　孙男郭信

副维那成珎　男成□　次男十二

副维那郭元　男郭瑄

副维那王政　弟王福　男小一

副维那王琄　弟王贵　弟王恩　弟王□

王钧　王珍　张昇　武诚　靳元　靳琮　靳诚　靳全

韩嵩　李福　李六哥　都诚

张荣　张四奇　韩迻　韩十哥

侯进　郭通　车茂　车诚
都椿　李璘　□进　□卞
靳宏　郝珎　靳琮　靳七哥
杨钧　靳进　靳□哥　李七哥
靳十四哥　郭钧　赵□　韩小叔
看庙人程俊
大木匠西唐村秦云翼　男秦琦
瓦匠本县和颜　砖匠盖城村王　弟王余八
彩绘圣像处士加炉村张天祐
刊石匠人加炉村张佺　男张玉　张颢
时崇庆元年仲秋望日记

四、碑文考述

（一）独特的海神

　　社神的种类多种多样，最独特的莫过于郊底白玉宫的海神。地处内陆的山西，包括太行山腹地的晋城陵川县，距离大海非常遥远，按常理不应该有海神信仰，但陵川县的一个山间村落却早在金代就出现了一处海神庙。碑文作者对于海神信仰的传播区域有很清楚的认识："在唐宋间，筑室而祭者，莫计其数。江、淮、颖之俗，陈、蔡、许、汝之民崇信尤笃，奔而奉祀者惟恐其后。"碑文描述可以给我们理解陵川的海神信仰一些线索。郊底白玉宫的海神明确为东海神祠，显然应该形成于东南沿海地区，考察其盛行的区域，江是长江，淮是淮河，颖是淮河支流颖河，陈、蔡、许、汝大体也在黄淮之间。东海海神信仰顺着长江传播到淮河流域，再溯颖河向北传播到黄河流域。颍河是从黄河流域通往淮河的重要水上通道，其主要支流为沙河，沙河汇入颍河之处就是重要的市镇周口所在地，也是山西商人经商的重要码头——现存著名的山西会馆（大关帝庙）。海神信仰或许就是沿着这样一条商路传播到了太行山腹地。

如前所述，社神主要有三种类型的来源：一是佛道教等建制性宗教的神灵；二是国家祀典神灵向民间的传播，如玉皇和东岳等；三是依靠地方传说与共享仪式兴起的民间信仰，如二仙、三峻等。郊底白玉宫的东海神祠代表了另外一种，区域性民间信仰发生跨区域传播之后形成的信仰，这种类型是比较少见的。或许因为某种机缘，这样的传播可以实现，但由于在当地缺少民众基础，很难长期延续。郊底白玉宫在明代就改祀了玉皇，现存成化七年（1471）《重修玉帝行宫碑》中有所记载，海神信仰在当地并没有延续下来。

（二）社人

和张仰村类似，下郊（今陵川郊底村）重修东海神祠同样是一个村社独自兴修的。碑阴中所列出的人名中，社首都维那1人，维那12人（都维那和维那家人不单独统计），其他社人36人，共计48人。在当时，这大体上可算作中等规模村落。

下郊（今陵川郊底村）东海神祠的两通崇庆元年碑中首次出现了"社首"一词，这是目前所见最早出现社首一词的碑刻。社首是明清时期村社首领的主要称谓，金代开始，各种各样的以"首"命名的村社首领称谓越来越多，包括纠首、率首、管首、神首、社首、维首等，这就开始了向明清时期社首制的转变。郊底白玉宫崇庆元年碑中同样出现了不同层级的维那，都维那负责工程总体建设，由社首担任，副维那则负责具体的工程实施。都维那和副维那的题名中都开列了他们的儿子或弟弟等家庭成员，体现了维那的家族性特征。碑文中还出现了看庙人这一称谓："看庙人程俊。"这里的看庙人类似于其他碑刻中出现的庙官或庙老，基本等同于明清时期的住持。

卷 三

13　至元十一年（1274）泽州冶底岱庙《重修岱岳庙记》

一、村落社庙概况

　　冶底村位于晋城市区西南方向约 14 千米处，处于晋城盆地西南丘陵地带，恰好在周村到晋庙铺的中间位置。周村是阳城以西远到晋南地区进入晋城的交通枢纽，晋庙铺则是晋城通向河南河内地区的交通枢纽，由于冶底村恰位于这一交通要道的中段，所以地理位置非常重要，是绵延于泽州西南盆地边缘地区商路的关键枢纽。冶底在清代属五门乡武城都冶底里，[①]今属南村镇，2011 年有居民 808 户，2607 人，规模较大。冶底村在历史上是重要的铁冶业村落，其村名明显与此有关，反映了冶底作为铁冶中心之一的工商业村落的特色。冶底村除岱庙外还有一处老君庙，也称太清宫。冶底村是规模较大、交通便利的山区村落。

　　冶底岱庙位于冶底村村西，坐北朝南，实为东岳庙，也称泽州岱庙、东岳庙、岱岳庙、岳庙、五岳庙、冶底庙、东岳天齐庙等，以冶底岱庙或泽州岱庙最常见，是泽州地区最著名的东岳庙之一。冶底岱庙现存最早记载为北宋元丰三年（1080）的四处石柱题记，其始建不晚于北宋。岱庙上下两院，正殿天齐殿（五岳殿）位于整个庙宇的中轴线北端，舞楼、鱼沼、山门沿中轴线从北向南顺势而下，西侧有速报司殿、阎王殿和牛王殿，东侧有龙王殿、

[①]　［清］姚学甲纂修：乾隆《凤台县志》卷 3《里甲》，《凤台县志（点校简注本）》，三晋出版社 2012 年版，第 74 页。

二仙娘娘殿和关公殿等。东西两侧殿宇大概在晚明时期陆续创建。冶底岱庙现保存完好，是第五批国家重点文物保护单位。冶底岱庙碑刻众多，除元代一通壁碑之外，另有宋代石柱题记四处，金代石门题记一处，明碑四通和清碑十通。

二、碑刻元数据信息

元素名称	元素修饰词	信息
文物类型		碑刻
编号		山西泽州冶底006
所在位置	标准地名	山西省晋城市泽州县冶底村
	所在社庙	冶底岱庙
名称	标准名称	至元十一年冶底岱庙重修岱岳庙记
	首题	重修岱岳庙记
石刻责任者	撰文	钟显、男天成
	书丹	郡进士白琇
	维那头	乡老董仔、社长闫聚、德年丘坚、老人闫广
	工匠	泥匠：严二　木匠：刘大、李八　石匠：李德、杨经
石刻年代		年号纪年：至元十一年
		公历纪年：1274年
材质		青石
计量	尺寸	高55厘米，宽82厘米
附注	形制	壁碑
	纹饰	无纹饰
现状	完残程度	保存较好

续表

元素名称	元素修饰词	信息
书刻特征	书体	正书
	铭文行款	29 行，行 22 字不等
相关文物	同庙碑刻	元丰三年（1080）石柱题记四处 金大定二十七年（1187）石门题记 永乐二年（1404）《创建东岳速报司神祠记》 正德七年（1512）《重修东岳庙碑》 万历二十六年（1598）《重修东岳庙神祠记》 万历四十三年（1615）《重修东岳天齐庙舞楼三门记》 顺治十八年（1661）《重修东岳天齐庙碑》 康熙六年（1667）《冶底村创起关圣帝君堆金会碑记》 康熙五十七年（1718）《创建东西龙王庙牛王庙碑》 乾隆二十一年（1756）《冶底庙石狮子记》 乾隆三十三年（1768）《冶村创修岳庙钱大路石址记》 乾隆三十三年（1768）《创建三官堂碑记》 乾隆五十三年（1788）《东岳庙妆修东庭记》 乾隆五十七年（1792）《东岳庙妆修西庭记》 嘉庆九年（1804）《金妆速报牛王神祠碑》 嘉庆十三年（1808）《重修东岳庙并金妆二站像记》
	相关建筑	冶底岱庙是国家重点文物保护单位
相关文献	著录文献	《山西通志·金石记》 《三晋石刻大全》（晋城市泽州县卷），第 85 页 《泽州碑刻大全》第 4 册，第 2—3 页
田野经历		2016 年 6 月 1 日杨波实地考察 2019 年 10 月 23 日杨波、颜伟等实地考察

三、碑文整理

【碑阳】

首题：重修岱岳庙记

额题：无

本州钟显、男天成撰

切闻道虽天出，盖人力所能。弘福必自为，惟神宇而可建。矧岳者，群山之长，百灵之宗，协和四时，陶钧①万物。修"五玉"②吉凶之礼，用"三帛"③生死之赘，古帝王所以燔柴④祭告也，信有之。

其冶底者，乃此乡之名地也。山秀而高，水清而漪。形势邃阻，实多胜（槩）[概]。社西有祠曰岳庙，已积年矣。偶尔兵厄之后，伤哉！梁栋之倾，缺瓦毁垣，外榛内棘，须风雨剥丹青之像，奈春秋失香火之仪，瞻之者无不悼哉。此本社乡老董仔、暨社长闫聚、与德年丘坚、同老人闫广共启虔意，各分一隅，愿心协力，相助者一十三人。定立分数，出纳己财，营求瓦木等物，率诸匠伦，鸠僝其功⑤，半载（廼）[乃]毕。

方之旧宇三倍峥嵘，尤增壮丽，复妆其像，又从而藻饰之。岂独为一境之光，固可彰百世之誉。呼呼！勤亦至矣！既落其成，乡人数辈求纪于天成。仆虽不才，而美其德，安可泯没欤？直书本末，以记岁时。

（旹）[时]大元国至元甲戌十月十五日立石

---

① 陶钧：制陶器时所用的转轮，比喻调和制作。
② 五玉：璜、璧、璋、珪、琮，均为祭祀用品。
③ 三帛：指赤、黑、白三种颜色的帛，均为祭祀用品。
④ 燔柴：焚烧柴的祭祀仪式。
⑤ 鸠僝其功：出自《尚书》，指祠庙工程建设。

【碑阴】

（1）维那头乡老董仔　长男董俊　次男董昌　次男董荣　次男董贵

（2）闫胜　男念三　念六　念八

（3）王海　男念四　（13）常村崔□

（4）维那头社长闫聚　男念二　念四　念五

（5）王贵　男小一　念二　（14）任德　男任大

（6）闫聚英　男闫大

（7）维那头丘坚　男丘成

（8）董顺　男董明　（15）赵都庆　男赵大

（9）董闫　男董政　念四

（10）维那头闫广　男闫德　念八　元系环秀村人氏

（11）李卞　男李八　（16）白聚　男念二　念四

（12）韩宝　男韩珎　男韩三　（17）白绣　男念五

（18）助缘人崔兴　王玽　白瑛　司八奇

郡进士白琇书丹

泥匠严二　木匠刘大　李八　石匠李德　杨经

四、碑文考述

（一）东岳信仰

晋城地区现存最早与东岳信仰有关的实物遗存是冶底岱庙的石柱题记："五岳殿王琮施石柱一条，元丰三年二月初三日记。五岳殿石匠段高施石柱一条，元丰三年二月初三日记。五岳殿王清施石柱一条，元丰三年二月初三日记。五岳殿丘吉施石柱一条，元丰三年二月初三日记。"这些石柱题记共有四处，题记均称祠庙为五岳殿，不称东岳庙，也不称岱庙。元丰三年（1080）是宋神宗时期，山西地区东岳信仰的传播和东岳庙的兴建与北宋真宗朝东岳信仰的兴起有关。澶渊之盟之后，宋辽之间大规模军事冲突告一段落，以降天书和泰山封禅为标志，北宋王朝各种信仰活动开始兴盛起来，这种活动和澶渊之盟之后通过信仰方式重建政府权威有一定关系，在这种趋势下，各地地方性的民间信仰也开始兴起。山西定襄东霍社修建东岳庙碑文中有"东岳地遥，晋人然备蒸尝，难得躬祈介福。今敕下从民所欲，任建祠祀。东霍社准并州先降敕兴建，毘夫东岳者，天之孙也，视三公之秩冠，五岳之首。"①这一东岳庙的建立显然与真宗降天书和泰山封禅有关系。早在唐开元十九年（731），唐玄宗接受司马承祯的建议在五岳修建了五岳真君祠，这些五岳祠庙在当地是分开建立的。大中祥符五年（1012），宋真宗在开封建立五岳观（会灵观），将五岳合祀于一处。②宋代以泰山封禅和五岳观建立为标志，东岳和五岳信仰开始遍及全国，刘云军依据地方志等材料整理了宋代东岳庙在全国各地的分布情况。③冶底岱庙也是在这一时代背景下创建的。对于泽州地区来讲，东岳或五岳信仰也不见于宋代以前，可以说，宋代是东岳信仰在泽州兴起的时间点。和晋城地区其他民间信仰祠庙不同，东岳信仰和北宋朝廷的推动有密切关系，这是社庙除了佛教、道教和民间信仰之外的另一种类型的来源。

（二）村社首领与社人

冶底岱庙重修由4人发起，13人参与捐资，他们都可以视作村社首领。修庙的4个首领分别是本社乡老董仔、社长闫聚、德年丘坚和老人闫广。在碑阴中，他们4人都被称作"维那头"，这是他们4人共同的身份，

---

① 大中祥符三年（1010）《大宋国忻州定襄县蒙山乡东霍社新建东岳庙碑铭》，参看《山右石刻丛编》卷12，第21—23页，收入《石刻史料新编》，第15199页。
② 《宋史》卷8《真宗本纪》，第151页。
③ 刘云军：《两宋时期东岳祭祀与信仰》，北京师范大学博士学位论文，2008年。

维那是庙宇兴建工程组织者的临时性称谓。乡老、德年和老人的意思接近，都是指老人，这是元代以前村社层级上主要的村社首领身份。社长是元代国家在基层社会建立的社制中具有一定官方身份的首领称谓，元代社长本来就是从老人中遴选的，社长在村社中起到的作用主要还是来自其老人的身份。总的来说，4位维那均由老人担任，老人在元代村社中还是最重要的首领。按碑阴记录，闫广是环秀村人，环秀村位于冶底以北约2.5千米处，属于邻村。其余3人中，董仔明确说明是本社乡老，还有2人未说明籍贯，也应当是冶底村人。这表明邻村人只要参与社庙兴修组织和捐资工作，就可以成为维那。碑阴不仅著录了四位维那头的名字，还记录了他们几人儿子的名字。一方面，这表明兴修社庙和捐资的善举都具有家族性质，而非简单的个人行为。另一方面，这个记录中并未向其他捐施记录那样包括父母、妻子和女儿等其他家庭成员，这说明维那身份具有在家族男性成员之间传承的性质。这里的题名具有维那身份的性质，不单纯是捐施记录。

　　除了4位维那之外，还有13人参与捐资："此本社乡老董仔、暨社长闫聚、与德年丘坚、同老人闫广共启虔意，各分一隅，愿心协力，相助者一十三人。"这13人具体包括哪些人？是否包括4位维那？这可以根据碑阴题名做出一些推断。捐施者都是以家庭为单位捐施的，很多捐施者都同时列出了他们的儿子，这种情况均应该算作同一个捐施主体。以此标准来统计，从碑阴题名来看，从"维那头乡老董仔"到"助缘人：崔兴，王琎，白瑛，司八奇"为止，刚好为13行，符合13人的数量。但每一行并非只记录了一个家庭，如果按照捐施家庭数量进行统计，除去最后"助缘人"这一行之外，共计17个捐施家庭，除去4位维那头之外，刚好符合13人的数量。由此可知，庙宇兴修工程最初由4位维那头发起，然后另有13人参与其中，最后又有4人参与捐资，前后共计21人（家庭）参与捐资，他们分别是董仔、闫胜、王海、崔□、闫聚、王贵、任德、闫聚英、丘坚、董顺、赵都庆、董闫、闫广、李卞、白聚、韩宝、白琇、崔兴、王琎、白瑛、司八奇。

这是比较合理的推断。21人中,闫姓4人,董姓、王姓和白姓各3人,崔姓2人,任姓、丘姓、赵姓、李姓、韩姓、司姓各1人。除环秀村闫广和常村的崔□外,其他未注明籍贯的应当都是冶底村人。冶底村姓氏很杂,4位维那头除一个丘姓外,其余董和闫两个姓氏都应当是冶底村中影响较大的两个家族。

(三)修庙经费来源

从元代开始,村社兴建的经费来源开始探索制度化的方式,而不单纯是宋金时期的临时性募捐。冶底岱庙修建过程中,"此本社乡老董仔、暨社长闫聚、与德年丘坚、同老人闫广共启虔意,各分一隅,愿心协力,相助者一十三人。定立分数,出纳己财,营求瓦木等物,率诸匠伦",这里的"定立分数"是指参与出资建庙的13个人商量确定了一个分摊修庙经费的比例。"定立分数"的做法比临时性募化更为合理。一方面,临时性募化是量入为出,募化经费可能不够修庙的支出,就会出现经费不够的问题,而"定立分数"则是量出为入,先确定工程实际需要的经费,然后再分摊给参与者。另一方面,修庙工程在实施过程中可能出现超出预算的情况,再次组织募化是非常麻烦的,容易出现中途停工的问题。"定立分数"则明确了捐施者责任,出现经费不足时可以继续按照分数来分摊,追加预算。

在村社经费解决方式的发展历史中,"定立分数"是一种过渡的模式,上承宋金时期的募化模式,下启明清时期的社费模式。在经费来源主体上,"定立分数"与募化模式类似,都是由村中少数富户来承担,但"定立分数"模式涉及的主体范围更大一些。社费模式中经费来源主体扩大到了全体社人。从经费筹措方式上,"定立分数"与社费模式均是"量出为入"分摊制,强制性越来越强,社费模式在后期更是发展到了高度理性化的社分制。从经费持续性上,"定立分数"与募化模式均是临时性的,没有建立长期的、可持续机制,但"定立分数"模式对于解决工程中后续出现的问题更加有效,社费模式则已经有了连续的经费管理和相应的会计管理方式。从募化模式到"定立分数"模式,再到社费模式,村社解决经费问题的模式的特点是主体越来越广泛,村社权力越来越大,可持续性越来越强,制度化程度越来越高,理性化程度越来越高。

14 至元二十一年（1284）高平南赵庄二仙庙《重修真泽庙记》

一、村落社庙概况

南赵庄位于高平市区东侧，随着市区扩大，南赵庄成为市区的一部分，2008年撤村建立社区，今属南城街道办事处。丹河流经高平县城东，南赵庄位于高平县城以东，高平盆地东部边缘，丹河左岸，与县城隔河相望。南赵庄东倚七佛山，村落东北有一小山冈名为二仙岭，其上即南赵庄二仙庙。嘉靖四十二年（1563）南赵庄二仙庙《赵庄曲溪头新通水路记》描述村落位置与地形："吾邑城东二里许，村落在佛岭之西，是谓赵庄，庄民约有千家，良田百有余顷，其居积雄于他乡者甚多，盖名乡也。惜其东联山足，西濒河浒，北枕丘阜，南列土田。"2010年有居民1199户，3960人，是规模很大的社区。南赵庄原名赵庄，历史悠久，二仙庙始建于宋代，因与寺庄镇赵庄重名而改今名。南赵庄祠庙众多，除了位于村外的二仙庙外，另有几处规模较大的祠庙，分别为关帝庙、玉皇庙、五谷庙和观音庙，五谷庙旁另有东阁。

南赵庄二仙庙位于村外东北方向小岗二仙岭上，二仙岭是高平盆地东北边缘凸起的一片小岗，四周皆为平川，是建立祠庙的绝佳之地。南赵庄二仙庙始建于宋代，元初中统二年（1261）修缮，至元二十年（1283）至至元二十一年（1284）重修，嘉庆二十年（1815）到嘉庆二十一年（1816）重修。南赵庄二仙庙是高平市区东南部的重要祠庙，是典型的宋代民间信仰兴起和传播之后形成的社庙。

二、碑刻元数据信息

元素名称	元素修饰词	信息
文物类型		碑刻
编号		山西高平南赵庄001
所在位置	标准地名	山西省晋城市高平市南城街道办事处南赵庄
	所在社庙	南赵庄二仙庙
名称	标准名称	至元二十一年南赵庄二仙庙重修真泽庙记
	首题	重修真泽庙记
	额题	重修真泽庙记
	阴首题	无
	阴额题	无
石刻责任者	撰文	高平县儒学教谕韩德温
	篆额书丹	长平进士董怀英
	匠氏	靳珪
石刻年代		年号纪年：元至元二十一年
		公历纪年：1284年
材质		青石
计量	尺寸	高163厘米，宽65厘米，厚18厘米
附注	形制	笏首方趺
	纹饰	碑额有龙纹，碑身四周有花草纹
现状	完残程度	碑刻略有破损漫漶处

续表

元素名称	元素修饰词	信息
书刻特征	书体	正书
	铭文行款	20行，行46字
相关文物	同庙碑刻	嘉庆二十一年（1816）《重修二仙庙碑记》 嘉庆二十一年（1816）《无题名捐资碑》 道光二十一年（1841）《无题名告示碑》 光绪十二年（1886）《无题名契据碑》
	相关建筑	南赵庄二仙庙是宋代建筑
相关文献	著录文献	《三晋石刻大全》（晋城市高平市卷），第58—59页
	研究文献	杭侃等：《山西高平南赵庄二仙庙大殿调查简报》 李会智、路易：《高平南赵庄村二仙庙正殿时代考——眼皮下的宋代建筑》
田野经历		2013年8月6日孟伟和杨波等实地考察

三、碑文整理

【碑阳】

首题：重修真泽庙记

额题：重修真泽庙记

高平县儒学教谕韩德温撰

长平进士董怀英篆额并书丹

高平县东二里，皆负郭膏腴之地，阡陌相连，居民富庶，乃秦、赵二庄[①]焉。中有盘岗，隐然而起，森森松柏，静锁烟霞，有庙曰真泽，又曰二

---

① 赵庄即今南赵庄，秦庄为赵庄以东村落，今称秦庄岭，二仙庙在两村之间。

圣。世传乐氏之二女入山成道，因号二仙。其圣无所不通乃神，微妙无方，绛阙逍遥，紫虚缥缈。时秉（綵）[彩]凤，访姑射之仙人；忽驭飞龙，宴瑶池之王母。而又云轺①芝盖，遨游宇宙之间；霞醑②露浆，嘘吸洪蒙之表；能为风雨，使五谷屡登。亡宋政和间，优赐冲惠、冲寂③真人之号，由是奉祀之民其心愈敬。每遇旱干，大田枯槁，加以精诚祷之，果沛甘澍④。复有置净瓶于前者，以绛纱蒙幂，拜不移时，圣水盈溢。取而祭之，膏泽沾足。神之灵异，可谓大哉！

其庙始于宋乾德五年丁卯⑤九月辛未，米山暨乡堡等村创建，政和乙未⑥四月重修。残金贞祐，复经兵火，东西廊庑等舍焚毁殆尽，幸而存者，惟正殿尔。荆榛瓦砾，荒凉四十余年，无人刮目者。中统二年辛酉⑦，秦庄秦玉，米山程吉，龙曲村杨德和□张鹏翼等，悯其（疎）[疏]陋，欲议重修，奈力不足，故也乃纠乡人，先于庙之东南创修一太尉殿，厨舍三间，仍将正殿增换下檐大小椽木，并四周石柱，聊以宁神。厥后，诸公相继辞世。庙以阅岁□久，终未完全。上雨旁风，四壁漫患（漶），岁时禋祭，□不伤心。众乃举其忠信者秦庄秦全移家来守其庙。奉事香火之暇，夷荒蓺恶，不惮勤劳。逮至元二十年癸未，张鹏翼等邀乡下耆老人等，相与谋曰："此庙厥初经营于宋之乾德，庇荫一方，实受其福。或葺或废，至今三百二十余年，我辈安能坐视而不救其摧毁乎？"众皆踊跃，愿一新之。乃验元定老人分数计费鸠工，鹏翼等纠而司之，曾无少怠，兼修东庑三间，以为延宾之所。起于是年九月，斧斤畚锸，陶甓圬镘，不募而至，争赴其功，而愿助其役者多

---

① 轺：一种有帷幔的车。
② 醑：美酒。
③ 据《宋会要辑稿》第 20 册《礼二十·诸祠庙》："政和元年三月，封为冲惠、冲淑真人。"此处二仙封号为异说。
④ 澍：及时的雨。
⑤ 乾德五年，公元 967 年。
⑥ 乙未为政和五年，公元 1115 年。
⑦ 中统二年，公元 1261 年。

矣。越明年五月告成。孟秋上旬有八日，乃会众于祠下，割牲酾酒而落之。事卒，全①谓鹏翼等曰："今时和岁稔，庙貌鼎新，翚飞之势，骇人耳目，寔公等之力焉。仆欲论其本末，俾刻于石，以传永久，顾不伟欤？"众乃欣然，赞而成之，索予为文。自愧不才，忝承家训，世处上韩②，稍有西山之薄土，久沾神惠，义安敢辞，于是直书其事，以告来者云。

至元二十一年岁在甲申重九日秦金同妻庞氏立石

纠司米山村牛珪　程辅　龙曲村张鹏翼　杨文绣　朱庄朱明　秦庄秦顺　张庄张荣　西李庄李英

施碑石老人徐庄张秀　施碑座北赵庄□□　匠氏靳珪刊

【碑阴】

首题：无

额题：无

今具乡堡下各村分数、老人姓名，开列于后：

米山村二分二厘　老人

显圣观牛彦诚　张顺　程实　牛□　李玉　张安　赵明　宋□　赵□③

社长牛琼　宋元　张文冬（举）　粟圭　郭进　李仪　宋仪　程璋　程祥　朱通　张时□　赵琇　孙仪　郭顺　陈信　赵宝　张宁　赵忠　扈昌　秦恒智　张正　陈□　□□　宋□　宋镇

张荣　张显　朱达　牛实　牛演　王兴　王德　□□　□显　刘广　李清　浩（部）秀　王成　张顺　牛□　牛润　牛温　王贵　陈林　梁德　李宽　李德　牛清　牛秀　牛伟　张全　牛兴　崔实　赵怀义

---

① 全：指秦庄的看庙人、立碑人秦全。
② 上韩：指上韩庄，位于南赵庄之南，上韩庄也参与了修庙工程，撰文者为上韩庄人。
③ "显圣观牛彦诚"几字刻于"孙仪　郭顺"题名旁。"张顺"与"显圣观牛彦诚"之间处空白，刻于"赵忠"题名旁。这一行似乎为后来补刻。显圣观位于南赵庄二仙庙以东数公里米山镇北，牛彦诚应当为米山镇人，或当时在显圣观任住持。

龙曲村一分九厘　老人

北社张通　邵元　邵进　李皋　李宇　赵温　张□　常明　崔微　张成　李德　和显　郭荣　闫秀　闫赟　闫□　牛全　牛荣　闫山　靳安　张俊　张山　闫顺

南社王进　宋□　杨世英　杨荣　赵□　刘清　王珎　王达　王宝　刘澄　刘温　刘德　杨宽　靳用　马良　张秀　史用　魏兴　张全　张从

朱庄南北一分五毫　老人

王顺　李元　朱□　朱镇　成林　王元　河□　王全　朱诚　朱定　姬顺　张闰　黄进　吴彦　李志　王□　朱□　任□　朱全　朱显　朱安　陈□

张庄九厘　老人

殷用　毕福　李政　秦兴　郝天铎　靳林　殷通　贾润　姬政　毕进　郭海　王□　赵庆　毕贵　赵贵　毕□　张仁

秦庄八厘五毫　老人

李全　秦显　社长李彦　秦兴　秦庆　社长牛斌　杨英　崔信　夏清　秦通　秦宝　牛贵　秦德仁　秦克良　秦十　秦德昌　秦六　秦赟　秦义　秦让　秦立　秦信　史荣　牛安　秦□　薛贵　陈□　王□　秦义　秦顺

赵庄六厘　老人

秦林　秦议　张达　赵清　刘恩　宋玉　浩□　王力　秦和　赵宝　赵三　秦诚　李德　浩二　浩三　刘四　王祐　秦玉　邢恩

西李庄六厘　老人

李椿　王兴　李实　李福　李用　王和　陈□简　姬绍兴　姬绍先　姬绍周　王志　王顺　王达　王心　李荣　李高

下韩庄四厘五毫　老人

奥鲁长官①　王昌　焦珎　焦顺　焦演　焦□　焦兴　贾□　赵玉　牛

---

① 奥鲁是元代对军人的家属的称呼，奥鲁长官主要负责起发军人服役和征集出役物资的工作。

☐　张☐

　　徐庄四厘五毫　老人

　　张香　徐通　张明　徐恩

　　上韩庄四厘五毫　老人

　　韩☐　韩威　韩德温　韩伯良　韩敬

　　南赵庄二厘　老人

　　赵进玉　朱斌　程鹏　郑德　朱☐　张宁

　　坊郭[①]李纯

四、碑文考述

（一）村社集群地理特征

　　碑文中对南赵庄二仙庙所在位置的描述是"高平县东二里，皆负郭膏腴之地，阡陌相连，居民富庶，乃秦、赵二庄焉。中有盘岗，隐然而起，森森松柏，静锁烟霞，有庙曰真泽"，这里的盘岗也是小丘陵，这座丘陵后来称作二仙岭，因其上的二仙庙而得名。这种社庙选址仍然符合村外小岗的特点。

　　参与南赵庄二仙庙此次修庙工程的村落共有十一个，他们是米山村、龙曲（龙渠）村、朱庄、张庄、秦庄、赵庄、西李庄、下韩庄、徐庄、上韩庄、南赵庄，其中龙曲村和朱庄又各自分为南、北两社。这十一村十三社构成了南赵庄二仙庙村社集群。十一个村落的具体位置大体可以确定。现米山镇有北朱庄和南朱庄两村，但距离较远，可能是碑文中的朱庄。现北城街办与和三甲镇交界处有北李和南李两村，距离也较远，可能是碑文中的西李庄。赵

---

① 坊郭：指高平县城及其附近，不属于南赵庄二仙庙村社系统，南赵庄离县城较近。

庄和南赵庄可能均属于今南赵庄。

图4标明了这十一个村的具体位置，朱庄与西李庄两村位置存在疑点，图中暂不标出。从图中可以看出，南赵庄二仙庙村社集群所在区域为高平县城东南部，既不是小流域类型布局，也不能算是小盆地类型布局，实际上是高平县城所在较大盆地的一部分。在所有组成南赵庄二仙庙村社集群的村落中，米山镇在唐代曾做过县治所在地，现存金代碑刻就将米山称作镇，且是工商业较为发达的市镇。二仙信仰源自壶关，经由陵川传播到高平，米山通向陵川的道路可能在二仙传播中起到了重要作用。

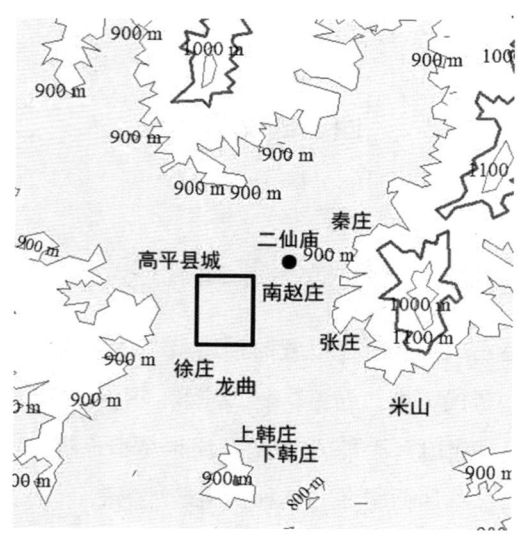

图4 南赵庄二仙庙村社集群空间结构图

（二）村社首领

南赵庄二仙庙村社集群层级上的首领为纠司，村社层级上的首领则是老人，这和宋金时期的情形类似。与宋代不同的是南赵庄二仙庙案例中的纠司数量更多、身份更复杂。中统二年（1261）开始的重修工程中的纠司是"秦庄秦玉，米山程吉，龙曲村杨德和□张鹏翼等"，纠司是来自秦庄、米山、龙曲三村的 4 人。至元二十年开始的重修工程中的纠司是"米山村牛珪、程辅，龙曲村张鹏翼、杨文绣，朱庄朱明，秦庄秦顺，张庄张荣，西李庄李英。"纠司来自米山、龙曲、朱庄、秦庄、张庄和西李庄六村的 8 人。至元二十年（1283）到至元二十一年（1284）参与重修工程的一共是十一村十三社（龙曲和朱庄各分南北两社），纠司所在村社占了一半左右。碑文中说"张鹏翼等邀乡下耆老人等"，说明在修庙工程的商议筹划阶段，老人起到了最重要的作用，这些纠司的身份应当也是老人，这和宋金时期的纠司已经有所不同。这里的纠司身份是老人，功能类似于维那，是修庙工程中村社集群层级上临时的负责人。

（三）修庙经费来源

南赵庄二仙庙重修过程中，村社集群也采取了定立分数的做法："乃验元定老人分数计费鸠工，鹏翼等纠而司之，曾无少怠"。碑阴开列了参与兴修南赵庄二仙庙的各个村社的分数，具体数量参看下页表2。表中的老人数量大体上可以反映当时村落的规模，村落规模对于分数分配有一定影响，总体来说，规模越大的村社承担分数就越多。这种关系也不是绝对的，分摊分数既是长期习惯的延续，也是村社之间反复协商所达到的平衡。碑文中的"元定"当为"原定"，就是说这个分数应该之前就已经确定，并作为传统惯例而被沿袭下来。这说明定立分数的做法虽然是临时性措施，但是在一定的村落社会中会形成惯例，以便在以后遇到类似问题时更方便地解决问题。这是定立分数制度化程度增加的表现。

表 2 南赵庄二仙庙村社集群修庙费用分摊表

序号	村落名称	分摊分数	老人人数
1	米山村	二分二厘	62
2	龙曲村	一分九厘	42（北 22 南 20）
3	朱庄南社	一分五毫	22

续表

序号	村落名称	分摊分数	老人人数
4	张庄	九厘	17
5	秦庄	八厘五毫	30
6	赵庄	六厘	19
7	西李庄	六厘	16
8	下韩庄	四厘五毫	10
9	徐庄	四厘五毫	4
10	上韩庄	四厘五毫	5
11	南赵庄	二厘	6
合计		九分六厘五毫	233

和冶底岱庙重修中的"定立分数"不同，南赵庄二仙庙的个案中分数是在组成村社集群的各村社之间分摊的，而前者则是在参与修庙的维那头和募化者之间分摊的。南赵庄案例中的定立分数的做法是更加普遍的。定立分数的做法有一些共同的特点。首先，它们都不是在全体社人之间进行分摊，而是在部分富户或者村社之间，村社中的普通社人对于村社建设还没有制度化的义务。其次，定立分数是一种量出为入的筹措资金方式，它是先确定要筹措多少经费，然后再分摊下去。最后，定立分数虽然是临时性措施，但是也可以形成惯例，在遇到类似问题时可以按照惯例解决问题，这也是逐步制度化的过程。

15 至元三十一年（1294）泽州府城玉皇庙《玉皇行宫记》

一、村落社庙概况

参看本书卷一熙宁九年（1076）泽州府城玉皇庙《玉皇庙碑文》。

二、碑刻元数据信息

元素名称	元素修饰词	信息
文物类型		碑刻
编号		山西泽州府城003
所在位置	标准地名	山西省晋城市泽州县金村镇府城村
	所在社庙	府城玉皇庙
名称	标准名称	至元三十一年府城玉皇庙玉皇行宫记
	首题	玉皇行宫记
	额题	玉皇行宫之记
	阴首题	无
	阴额题	水东管众社老人

续表

元素名称	元素修饰词	信息
石刻责任者	撰文	前翰林国史院编修官宋景祁
	书丹	东林野人张景贤
	篆额	前晋城县令张大亨
	水东管都纠司、维那	府城社乡老刘宽
石刻年代		年号纪年：至元三十一年
		公历纪年：1294 年
材质		青石
计量	尺寸	高 200 厘米，宽 83 厘米，厚 16 厘米
附注	形制	笏首方趺
	纹饰	碑额有龙纹，碑身四周有缠枝纹
现状	完残程度	保存较好
书刻特征	书体	正书
	铭文行款	23 行，行 45 字
相关文物	同庙碑刻	三十余通碑刻，数量众多，参考《晋城玉皇庙碑刻初探》一文
	相关建筑	府城玉皇庙为全国重点文物保护单位
相关文献	著录文献	《三晋石刻大全》(晋城市泽州县卷)，第 90—91 页 杜正贞：《村社传统与明清士绅：山西泽州乡土社会的制度变迁》，第 297—299 页
	研究文献	杜正贞：《村社传统与明清士绅：山西泽州乡土社会的制度变迁》，第 55—56 页
田野经历		2011 年 11 月 4 日，2015 年 11 月 11 日，2018 年 7 月 30 日和 2019 年 10 月 25 日杨波先后四次实地调查

三、碑文整理

【碑阳】

首题：玉皇行宫记

额题：玉皇行宫之记

前晋城县令张大亨篆额

东林野人张景贤书

《礼·月令》："季冬，天子乃与公卿大夫共饬国典。"凡在天下九州之民者无不咸献其力，以共皇天上帝、山林名川之祀。询事故碑，宋祥符间东封宝书有曰：昊天玉皇大天帝。玉皇之号，盖出道家说，亦尊敬上帝之强名。夫生民者行立呼吸、饮食起居，无非天也。庙祭者，根于献力之端，苗于泰山之祀，蔓于小民之祈谷云尔。

府城享帝立宫，历年滋久，兴废补坏，后敝前豁，世有展其力者。贞祐兵后，焚烬无几。岁癸卯[1]，郡长段侯命水东景将军遇、水西刘元帅福、崔庄田元完葺正殿。至元二年，府城刘宽敛众力起东偏殿。居无几何，复以己力起西偏殿。继与众议，西庑暨三门肯构心勇岁月而成。十八年，刘乃推挽黄头村韩珪、尹彦诚为己副，左右营建事，创列东庑。于是斤斧（杇）[圬]镘，丹青像设，随在呈巧。在后以香火钱、施舍物增三门夹室，□□下三门及两翼房、东西廊，计为间者七十有六，皆炳耀骇其观。呜呼！用心亦勤矣。

余尝（涖）[莅]此邑，刘为里长三五年间，闻其朝夕在祠下，心料手度，相其地势，可作者即谕众，必为而后已。其重门复殿如是崇丽，寔由至

---

[1] 癸卯：公元1243年，此时金朝已经灭亡，元尚未建立，无年号，称大朝或蒙古，对应于南宋淳祐三年。

诚奉天，尚赖上天乃眷而祐矣。至于旱干水溢，螟螣蟊贼之蕾，厉疫疟疾之患，祷之斯应，响之必从，吁之而哀矜者，未暇悉数。

余来自乡宁，刘惠然来见，乃言经营庙事殆三十年，今精力甚惫，不能复勤，欲纪岁作于珉石，以劝将来。第阙其文敢请，余去此未远，且怀旧俗，故强为之辞，且告后之善继者。天高在上，人杂处下，日月星辰照临无微不闻，无影不见，一话一言，一动一静，随其善恶逆顺以从事，好夺者天亦夺之，好与者天亦与之，好杀者天亦杀之，好生者天亦生之。《书》不云乎：惟影响无以疆。陵众暴无忌惮之人，欲以召天之殃也哉！

至元三十一年四月日

前翰林国史院编修官宋景祁记

敦武校尉晋城县兼管诸军奥鲁陈

忠显校尉悬带银牌管军千户尹彦忠

忠显校尉前应州同知今受安陆府判刘速敦

从仕郎壶关县尹兼诸军奥鲁郭衡

将仕佐郎晋城县主簿兼尉兼管诸军奥鲁韩昌祖

从仕郎平阳路晋城县尹兼管本县诸军奥鲁兼劝农事李

宣授虎符武德将军四川船桥万户张

进义副尉晋城县达鲁花赤兼诸军奥鲁兼劝农事忽

都纠司刘宽等立石

【碑阴】

首题：无

额题：水东管众社老人[①]

水东管都纠司维那府城社乡老刘宽

府城社老人刘琮　王福　社长韩五　社长李高　秦仕略　续成　马聚

---

① 碑额上为蒙文，下注明汉字，自左向右排列。

卷　三　131

陈聚　陈信　王思恭　李恩　李清　李秀　李德　王大　刘澄　刘太　李实　贾玉

　　黄头社老人社长张荣　韩抍　尹善和　陈聚　社长韩温　尹全　庾庆　韩德　崔福　郭全　韩珍　郭成　韩斌　成用　郭用　祁槙　张恩　王庆　尹彦通　尹忠　尹亮　王忠　□□　韩安　尹德　王信成　韩昌　韩英　张泉　张达　元清　尹安　王福　韩玉　祁整　陈宝　祁瑞　陈玉

　　水东社纠司故晋城县将军景遇　□□　王志

　　老人千户郭天祚　王清　王安　社长苏玉　社长范广　社长王海　张宝　张良弼　孙忠　牛琳　王进　王□

　　社长王洧　王用　侯信　李荣　王球　王温　王忠　桑清　李安　王常　王诚　王从　王顺　成德　杨显　李宁　景椿

　　水北社老人陈瑞　同男陈珪施上三门一座　段义　社长赵珍　段铨　冯义　李仲和　杜彦　景荣　社长张德　李道　张诚　张通　李□　张泰　杨明　上官安　赵彰　上官年甫　陈彦　赵显　陈玉

　　临泽社纠司郭顺　同男郭忠　郭信　郭玉创盖西行廊南头五间

　　老人张标　张山　张祐　张洪　张益　社长张顺　王忠

　　张信　刘鉴　张仲　张温　张安　张全　张景贤　张敏　张裕　张泰　韩善　张□　张显

　　崔庄纠司田元　男田荣　田四　社长田秀

　　老人田清　牛瑞　牛用　李用　李荣　刘润　张珍　贾荣

　　刘家庄老人刘济　同侄男刘荣施正殿基阶一檐　刘德润　刘渊　刘元　陈实　赵福　刘□　百户高安　王琼　刘巨源　王兴　王福　刘通　王玉①

　　刘彦和　刘玉　刘清　刘彦　刘义　王通

　　□天□　□衡　王英　刘恩　王仲　王忠　刘忠

　　水西社纠司故晋城县尹刘福　男千户刘楫　社长刘诚

① "王玉"以下分两行记。

老人牛用　席珍　李贵　司顺　席义　李安　冯椿

西赵庄老人张明　牛恩　赵见　牛德　李恩　成秀　李荣

丰安社老人牛全　李德　牛泰　牛荣　社长牛茂　韩用　刘清

漳东社老人社长刘宽　李实　社长景致　董显　王英　刘忠　段平　王益　刘荣

东元庆老人社长段玉　赵祥　王仲明　李直　和智　申赟

下元庆老人段荣　段忠　王琚　段赟　段坚　段裕

焦家庄老人牛福　周玉　社长周德　牛用　申宝　□□　陈恩　张山

东赵庄社长王整　社长王德　王茂　唐兴　董用　王忠　司恩　唐荣　王通　王贵

西元庆老人成玠　成宝　司荣

上元庆老人段琚　董进　樊玉　朱用彰

吴庄老人李荣　桑荣　李德　李仁

秦家庄老人韩赟

黄头社妆塑照壁屏风功德主尹显　同弟千户尹政　男尹邦直　侄尹□□　男千户尹彦和　忠显校尉千户尹彦忠　尹彦通　尹彦诚

四、碑文考述

（一）段直对社庙的支持

府城玉皇庙在金末贞祐兵火中遭到了毁坏，首先发起重修的是泽州长官段直，他是金元之际崛起的泽州当地的豪强，碑文中说："府城享帝立宫，历年滋久，兴废补坏，后敞前豁，世有展其力者。贞祐兵后，焚烬无几。岁癸卯，郡长段侯命水东景将军遇，水西刘元帅福，崔庄田元完葺正殿。"①同一时期，段直发起重修的寺观或祠庙数量很多，颜伟进行过整理，段直及其家族参与修建的有良户玉虚观、上董峰万寿宫、泽州修真观、水北会真观等。②从这些寺观和祠庙的性质来看，段直家族出资助修庙具有明显的倾向性——以道教宫观为主体。良户玉虚观、泽州修真观和水北会真观都是正统的道观，府城玉皇庙和上董峰万寿宫虽然实际上并非道教宫观，但是在当时，无论是玉皇还是马仙姑信仰都被视作道教。段直及其家族对这些社庙兴建的资助明显有其个人信仰的偏向。

段直在重修府城玉皇庙时借助了半官方半民间的力量："水东景将军遇、水西刘元帅福、崔庄田元完葺正殿。"前两人既具有官方职务，同时又属于府城玉皇庙村社集群所属村社。至元二年（1265）以后，府城玉皇庙兴修的主要首领是府城社的刘宽，他的身份也值得注意，碑文中说"刘为里长三五年间"，刘宽曾经担任里长，也具有官方身份。

（二）村社首领

村社集群层级的村社首领称作都纠司。宋代的纠司是村社集群层级的重要首领称谓，由于其常常与乡、管和保之类称谓连用，推测其和录事一样可能具有官方身份。金元以后，纠司这个称谓还比较常见，但不再与乡、管和保等称谓连用。在本案例中，除了都纠司之外，有些村社还有纠司，十九个村社中有六个村社有纠司（参看表3）。这种比例关系与南赵庄二仙庙个案差不多（十一个村中有六个村有纠司），只是南庄二仙庙没有都纠司的称谓，而实际上几个纠司中张鹏翼是领头的人，就相当于都纠司。府城玉皇庙泰和六年碑上也有都纠司、副纠司的称谓，村社层级上的纠司又称作"随社纠

---

① 至元三十一年（1294）《玉皇行宫记》，现存泽州府城玉皇庙。
② 参见颜伟：《村社传统与神庙演艺——以山西泽州地区为中心》，山西师范大学博士学位论文，2018年。

司",至元三十一年碑上各村的纠司当和随社纠司类似。元代有所谓的"住坐社长"[①],是属于乡(里正)管理,但在村里当差的人,是上一级下派到村里的人。纠司虽然不一定在官方当差,但纠司仍然可以视作村社集群层级上的首领,他们的地位显然高于村社中普通的老人。担任都纠司职务的是府城社的刘宽,他既有里长身份,又有老人身份。刘宽同时兼任维那,如前所述,维那是修庙工程中的临时性称谓。此碑文中还出现了功德主的说法,当与维那类似,但更侧重于捐资方面:"黄头社妆塑照壁屏风功德主尹显",[②]维那和功德主也有等级,可称作都维那或都功德主。

村社层级上的首领主要是老人,除了纠司应当视作村社层级首领之外,老人还有两种特殊身份,一是千户或百户,二是社长。表3中对府城玉皇庙村社集群村社首领身份做了统计。元代碑刻上有不少千户或百户。万户千户制是蒙古游牧传统中军民合一的管理体制,在元代与州县制度并存,实际上是以军事职能为主。大量武官出现在碑刻题名中说明金元时期军事的重要性。这些具有低级武官身份的人只是村社的参与者,村社的主要首领仍然是老人。

表3 至元三十一年(1294)府城玉皇庙重修中村社首领身份统计表

序号	村社名称	纠司数量	社长数量	老人数量	其他
1	府城社	都纠司1人	2	19	
2	黄头社	副都纠司2人	2	38	
3	水东社	3	4	29	千户1人
4	水北社	0	2	21	
5	临泽社	1	1	20	

---

① 鲁西奇引乾隆《海盐县图经》收录大德十一年《复永安湖碑》,参看鲁西奇:《买地券所见宋元时期的城乡区划与组织》,《中国社会经济史研究》,2013年第1期。

② 至元三十一年(1294)《玉皇行宫记》,现存泽州府城玉皇庙。

续表

序号	村社名称	纠司数量	社长数量	老人数量	其他
6	崔庄	2	1	8	
7	刘家庄	0	0	27	百户1人
8	水西社	2	1	7	
9	西赵庄	0	0	7	
10	丰安社	0	1	7	
11	漳东社	0	2	9	
12	东元庆	0	1	6	
13	下元庆	0	0	6	
14	焦家庄	0	1	8	
15	东赵庄	0	2	10	
16	西元庆	0	0	3	
17	上元庆	0	0	4	
18	吴庄	0	0	4	
19	秦家庄	0	0	1	

说明：(1) 根据至元三十一年（1294）府城玉皇庙《玉皇行宫记》整理；(2) 凡与男侄等家族成员同时出现的记作一人；(3) 老人计数不含纠司。

元代官方建立了一套社制，其首领称作社长："诸县所属村疃，凡五十家立为一社，不以是何诸色人等并行入社。令社众推举年高通晓农事有兼丁者立为社长。"[1] 元代的社以自然聚落为单元组织，社长由社众推举产生，其身份主要是熟悉农事的老人。50户以下的合并立社，50户到100户设社长一人，100户以上增设社长一人。元代的社在建立之初是一个劝农组织，但

---

[1] 《通制条格》卷16和《元典章》卷23《劝农立社事理》条，转引自杨讷：《元代农村社制研究》，《历史研究》，1965年第4期。

在实际执行中,社的职能变得越来越多样,与里正和主首的职能重叠。杨讷列举了如下一些职能:管制社众不为非作歹,调解纠纷,催督赋役,防范治安,建立社学教化社众等。① 这些职能可以说已经涵盖了乡村社会几乎全部的公共事务,社已经不是职能单一的劝农组织,而是具备完全行政功能的基层组织了。

从碑文中可以看出社长在村社中的作用和地位。在村社集群层级上,冶底岱庙重修由4人发起,社长是其中之一,其余3人身份是乡老、德年和老人。南赵庄发起修庙的8位纠司中没有社长。府城玉皇庙重修的发起人刘宽身份是乡老,不是社长。这说明社长并不是村社集群层级上的重要首领。在村社层级上,南赵庄重修工程中,米山与秦庄两村老人中有社长。本例中出现社长称谓较多,根据表3的统计,十二个村社的老人中出现社长的数量在1—4人不等,大部分是1—2人。社长排名没有明显靠前的现象,混杂在众老人之中,出现社长的情形与千户或百户类似,只是表面具有官方的身份。这和都纠司、纠司等称谓在最前面有明显不同。从以上这些情况可以看出,在元代村社中,社长不能算是村社的首领,只是村社老人中具有官方职役身份的人,他们可以当村社的首领,但不是因为他们社长的身份,而是因为他们老人的身份,社长本来就是从老人中遴选的。

总之,在府城玉皇庙至元年间重修过程中,村社集群层级的首领仍然是纠司,纠司虽可能不再具有官方身份,但仍然由具有官方职役身份的人来担任,如本例中担任里长的刘宽。村社层级首领仍然是老人,临时性首领是维那或功德主。这和宋金时期差别不大。

---

① 杨讷:《元代农村社制研究》,《历史研究》,1965年第4期。

16　泰定三年（1326）高平伯方文庙《大元泽州高平县伯方里学馆记》

一、村落社庙概况

伯方村位于高平市区西北方向约 8 千米处，今属寺庄镇。丹河发源于长子和高平两地交界之处，向东南方向流入高平市区所在的高平盆地，寺庄镇即位于丹河上游，沿丹河河谷形成了一系列的村落。伯方村位于丹河右岸，接近高平盆地的西北边缘，以北即处寺庄镇中心位置的寺庄和王报两村，这个区域是古泫氏县县治所在地，也是长平之战发生的主要区域，在高平历史上占有重要地位。伯方村在 2010 年有居民 807 户，2553 人，是规模较大的村落，也是历史文化名村，古迹众多，除最著名的伯方仙翁庙和文庙之外，还有真武庙、三官庙、机神庙、南北佛堂、东西关帝庙和南观音阁等众多祠庙。

伯方文庙位于村中，是元代兴建的文馆，后逐步发展为村中文庙，现为村委会后院，仅存正殿、耳殿和厢房。庙内除元泰定碑刻外，未能保留其他碑刻，除创建过程外，明清发展演变过程已不可考。文庙正殿前檐墙体之中镶嵌着六块石刻，或为文庙或仙翁庙遗物。

二、碑刻元数据信息

元素名称	元素修饰词	信息
文物类型		碑刻
编号		山西高平伯方 001
所在位置	标准地名	山西省晋城市高平市寺庄镇伯方村
	所在社庙	伯方文庙
名称	标准名称	泰定三年伯方文庙学馆记
	首题	大元泽州高平县伯方里学馆记
	额题	高平县伯方里学馆记
	阴首题	无
	阴额题	碑阴刻记助缘姓名于后
石刻责任者	撰文	前监察御史佥淮西江北道肃政廉访司事宋翼
	篆额	长平讷斋李献珪
	书丹	里人王桢
石刻年代		年号纪年：泰定三年
		公历纪年：1326 年
材质		青石
计量	尺寸	高 148 厘米，宽 69 厘米，厚 18 厘米
附注	形制	笏首方趺
	纹饰	碑额有龙纹，碑身四周有缠枝纹
现状	完残程度	保存较好，略有漫漶

续表

元素名称	元素修饰词	信息
书刻特征	书体	正书
相关文物	同庙碑刻	现存六块无纪年石刻,镶嵌于大殿前檐墙体之中
	相关建筑	伯方文庙现为村委会后院,仍保留清代建筑风格
相关文献	著录文献	《高平金石志》,第510—511页
田野经历		2013年8月4日,2015年9月7日,2016年6月16日和7月11日,2018年8月2日杨波等人多次实地考察

三、碑文整理

【碑阳】

　　首题:大元泽州高平县伯方里学馆记

　　额题:高平县伯方里学馆记

　　前监察御史、佥淮西江北道肃政廉访司事宋翼撰

　　长平讷斋李献珪篆额

　　里人王桢书丹

　　明道先生殁几三百年,泽潞里馆,岁昵淫祀□[而][1]嬉优伶,才乏俗浇,识者兴叹。由金源而来,庙貌仅存者,九而已。向仆教授怀、孟北归,始记句要:召为应奉翰林文字,又记釜山;继为修撰,又记河西。窃喜吾乡士人可与为善,复叹今之守令无循良以兴起之也。英庙[2]临御,制诏台察岁

---

① 原字漫漶,宋翼为文庙写过数篇碑序,内容雷同,这里据其他碑补充,下同,参看碑文考述。
② 元英宗孛儿只斤·硕德八剌(1303—1323),在位四年,英宗是其庙号。

举守令。

延祐七年①，澄城簿郭质来宰是邑，政治大行，惟善以教稽古，大复伯方等五十八里之文馆，像圣揭虔，光辉盛德，如瞻前仰高于阙里也。泰定元开甲子②，皇上肇开经筵，赐进士以公服之□。仆以御史出佥淮西风纪归，展先垄于高良，伯方里人王恭等曰："吾里虽陋，家计之余二百。今尹兴学，聿倡髻从，肖圣人、二公③，并绘十子于正室，以待礼奠。敢请记诸丽牲④，以示不朽。"

噫！圣天子崇儒重道于其上，贤百里承流宣化于其下。凡为人之子弟者，当念在上之恩，朝夕黾勉，从事于经，希贤希圣，出则忠国，处则孝家，则乡校为不虚设矣。若夫衔词章，缴利达，孜孜于趋时，非翼之所敢知也。既以答恭等，俾入于石，用诒方来⑤，且以识程子之后有能弘其道者，以备太史氏传循吏之张本云⑥。质字彦文，真定人。是年七月日记。

泰定三年七月望月

前社长赵克明候敬　社长赵直　赵珍并耆老人等立

典史郭衷　司吏李铉　范椿龄　□□□　□□□　尉吏房沐祖

晋宁路高平县尉刘信　将仕郎晋宁路高平县主簿张仁

承事郎晋宁路高平县尹兼管本县诸军奥鲁劝农事郭质

承事郎晋宁路高平县达鲁花赤兼管本县诸军奥鲁劝农事任普

---

① 延祐七年，公元1320年。
② 泰定元年，公元1324年，甲子年。
③ 二公：邹兖二公，即孟子和颜回，常作为孔子配祀。下文"十子"为孔子最著名的十个弟子，配祀孔子。
④ 古代祭祀时将所用的牲口系在石碑上，后代指庙中石碑。
⑤ 规谏后来者。
⑥ 司马迁在《史记》中专门作《循吏传》。

【碑阴】

　　首题：无

　　额题：碑阴刻记助缘姓名于后

　　纠首二十六人王章　王仲章　张柏温　王兴　崔子玉　王奉先　侯立卿　王直　许用章　赵居敬　王顺　武贵荣　王□先　徐文卿　廉居美　武裕之　赵彦良　焦子和　武德　赵光弼　王赟　郭清　王仲贤　王元　王十三　李德[①]

　　王伯玉　张进　徐怀玉　武贵甫　武仕能　□武兴　武世英　王用　赵□　赵禧　赵祺　张仲和　王仲才　王甫　宋仲友　王进　赵让　赵显　孟思廉　赵清　郭二　郭四　武仲通　武政　王弼

　　□仲礼　赵敬　棣荣　武仕良　武和　李信　王天瑞　雷天佑　王朝佐　廉朝彦　廉十一　王忠　王天祥　南武四　赵用　赵和　赵安　南武大　暴宽　许温　武谦　武成之　王明　王四　棣济民　王贵甫

　　赵景　赵先　赵德　赵庭瑞　赵温　徐朝宗　郭克□　武忠　张显卿　赵福　王仲实　李仲温　李仲和　武让　武小六　暴天泽　司德　南武三　武六　李实　□信□　许□□　许□瑞　许仲□　武□　王□

　　王二　李大　武都料　王庭璋　南王□　□三　赵□　东赵五　李仙良　李诚　王彦柔　武祯　武德明　南武社长　曹谦　王和之　王彦□　赵瑞卿　杨友礼　武仲德　武顺　□□　王宝　赵荣甫　李七　王直□

　　雷伯英　武世英　尹德　赵君祥　赵君卿　赵元亨　陈谦　王贵　张仲仁　□武二　武□隆　王仲良　赵顺　赵祥　王仲祥　上赵四　张威　赵德和　陈十三　□武大　□武三　武直　郭德全　郑七　尹二

　　张仲和　雷大　雷二　王二　王干臣　张九　赵干臣　东赵四　赵友秀　陈良　王工　上张十　王十一　刘用　廉仲温　廉德义　廉德让　王□□　赵义　李四　王整　赵□　□　□　棣济川　王二十一　□□□

---

① 以下皆以自然分行分段落。

上赵世英　王□前　赵十二　赵顺卿　武十三

寄居人名□真定①罗文旺　寺庄②张祥　王义　杨道甫　杨□　仕望③杨士美　王何④焦仲和　申用章　申得章　王中　吕贤　后张十一　李贵　张恩　李复礼　张都料　牛益　张宽　□□　杨□显　杨□士　牛秀　张仲渊　安秀卿　张十　张十一　李□甫　赵文　田让　齐□清　□三　陈和　□四　□□　□□　冯义　东焦三　胡□□　张伯玉　李大　韩仲良　陈信　李张郎　学李郎　张□　太原刘　牛四

四、碑文考述

（一）宋翼与泽州文庙

此碑的撰文者为宋翼。宋翼，字云举，泽州高平人，《新元史》中有传。其"父景祁，德州教授，以经学授徒，家居七年，时论高之。擢国史院编修官"，宋翼历任"大都路儒学正""中山、怀庆两府教授""国史院编修官""应奉翰林文字""修撰""监察御史""佥淮西江北廉访司事""奉政大夫""同佥太常礼仪院事""佥太常礼仪院事"。天历三年（1330）卒，年六十六。⑤宋翼出生于经学世家，早年的为官经历是在基层从事儒学教育工作，这种家庭背景和从政经历都表明他本身有深厚的儒学功底。宋翼不仅仅写了伯方学馆的碑记，还为这个时代兴办的学馆写了很多的碑记，除伯方文馆外，现在

---

① 真定：后改正定，今属河北省石家庄市。
② 寺庄：今高平市寺庄镇所在地。
③ 仕望：今称市望，今属高平市寺庄镇。
④ 王何：王何村，今属高平市北城街道办。
⑤ 《新元史》卷196《列传》第93。

能够看到的还有三种：米山镇《米山宣圣庙记》、西靳寨村《有元泽州高平县举东乡靳寨里庙学记》、永禄村《泽州高平县永禄里学馆记》。这些碑的碑文内容大同小异。宋翼的为官经历几乎与他为高平的学馆写碑记同步。根据《新元史》与宋翼所撰写的几通碑文可以将几处文馆的创建时间做一个简单的梳理（参看表4）。

表 4　宋翼经历与文馆创修情况

时间	宋翼为官经历	文馆碑刻撰写
大德九年（1305）冬至大德十一年（1307）春前后	怀孟路[①]教授	勾要文馆
延祐二年（1315）至延祐四年（1317）	国史院编修官、应奉翰林文字	釜山文馆
至治二年（1322）	修撰、监察御史	河西文馆
泰定	前监察御史金淮西江北道肃政廉访司事	米山文馆、永禄文馆
泰定三年（1326）七月		伯方文馆
泰定三年十一月		靳寨文馆

宋翼为乡村文庙撰写碑文体现了当时士人对乡村文庙的态度。这些碑记的撰写是在相当长的时间内陆续完成的，并不是应付一时之需，这表明宋翼在有意识地关注着高平文馆的建设，并通过撰文的方式为文馆建设做出贡献。

（二）地方势力与文庙兴建

泽州地区现存数量众多的乡村文庙，清代地方志中有相关记载："五门文庙、巴公原文庙、高都镇文庙、大阳镇文庙（共两处，东、西各一），周村镇文庙、七岭店文庙、四义村文庙、来村文庙、李村文庙、三家店文

[①] 怀孟路：原为怀孟路，仁宗时改称怀庆路，后沿用称怀庆府。

庙。"①"文庙在乡者皆明道先生乡校遗址。元郭质兴复米山五十九里文馆时复建。康熙初，存者二十三处：辰区、邰庄、石村、勾要、建宁前、建宁后、魏庄、徘徊、赵庄、米山、吴庄、裴泉、陈村、李门、马村、东宅、周纂、唐安、古寨、伯方、釜山、原村、小城是也。今多颓废矣。惟米山、李门、宰李、勾要西、建宁前、团池、石村、周纂、石末、龙尾、古寨十一里特存。"②据田野调查的情况，这些文庙有相当一部分仍有遗存。

地方志和碑刻中常常把当地大量文庙的创建时间追溯到宋代程颢为晋城令时建立的乡校。程颐为其兄所写的行状中是这样叙述这件事情的："就移泽州晋城令……，诸乡皆有校，暇时亲至，召父老而与之语；儿童所读书，亲为正句读；教者不善，则为易置。俗始甚野，不知为学。先生则子弟之秀者，聚而教之。去邑才十余年，而服儒服者盖数百人矣。"③《行状》中甚至并未提及程颢创建乡校，相反，程颢去之前当地就已经有了乡校。目前尚没有宋金时期文庙碑刻发现，除了少数元代间接的碑刻记载外，宋金时期泽州乡校的情况没有直接的史料可证。

如表4所示，元代学馆的兴建并不始于郭质任知县之时，而是大约始于大德年间，只是到泰定时期达到高潮。大德是元成宗年号，这说明泽州地区兴建文馆早于英宗时期对儒学的推崇。元代中期，从国家到地方上都有一种儒学复兴的趋势，作为地方官，郭质大力推动了文馆的兴建，促使泽州文馆兴建进入高潮。在这个过程中，类似宋翼这样的士人大力支持文馆的兴建，并愿意将文馆与程颢联系起来。宋翼作为一个在外为官的士大夫，他撰写碑文均是在里人的邀请之下进行的。伯方文馆碑记有"伯方里人王恭等"，米山文馆有"米山牛用等"，永禄文馆有"永禄里人王庭全、张诚、宋敬"，靳

---

① [清]姚学甲纂修：乾隆《凤台县志》卷3《学校》，《凤台县志（点校简注本）》，三晋出版社2012年版，第68页。
② [清]龙汝霖纂修：同治《高平县志》卷3《祠祀》，《中国地方志集成·山西府县志辑》第36册，凤凰出版社2005年版，第368页。
③ [宋]程颢、程颐著，王孝鱼注解：《二程集》，中华书局2004年版，第632页。

寨文馆有"靳寨里人靳仲德等",这些表明了里人对于兴建学馆的支持或拥护的态度。总之,元代文馆的兴建是国家、地方政府、士人和村社各方面力量共同推动的结果。

明清时期,这些文馆大多被称作文庙。从宋至清,全国各地都有类似宋代乡校和元代文馆这样的地方学校建设运动。但这类建设往往旋兴旋废,呈现运动式的发展,但何以在其他地区这一类学校并没有大规模地转化为文庙呢?全国各地类似这种村落文庙也都有零星出现,但所有地区均不如泽州地区兴盛。对于泽州地区文庙的研究要放在区域整体信仰发展的大背景下来看待,泽州村落文庙的发展绝不是少数文人影响的结果,也不是国家政策推动的结果,而是这一地区民间信仰兴盛的结果,废弃的学校被当地村民改造为文庙,以这种特殊的形式保留了下来。金元文人的提倡和元代政府的兴学运动都只是短时段的原因,起到了暂时的推动作用,宋代以来泽州地区民间信仰的兴盛是文庙发展和存续的根本原因和长时段原因。

(三)村社首领

在本案例中,社长成为村社中最主要的首领。碑阳最后题名为"前社长赵克明、候敬,社长赵直、赵珍并耆老人等立",这说明伯方文馆的建设是在前后几位社长的领导下进行的,辅助这些社长的则是耆老。碑阴中开列了26位纠首的名字,这些名字中并没有几位社长,这些大概就是负责具体工程的耆老们。碑阴题名的众多人名中也不再像其他碑文那样加"社长"这个身份名称,这说明社长并不包含在其中。社长是超越不同村民的首领,而不是普通的参与者。同样地,无论是碑刻的首题还是正文中均使用"里"这一称谓,首题中称"伯方里",正文中称"伯方里人王恭",这些特点都表明作为一个响应国家和地方政府兴学崇儒政策的兴建文馆工程,主要是由处于国家序列之中的社长来负责落实的,这和普通民间性的祠庙有所不同。

17 后至元五年（1339）高平中坪二仙宫《大元国泽州高平县举义乡话壁村翠屏山重修真泽行宫之记》

一、村落社庙概况

中坪村原名中村，1981年地名普查时因重名改为中坪村，位于高平市区东南方向约14千米处，今属北诗镇。中坪村所在小区域位于北诗镇、建宁镇和米山镇三镇交界之处，北面隔山脉与建宁镇所在小盆地向望，西面隔山脉与米山镇的张壁和云泉几个村相对，南面地势较低，临近北诗镇。中坪村东南地势开敞，接近陵川县的礼义镇。总的来说，中坪村是位于高平东部丘陵地带的山间村落，交通非常不便。2010年中坪村有居民148户，454人，规模不大。

中坪二仙宫位于中坪村外以西600多米的翠屏山南麓，二仙宫实为二仙庙，已约定俗成称作中坪二仙宫。中坪二仙宫是周围几个村落所共有的，中坪村在附近小区域内位置居中，距离中坪二仙宫最近。中坪二仙宫始建时间不详，相传建于唐末五代时期的天祐年间。现存最早碑刻为金大定十二年（1172）《重建真人行宫记》，至少在宋金时期应该已经存在。大定十二年、元统三年（1335）、后至元二年（1336）、万历二十年（1592）至万历三十一年（1603）重修，增建子孙殿和药王殿，此时二仙宫已经有"堂殿，三门、两庑、舞楼"等建筑，规模已经完备。顺治二年（1645）、康熙二十二年（1683）、雍正十一年（1733）、乾隆十六年（1751）和同治十二年（1873）等历代均有重修。中坪二仙宫是国家重点文物保护单位。除二仙宫外，翠屏山上原有三峻庙。

二、碑刻元数据信息

元素名称	元素修饰词	信息
文物类型		碑刻
编号		山西高平中坪 001
所在位置	标准地名	山西省晋城市高平市北诗镇中坪村
	所在社庙	中坪二仙宫
名称	标准名称	后至元五年中坪二仙宫重修真泽行宫之记
	首题	大元国泽州高平县举义乡话壁村翠屏山重修真泽行宫之记
	额题	重修二圣庙记
	阴首题	无
	阴额题	真泽行宫碑记
石刻责任者	撰文	郭良
	书丹	张彦
	篆额	李从道
	立石	社长秦弘，乡司郭良
石刻年代		年号纪年：后至元五年
		公历纪年：1339 年
材质		青石
计量	尺寸	高 145 厘米，宽 70 厘米，厚 22 厘米
附注	形制	螭首方趺
	纹饰	四周有缠枝纹

续表

元素名称	元素修饰词	信息
现状	完残程度	保存较好，有部分漫漶。碑文本身存在一些缺字和错字情况，撰文者或刊刻者水平不高。
书刻特征	书体	正书，碑阴部分行书
相关文物	同庙碑刻	金大定十二年（1172）《重建真人行宫记》 万历二十年（1592）《无题名重修碑》 万历二十九年（1601）《无题名重修碑》 万历二十九年（1601）《重修西庙记》 万历二十九年（1601）《重修二仙庙记》 万历二十九年（1601）《重修药王殿记》 万历三十一年（1603）《无题名重修碑》 万历三十五年（1607）《话壁南村重修圣公圣母庙记》 天启七年（1627）《无题名重修碑》 崇祯元年（1628）《无题名碑》 崇祯三年（1630）《无题名碑》 顺治二年（1645）《无题名碑》 康熙二十二年（1683）《无题名碑》 雍正十一年（1733）《重修碑记》 乾隆四十年（1775）《无题名禁碑》 咸丰十年（1860）《流芳百世额碑》 同治十二年（1873）《重修灵贶宫碑》 同治十二年（1873）《重修二仙庙碑记》
	相关建筑	中坪二仙宫是国家重点文物保护单位
相关文献	著录文献	《三晋石刻大全》（晋城市高平市卷），第79—80页
	研究文献	颜伟：《山西高平神庙剧场调查研究》，第33—36页
田野经历		2013年9月23日杨波和颜伟等实地考察

三、碑文整理

【碑阳】

首题：大元国泽州高平县举义乡话壁村翠屏山重修真泽行宫之记

额题：重修二圣庙记

郭良撰

张彦书

李从道额

自古仙登羽化者，特受异气，禀之自然，非力学所可至。故吸沆瀣餐，朝乘云气，御飞龙；呼乎物境，外绵日月，而不衰也，若赤松、王乔之属。是已处于昆之室，一陈其嵩岳之巅，或随风雨上下，或驾凫鹤往来，后人有追之而俱去，望之而不到者。神仙之事，岂虚言哉！俗子或谓上□得道，行解变化，轻举紫府者，事如诞妄，蒙窃惑焉。殊不知，西王母外之戴胜也，青鸟为使；穆公女之吹箫也，丹凤来迎。周王见之于异代，秦祠之于当时。前哲遗尘，显载□□。繇是观之，则流妄惑之说，不待辩争，断可以破尔。

吾乡二真人，世传相辅之子，生而神奇，自幼致孝，（耴）[渺]然复有绝俗之志。既笄而山居，因遇异人，教以采饵灵药之法，遂隐形于石室；又云天赐红衣袭，服之而白日飞升矣。虽其语不经，见搢绅者弗道，然而余尝于乡先生状元登第中靖大夫赵安时处，得太常寺墨碑本，中录《二仙五瑞记》①，考之颇有可据者。（廼）[乃]唐昭宗乾宁元年，布衣上殿张瑜所纂，云大唐广平郡岳（乐）公之二女灵圣通□，古墟任村人也，号紫团川，连赤

---

① 《二仙五瑞记》：指《大唐广平郡乐公之二女圣灵通仙合葬先代父母有五瑞记》，参看《山右石刻丛编》卷9，第41—43页，收入《石刻史料新编》，第15129—15130页。

壤，石关有之，上望立庙久矣，亦不知几託年世。化现时，但以素首金钗之迹，洞口长存，红裳绣履之仪，山曲屡见，无有远通縈□。士庶奔□奉祠者不可胜计。时俭求之即丰，岁旱求之即雨，祸盈福谦，靡差毫百者，众果服信而有征尔。吾（五）瑞者，盖是年春祈之际，巫女通言二神女要重葬先代之父母。其父讳山石宝①、母杨氏，云藏骨在樱桃郊。村人寻访其处，月（廻）[回]为指踪山间②。取石，有白蛇现。在（载）石之日，有仙鹿引车。[卜]地之时，间（闻）空中有哀声。于时，士豪刘刚、王美合掌（长）幼数十指辈，葬之村南二里地。后黄巢之乱，此地独免屠烧者，非神相之力乎！又宋之方成于西边（边）③也，军士偶乏食，有神女鬻饭以给，数万人者累日釜鬵常满，挹之不怯，竟莫测其所由来。或（性）[怪]而问之，对曰："我非恒人④也，即晋阳之二仙女也。以未有功于民，故于斯而济国耳。"言讫不见。兹事尤异，竟播泽潞之间居士也，人之口诚不谬焉。推此数瑞，神应功德，昭然著见，宜乎明号□□□□脱有阴阳交冲淑真人、冲惠真人，榜曰灵真之观⑤，纪在祀典，庙食无穷。

泽北邑泫水⑥东乡，天祐⑦末季建立行祠，居民岁时致祭，朔而又朔，终而复始，靡有旷阙，神亦以此飨然□□□□泰之人罔不庆赖则之。长陵女子⑧之神，合幔骇言，闻夫人之宝祠，深溪之泉。背随诚而面太行，肘天党而履龙井。堆牧翠岫，稠垒四围，桑柘平原，已塞其贵重。念二圣灵（跡）[迹]碑文，往往罕记其祥（详），使后之君子难为考信。仆所此而显录之庶

---

① 据《大唐广平郡乐公之二女圣灵通仙合葬先代父母有五瑞记》，其父名山宝。
② 据《大唐广平郡乐公之二女圣灵通仙合葬先代父母有五瑞记》，这里指有旋风为找其父母安葬处的村民指路，这是第二瑞。
③ 西边：指北宋与西夏交战，故称西边。
④ 恒人：常人、普通人。
⑤ 二仙庙通常称真泽，这里是异说。
⑥ 泫水：高平古称泫氏，因泫水而得名，这里代指高平。
⑦ 天祐：唐末年号，天祐四年（907）唐朝灭亡后，五代的后唐仍然沿用至天祐二十年（923）。
⑧ 汉武帝时民间传说之神名。

作古文，里中众耆老行游疃①右翠屏之山，坐于真泽庙前，四顾观览，看山外之山，坐之良久，翠庵叹而言曰："仰观山河胜（槩）[概]，东带长川②□岸，桑土农耕之家何可胜数？"因而指示曰：列于寅方，镇于癸位，③见山形巉险，上有佛塔巍峨，偃寒乔松，势若老龙之壮，斒斓（恠）[怪]石，形如猛虎之蹲，乃法玉山。□南卓立七村之山，上有龙潭，干旱祷而为雨。背（北）有蟠溪凤凰头，上立佛堂，下有七贤庄，四时花柳青红，溪流东去。西有武峰之山，上立胡王（庿）[庙]。背（北）靠翠屏，山巅磊落，突兀危（峯）[峰]。上有灵贶之王祠，前有真泽之大殿。屏山之阳，武（峯）[峰]之背（北），中有东西之路，有石蛇伤人。遇则天之有感，将石蛇断之。今得大道通行，乃石蛇古道也。西北有马头双（峯）[峰]，岚光接岫，森森寒松，流水带冰青漱玉，晚山衔日翠描金。双峰也，古有仙人之旧迹，域城隍之故宫，祥云常绕卧龙岗，瑞霭镇迷千佛岭，乃古话阴④之征邦也。□既录毕，余应之曰："诚哉！此景可拟潇湘故事，为八景之图。"

因与同志本村大小人户，齐发愿心，自施□财。将正殿重修、壁画；（刱）[创]盖挟殿、塑像、壁画；（刱）[创]盖两廊二十二间，壁画塑马二疋；（刱）[创]盖舞楼一座、三门三间、五道殿一座、太尉殿、太保殿，前后大小门窗二十余合，里外基阶墁⑤砖，排杈俱全。至今补修三辈□才完备。凡为民者，修立宫庙，奉事神祇，斋戒严肃，意诚而神至，德归厚矣。今立石标书祀典，录其圣迹，使后代识其功目，知此伦（轮）排名姓，彰显先辈之德。至今岁次己卯⑥。

至元五年仲冬十二月日

---

① 疃：村庄。
② 长川：当指今蒲河。
③ 寅和癸为风水上的二十四山方位，寅是西偏南，癸是南偏西，大体就是指绵亘于西南方向的山脉。
④ 话：指话壁村，话阴即话壁之北。
⑤ 墁：原字为石字旁，当通"墁"，碑阴同。
⑥ 元代前后有两个至元年号，后至元五年为己卯年，公元1339年。

社长秦弘　乡司郭良立石

司吏李思恭　陈仕利　张芳贵　李宗彦　邢思恭　贴书郭好礼

晋宁路高平县典史史侯彬

晋宁路高平县尉王士钦

进义校尉晋宁路高平县主簿田祚

承事郎晋宁路高平县尹兼管本县诸军奥鲁劝农事李友闻

敦武校尉晋宁路高平县达鲁花赤兼管本县诸军奥鲁劝农事伯帖木儿

作头王□

【碑阴】

首题：无

额题：真泽行宫碑记

总维那郭□

起盖挟殿行廊维那

七贤庄郭镇施牌一面　郭兴　李恩　苏炳　韩贵　韩秀　韩荣

南话秦义　姬志　姬质　郑通　任荣

中话靳安　靳祥　□太　张全　巩和

北话张礼　赵通　杨赟　赵元　赵思　赵顺　李顺

东话苏珍　田故　李泰

创盖三门舞楼维那

庄郭仲远　韩元　李子美　苏君美　川韩进　上韩赟　元聚　下韩府秦俗

南秦宽　秦信□　下姬元　上姬安　姬仁卿　郑政卿　任安

中下靳坚　上靳云　靳仁甫　申国用　张德玉　巩子柔

北张□领　赵荣　杨汉翼　赵敏之　赵信　赵三老　李二老

东苏元　田广　李用璋

重修□（厏）[瓦]墁砌基阶维那

庄郭良甫钞二十五两　郭温甫钞一十五两　郭恭甫钞一十两　苏仕敬钞一十两　韩如卿钞一十两　韩朝美钞一十二两五　□伯川钞一十两

南秦仲玉钞一十五两　秦荣甫钞二十两　纠首秦和甫钞二十五两　姬泰先钞一十二两五　姬仲良钞一十两　姬良弼钞一十二两五　姬彦□钞一十二两五　任才卿钞一十二两

中靳信甫钞一十二两五　靳天祐钞一十五两　靳通甫钞一十两　申元佐钞二十两　张庭秀钞一十五两

北张信卿钞二十两　赵□户钞一十两　赵仲连钞二十两　赵彦才钞一十五两

东苏召□钞一十五两　田济川钞一十七两五

郭让甫钞一十二两五　郭朝甫钞一十二两五　苏仕安钞七两五　李元秀钞五两　韩仲温钞五两　韩才卿钞一十五两　韩钦燕钞一十两　秦□玉钞一十两　秦通甫钞五两　姬继先钞一十两　姬彦才钞五两　姬十九钞五两　□士能钞七两五　任四钞五两　靳善甫钞一十二两　靳唐甫钞一十五两　上靳小六钞五两　李从道钞二十两　张英甫钞七两五　张十四钞五两　堂□九钞五两　赵六老钞七两五　杨汉诚钞一十两　苏彦明钞一十二两　田辅卿钞一十两　田仲琮钞一十两

郭□佐拟一十□　韩仲才钞一十五两五　韩仲让钞七两五　上韩小大钞五两　李从善钞一十两　李从义钞一十两　姬十七钞五两　姬十六钞五两　赵都□钞七两五　□□□钞□两　下姬六钞五两　上姬七钞□两　姬二十七两五　郑士安钞□两五　□十一钞五两　□泰即钞五两　□□小钞一十两　巩子□钞一十二两　□赵十钞五两　中赵□钞一十两　赵□□钞七两五　姬付□钞七两五又一两五　东姬□钞一十两　东姬□钞五两　古李大钞一十两　田义卿钞一十两

韩仲恭钞七两　□□□钞五两　苏□□□两　韩仲□钞五两　川韩三钞七两五　琚秀钞七两五　袁七老钞五两　袁亭钞五两　下姬小四钞一十二两　姬小八钞七两五　上姬□□钞七两五　上靳六钞五两　西□三老钞七两五

□大钞七两五　张十六老钞七两五　赵十三钞七两五　赵廿三钞一十两　杨仲玉钞五两　苏彦秀钞一十五两　张仁卿钞五两　李六钞五两　宋二钞五两　张百户钞五两　赵十四钞五两　堂赵十钞□□　苏君玉钞一十二两五

上靳小七钞一十两

赞曰：隐士蟠小下，名须号□□，潜心兴要道，志惠作仙缘，结（辰）[瓦]颜如锦，重修□色鲜，工兴三五载，匠价几十钱，克己情欢乐，抽资意不迁，终临皆至始，该计九初年。①

袁四钞五两　袁八钞五两　吴郎钞五两　川□［坤］秀才七两五　邢子钞五两　赵信钞五两　赵林钞五两　下靳小三钞七两　□十老钞五两　下赵十钞七两五　西李大钞五两　李小六钞五两　宋六钞五两　赵十三钞七两五　王□钞七两五　赵小大钞五两　赵小五钞□□　杨六钞七两

木匠师午② 车仲义　小木匠赵都料　秦仲玉　姬继先　待召③李从道壁画并塑　男李仁　门人姬仁美　石匠魏庄④ 李忠　砖瓦匠邢子□

重修正殿木匠石村⑤ 王都料　瓦匠元都料　成公佐　油匠李从善　李从义　石匠永宁作头王大渊　王巨川　王溁　王泽

崔村赵五八等施□□□□

庙官姬志先　妻李氏　自施己财□□两　同叔父姬仁□□弟兄商议施□树二根　张善甫妻邢氏自施己财三百贯壁画正殿　男张二施钞十五两　韩朝关　韩钦□施树二根　南香神消四公　赵五公施树二根⑥

---

① 这一段赞文插入捐款记录之中，当为当时名为"蟠小下"的捐施者所写，刻碑是收入。
② 师午：今称北诗午村和南诗午村，属北诗镇。
③ 待召：壁画的画匠常自称待召。
④ 魏庄：今属陈区镇。
⑤ 石村：今属陈区镇。
⑥ 庙官以后一段位于碑刻右下角，按文意置于最后。

四、碑文考述

（一）村社集群空间结构

此碑碑阳首题即为"大元国泽州高平县举义乡话壁村翠屏山重修真泽行宫之记"，中坪二仙宫位于翠屏山上。此庙距离最近的中坪村也有600多米，其地理特征已经不在村边缘小岗了，而在距离村落较远的山中。碑文中称此庙最早建于唐末天祐年间，可能实为五代后唐时期。无论是唐末还是五代，其始建年代都很早。越早兴建的祠庙可能越倾向于远离村落。

中坪二仙宫村社集群所在小区域位于高平东部的丘陵地带，西面是高平县城所在盆地，东面是太行山脉腹地，从太行山脉腹地延伸出一条一条的长岭，在这里形成一个一个的小山谷和小盆地，村落大部分分布在这些山谷和盆地之中。后至元五年碑刻首题中"大元国泽州高平县举义乡话壁村"，可见社庙所属村落统称为话壁村，碑阴中又详细列出了村社集群所属的五个村：七贤庄、南话、中话、北话和东话，这里的话都应当是话壁村的简称，可见元代话壁村已经分为五个村社。明清时期，中坪二仙宫村社集群被称作"六庄七社"，六庄为南村、庄里、东庄、长畛、南坑和中村[①]，南村又分为南村西社和南村东社[②]。现在，这一小区域内有六个村，分别是南村、话壁、东岭、长畛、南坪和中坪，和上述六个村落有对应关系。除了南坪（南坑）可能是从南村中进一步分化出来的村落，其余五个村落大体对应于元代碑刻上的五个村社。

---

① 康熙二十二年（1683）《六庄维修二仙庙碑记》，壁碑，现存高平中坪二仙宫内。明代碑村落名称一致，但没有完整记录。
② 雍正十一年（1733）《重修二仙圣母行宫碑记》，壁碑，现存高平中坪二仙宫内。

图 5 是中坪二仙宫村社集群的空间结构示意图。从图中可以看出，这一村社集群空间分布大体属于小盆地类型，位于建宁、北诗和礼义三镇交界处。后至元五年碑刻中对这一村社集群周围的地形有详细的描述："列于寅方，镇于癸位，见山形巇险，上有佛塔巍峨，偃蹇乔松，势若老龙之壮，斒斓怪石，形如猛虎之蹲，乃法玉山。□南卓立七村之山，上有龙潭，干旱祷而为雨。北有蟠溪凤凰头，上立佛堂，下有七贤庄，四时花柳青红，溪流东去。西有武峰之山，上立胡王庙。北靠翠屏，山巅磊落，突兀危峰。上有灵贶之王祠，前有真泽之大殿。屏山之阳，武峰之北，中有东西之路，有石蛇伤人。遇则天之有感，将石蛇断之。今得大道通行，乃石蛇古道也。西北有马头双峰，岚光接岫，森森寒松，流水带冰青漱玉，晚山衔日翠描金。双峰也，古有仙人之旧迹，域城隍之故宫，祥云常绕卧龙岗，瑞霭镇迷千佛岭，乃古话阴之征邦也。"这里描写了西南、南、北、西、西北五个方向的法玉山、七村山、蟠溪凤凰头、武峰山、翠屏山和马头双峰，并介绍了山上的古迹。这一描述符合这个小区域北、南、西三面环山，东面地势较低的地形特征，也说明了元代已经兴建了大量的祠庙，这些祠庙现在大多不存。

图 5　中坪二仙宫村社集群空间结构示意图

（二）村社首领

碑文出现了"乡司"一词："至元五年仲冬十二月日，社长秦弘、乡司郭良立石。"这位乡司郭良就是这通碑刻的撰文者。"乡司"一词在村社碑刻中较为少见，见于《通制条格》："滥设头目。至元七年四月，尚书省御史台呈：河北河南道按察司申，诸处州县各管村分，以远就近，并为一乡，或为一保，设立乡头、里正、保头、节级以下，更有所设乡司人员，催趁差发，投下本县文字一切勾当，据各户合差发，计构本县官吏减免分数，或虽立户名，科丝料、包银、税粮，令所管村分人户代纳，每年秋夏两次于人户处取敛年常物斛，或别作名称，托散聚敛。如此侵扰，以其久在县衙，与官吏上下惯通，易为作弊。都省议得，仰遍行各路严切禁治，司县、乡司、里正人等须管不致似前冒滥多设，作弊扰民违错，仍取准行文状。"①从这里看出乡司是乡里的职役，大概其中不少是县里为了实际需要而私设的，不符合国家规定，可以算作乡一级的职役人员。

如前所述，维那是村社临时首领的称谓，也有层级的区分。中坪二仙宫后至元五年碑中有"总维那"，类似于都维那，是总的负责人。总维那下面可以有各村的维那，也可以按照建筑工程来进行区分："起盖挟殿行廊维那……创盖三门舞楼维那……重修□瓦墁砌基阶维那。"按碑阳的记录，此次重修工程主要包括以下一些内容："将正殿重修、壁画；创盖挟殿、塑像、壁画；创盖两廊二十二间，壁画塑马二疋；创盖舞楼一座、三门三间、五道殿一座、太尉殿、太保殿，前后大小门窗二十余合，里外基阶墁砖，排杈俱全。"碑阴中列出的维那有以下三类："起盖挟殿行廊维那""创盖三门舞楼维那""重修□瓦墁砌基阶维那"，除了正殿重修外，大体都能对应。碑阴对正殿重修和其他创修的工匠是分别列出的，两项工程应该是分开进行的，所以碑阴没有列出正殿重修的维那。

---

① 黄时鉴点校：《通制条格》，浙江古籍出版社1986年版，第229页。

18　至正二十五年（1365）陵川大义井玉皇观《重修馆记》

一、村落社庙概况

大义井村位于陵川县城以西约 10 千米处，今属礼义镇。礼义镇位于高平与陵川两县交界处的小盆地中，大义井村即位于礼义小盆地东边缘，东倚群山，西面地势低平。大义井村 2011 年有居民 380 户，1280 人。村内除玉皇观（神农馆）外另有观音堂和西岭庙等祠庙。

大义井玉皇观位于村中，坐北朝南，一进院落，占地面积 947 平方米。大义井玉皇观本为神农馆，万历年间重修时仍称作神农馆。其始建年份不详，至正二十五年碑称"宋泰和重建"，但泰和是金代年号，大概此庙在宋金时期已经存在。元至正、明万历、清康熙时期均有重修。

二、碑刻元数据信息

元素名称	元素修饰词	信息
文物类型		碑刻
编号		山西陵川大义井 001
所在位置	标准地名	山西省晋城市陵川县礼义镇大义井村
	所在社庙	大义井玉皇观（神农馆）

续表

元素名称	元素修饰词	信息
名称	标准名称	至正二十五年大义井玉皇观重修馆记
	首题	重修馆记
	额题	无
石刻责任者	撰并	陵川进士里刘师文宗周
	都维那首	王彦祥、李让、李靠、陈宽、李致中
	木工	本村靳和甫
	瓦工	雀村韦天成
	石工	池下和信
石刻年代		年号纪年：至正二十五年
		公历纪年：1365年
材质		青石
计量	尺寸	高60厘米，宽180厘米
附注	形制	壁碑
	纹饰	碑身四周有缠枝纹
现状	完残程度	保存较好
书刻特征	书体	正书
	铭文行款	40行，行21字
相关文物	同庙碑刻	万历二十六年（1598）《重修神农馆记》 康熙元年（1662）《重修东廊小记》 乾隆三十七年（1772）《禁桑碑记》 另有清代壁碑两通、残碑数块
	相关建筑	所在建筑玉皇观为晋城市级文物保护单位
田野经历		2018年7月26日晏雪莲等实地考察

三、碑文整理

首题：重修馆记

额题：无

夫馆者，古之乡校，今之祀神之所也。凡禘祭郊祀之礼，自天子至于庶人，各有所当祭者。唯社之神，本乎五土，斯民朝夕从事于其间，在祀之中，于民为最切。故今之馆侧，皆有古之祭社坛壝，亦有树其土之宜木者。且祀典所载，天下之通祭者，莫先于社也。是以上自京师下及乡术，皆得而祭之。俾民春秋享祀，以报其本。

祭毕，俊其胙余，燕飨于是馆，而行乡饮酒礼。一则以明贵贱尊卑之义，一则以序长幼亲（踈）[疏]之节。所以辨上下，厚人伦，美教化，易风俗，故曰今之馆者，古之庠序也。此先王立社设学以教民，使知孝悌忠信，礼义廉耻，克其诚敬者，盖本于此矣。而又岁时，于是雩告雨泽，祈谢释奠，有所依据焉。

兹馆之（刱）[创]，虽无可考，唯见楹石所刊，乃宋泰和初重建者，迄今二百余岁矣。年愈久而岁愈深，风日颓而雨日腐，倾跕者十陨其半。一日好事者，王彦祥畀其同侪者李让、李靠，谓其同志者陈宽、李致中，曰："此先贤重修之遗业也，不可坐视废之尔。若辅予复构，不亦善乎。"让等欣然倡应，遂各舍己缗，备其酒肴，请会乡耆。给其瓦木，命匠经营。自仲夏初始造攻之，所费钱米百有余定硕。重修正大殿五间，东西两庑一十八间，前则舞楼、三门，创建左右偏殿五间，逮中秋后功备成之。内外超卓之，望峻寓雕棂，巍巍而伟丽，（嵓）[岩]廊杰峙，雄列而更新，其搞光揭耀，崇显于里闬。积千载之诚敬，邈垂于后世，芳馨不已。岂特报享祀事而已哉？故蔓衍其说，书之于壁。聊为志云。

时大元至正二十五年岁舍乙巳中秋后四日

陵川进士里刘师文宗周谨记

具以重修耆老枚列如左：

都维那首王彦祥　李让　李靠　陈宽　李致中

辅维那首刘仪　李和卿　李全　李荣　周忠甫　李宝　李忠　周仲实　周仲明　周玉　秦仪　秦成　陈思义　郭仕贤　常进　李仕明　刘才　周仕能　李怀宝　刘荣　刘宝　刘广　李瑄　王仲诚　刘彦璋

木功本村靳和甫

雀村韦天成瓦

池下和信刊石

四、碑文考述

（一）村社的历史传统

根据万历二十六年（1598）《重修神农馆记》碑文，大义井村的这一祠庙原本应该是神农馆，而并非现在的玉皇观。大义井玉皇观至正二十五年碑认为神农馆的信仰源于古代的社神信仰："唯社之神，本乎五土，斯民朝夕从事于其间，在祀之中，于民为最切。"奉祀社神有悠久的历史传统，且因为社神与居民生活息息相关，所以和普通村民关系最为密切。如前所述，宋代已经发生了从社坛坛壝到成屋社庙的转变，这是宋代以来村社发展的总体情况，但这种发展不是完全线性的、整齐划一的和均衡的。就全国的情况而言，山西的发展演变要比其他地区更快、更典型，华南地区直到现在还保持着社坛的形式，徽州地区的社屋虽然是成屋社庙，但也比较简单。就山西的情况而言，每个地区也不是均衡发展的，晋东南地区发展更快、更典型。就晋东南地区的情况而言，每个小区域受到村落社会传统、位置地形、村落规模等很多因素影响，发展也不均衡。从坛壝到社坛的演变不是完全线性的，更多情况是两者共存："故今之馆侧，皆有古之祭社坛壝，亦有树其土之宜木者。"社坛和社树都是古老社祭传统的奉祀形式，一方面社庙由坛壝发展而来，对礼制的规定有所突破，另一方面坛壝与社庙两种形式并存，发展但又不破坏旧的传统，在有些村落中仍然可以看到社坛与社庙共存的情况。

大义井玉皇观至正二十五年碑碑文表明当时的人们已经充分认识到了社祭是村社的历史渊源，强调了社祭的重要性和普遍性，说明了村社有悠久的历史传统。对于社祭传统来说，村社证明了其旺盛的生命力。对于村社来说，社祭为村社的发展提供了来自历史和经典依据的合理性，这种历史上的合理性是村社发展很重要的一个因素。村社就是在对社祭传统的继承和发展的过程中不断演变的，这是村社发展史上的一个重要特征。

（二）村社的功能

和其他祠庙碑刻喜欢探讨神灵来源不同，大义井玉皇观至正二十五年碑花了较大篇幅探讨"馆"的来历。碑文作者认为馆是从古代的乡校发展而来的："夫馆者，古之乡校，今之祀神之所也。"无论这种说法是否有根据，这都表明了碑文作者强调馆所具有的教育和教化的意义。碑文作者描述了从社祭到宴饮，再到乡饮酒礼的礼仪演变，社祭源于祭祀，而发展为乡人聚会的礼仪。通过这一描述，碑文作者重点要探讨礼仪的功能："一则以明贵贱尊卑之义，一则以序长幼亲疏之节。所以辨上下，厚人伦，美教化，易风俗。"总的来说，社祭和乡饮通过礼仪完成了乡村教化的功能，这就是作者认为馆来自乡校的根本原因："故曰今之馆者，古之庠序也。此先王立社设学以教民，使知孝悌忠信、礼义廉耻，克其诚敬者，盖本于此矣。"

碑文作者的这种论述充分表达了村社在文化上的合理性。从底层士绅所撰写的碑文可以看出，村社所拥有的被政府承认的权力（实践上的自治）并不是来自制度上的明确的地方分权规定（制度上的自治），而是来自文化上的认同。明中叶以来，各地民间宗教都有长足的发展，但具体表现和生存策略又各不相同，面对政府以白莲教（文化不认同）名义的剿灭，明中叶以来兴起于华北平原的由罗教衍生的民间宗教的生存策略，主要是将自己混杂在佛道教之中，通过披上一层佛道教的文化认同外衣顽强地存在下来。明末天主教入华从援佛到援儒的转变也是为了寻找一种合适的文化认同策略。这些其实都在解决中国社会的文化认同问题。相对而言，村社援引社祭的历史传统和乡里教化的文化功能就能更容易地实现文化认同，其发展并没有受到太大的、来自政府和外部的阻碍。

卷 四

19 洪武二十年（1387）泽州周村东岳庙《重修岳庙记》

一、村落社庙概况

周村位于晋城市区以西约 20 千米处，因位于长河下游，以前建有多座石桥，故旧名长桥镇。周村北靠华阳山，东有下掌河，南有蛟水河，位于泽州县和阳城县交界处，向西即阳城北留镇，向东越过五门山和桃固岭就是晋城市区，向北可溯长河而上。周村东岳庙洪武二十年碑上有"本庙建立之所古长桥镇，今周村是也。东连濩泽，西接阳邑，正居中阜。"这很好地概括了周村重要的地理位置。周村交通便利，陵沁线自东而南绕行向西，穿过周村。周村清代属五门乡环秀都周村里[①]，今属周村镇，下辖周村、卫窑、南庄、桥西和司庄五个自然村。周村 2011 年有居民 1968 户，5006 人，是区域内规模很大的中心村落，现为历史文化名镇，入选第二批中国传统村落名录。周村祠庙众多，除东岳庙外，还有玄帝庙、咽喉阁、土地庙、金龙四大王庙等众多祠庙；古迹众多，除祠庙外还有明清古街、郭家大院、周处墓等。周村是交通便利的大规模村落。

周村东岳庙也称岱岳庙，位于周村村北，坐北朝南，地势较高。周村东岳庙现为二进院落，占地面积约 9072 平方米，规模很大。前院有山门和钟鼓楼等建筑，后院南有舞楼一座，北面有东岳殿、财神殿和吴王殿，三殿之

[①] [清]姚学甲纂修：乾隆《凤台县志》卷3《里甲》，《凤台县志（点校简注本）》，三晋出版社2012年版，第74页。

间有廊庑相连，东、西有二郎和关王配殿。明隆庆四年（1570）《泽州周村镇重修庙祀记》描述东岳庙殿宇情况："殿之左翼祀增福，右翼祀吴王，各三楹。东序祀二郎，西序祀关王，中为礼拜殿，南为乐舞亭，又南为庙门。"周村东岳庙始建时间不详，元丰五年（1082）、宣德二年（1427）、嘉靖二十六年（1547）和隆庆四年、顺治十七年（1660）和乾隆二十七年（1762）等均有重修，清代曾在庙东增建文庙、高台寺、迎祥观等祠庙，今已不存。周村东岳庙在2006年被评为第六批国家重点文物保护单位，2012年至2014年进行了修缮保护。

二、碑刻元数据信息

元素名称	元素修饰词	信息
文物类型		碑刻
编号		山西泽州周村003
所在位置	标准地名	山西省晋城市泽州县周村
	所在社庙	周村东岳庙
名称	标准名称	洪武二十年周村东岳庙重修岳庙记
	首题	重修岳庙记
	额题	无
石刻责任者	书丹	本镇李文质
	镌碑	洸壁里李均玉
	都维那首	李景初、张大亨、郭宗礼
	守庙道士	殷思德

续表

元素名称	元素修饰词	信息
石刻年代		年号纪年：洪武二十年
		公历纪年：1387 年
材质		青石
附注	形制	壁碑
	纹饰	四周有雷文
现状	完残程度	保存完好，镶嵌于墙壁内
书刻特征	书体	正书
	铭文行款	37 行，行 23 字
相关文物	同庙碑刻	金皇统三年（1143）门礅石题记 至元十五年（1278）石门题记 宣德二年（1427）《重修东岳行宫庙记》 隆庆四年（1570）《泽州周村镇重修庙祀记》 万历七年（1579）《重饰岱岳神记》 万历十三年（1585）《岱岳庙创建卷亭记》 崇祯十年（1637）《重修太尉神祠记》 顺治三年（1646）《创建伯翁祠记》等清代碑二十一通 民国碑四通
	相关建筑	周村东岳庙为全国重点文物保护单位
相关文献	研究文献	车文明：《山西晋城周村东岳庙考》
田野经历		2016 年 6 月 1 日杨波实地考察 2019 年 10 月 23 日杨波和颜伟实地考察

三、碑文整理

首题：重修岳庙之记

额题：无

本庙建立之所古长桥镇，今周村是也。东连濩泽①，西接阳邑，正居中阜。自古而今，建立岱岳神祠于此，镇御方隅。夫神者，东岳仁圣帝也，□乃中界五岳之尊。自前代之祭也，系人间万灵之主。掌生死之深，定吉凶之乖，察详善恶，注判兴衰。人民感赖于圣恩；乡间均（霑）[沾]于仁祐。祈清祷雨，必沐昭彰，请福禳蕾，随承降鉴，此神之赫灵也。

庙迨年深，风飘雨沥，廊庑坍塌，庙宇颓摧。行者难以仰瞻，民者何能焚祝？自兵燹②以来，是庙虽存，圮坏者甚矣。视此，有镇人李景初等集众而议之曰："斯庙摧之久矣，不修则可惜前功，则修者可也。"盖里老幼皆悦之。众秉诚心，其谋修造，备瓦木之资。咸市里农民之助，远求哲匠。于洪武丁卯，自春而至秋，谨修是庙。坍者正，缺者成，坏者完，事就功全，成新饰旧。殿之上下，换（焕）然一新。盼惠瞻恩，向千秋丰稔之康，立万世不迷之石。故刻斯铭，永为远记。

都维那首李景初　张大亨　郭宗礼

道士殷思德

同修老人范庆甫　延义甫　李仲庸　张均义　郭济川　李仲实　刘和甫　卫守道　姚子玉　秦谷英　司朋举　李秀实　范林　张思铭　卫玉　殷德林　郭通

---

① 濩泽：本为秦汉县名，这里代指泽州。

② 当指元末明初战争。

圣水社头张从政　张太亨　王可道　马士安　李掌　王继先

同众社老人议定：

今后小儿不得上庙折毁坛场，损坏庙宇。

无得牛羊头足，不许入庙院撒放。如放者，众老人巡捉，拿住其人，罚布五疋，与修庙使用。

又委举迎祥观道士殷思德守庙看视，如有殷思德不行用心，纵放毁坏，亦罚布五疋，修庙使用。

众社议定，的不虚示。

梓匠何村里　李全

瓦匠本州吕诚　冶底陈士贤

施功画匠本镇康景原

本镇李文质书

洸壁里[①]　李均玉镌

维大明国洪武二十年岁次丁卯孟秋上旬吉日工毕

四、碑文考述

（一）东岳信仰

周村东岳庙现存金皇统三年（1143）门墩石题记和元至元十五年（1278）门楣题记。门楣题记中有"大元国岁次戊寅本镇众社人等置立斯门……赐紫复元大师樊志真，至元十五年孟秋望日立"[②]。樊志真也出现在李俊民所写元

---

① 洸壁：今属阳城县北留镇。
② 至元十五年（1278）门楣题记，现存泽州周村东岳庙。

蒙古己酉年（1249）《新修会真观记》："通真观樊志真。"①樊志真显然是具有官方赐紫身份的道士，当时在东岳庙住持。以上这些题记均表明周村东岳庙历史悠久。明隆庆四年重修碑有："镇故有庙，正殿祀东岳神。……重修于宋元丰五年，靖康丙午，地陷于金。贞祐金亡，庙经兵燹。迄元大德、至正间再修。我朝洪武，宣德、正德初增修。"②元丰五年（1082）是宋神宗朝，重修距离创修至少有几十年，则此庙也可能创建于宋真宗时期。

周村东岳庙洪武二十年碑反映了当时东岳信仰的观念："夫神者，东岳仁圣帝也，□乃中界五岳之尊。自前代之祭也，系人间万灵之主。掌生死之深，定吉凶之乖，察详善恶，注判兴衰。人民感赖于圣恩；乡间均霑于仁祐。祈清祷雨，必沐昭彰，请福禳萑，随承降鉴，此神之赫灵也。""五岳之尊""万灵之主"是对东岳神灵的基本定位；"掌生死之深，定凶吉之乖。察详善恶，注判兴衰"是其冥神的功能；"祈清祷雨，必沐昭彰，请福禳萑"则是其祈雨消灾的功能。此碑比较全面地展示东岳神灵的形象。

（二）村社与圣水社

祈雨是宋元时期的社神最重要的功能之一，也是村社发展的重要动力之一。东岳神灵功能以主宰幽冥世界为主，但也有"祈清祷雨"的功能。周村东岳庙洪武二十年碑最后题名中有圣水社，圣水社头与众社老人共同议定了社规。两种社性质不同，圣水社显然和祈雨活动有关，是与信仰有关的乡村会社，而众社则是组成周村东岳庙村社集群的各村社。作为圣水社头之一的张太亨还是周村东岳庙洪武二十年重修活动中的"都维那首"之一，这说明圣水社充分参与到了此次工程之中。

至少从宋代开始，社祭传统向两个方向发展：一是继续保持"二八社祭"的情况下，具有更加全面和丰富的功能；二是彻底脱离"二八社祭"的

---

① 王丽主编：《三晋石刻大全》（晋城市泽州县卷上），三晋出版社2012年版，第96页。
② 隆庆四年（1570）《泽州周村镇重修庙祀记》，现存泽州周村东岳庙。

传统，而成为一般性的结社集会组织，这种组织学界通称为会社。至少从元代开始，乡村会社开始出现。高平龙曲广禅侯庙至元二十三年（1286）《创修广禅侯庙记》有："今者龙曲南社杨世英等，纠率里人首倡其事，从而和之者数人，立为一社，目之曰牛王社，欲修庙貌。"① 这种类型的会社或许在更早的历史时期就已经存在，除了称作"某某社"外，也可以称作"某某会"，明清时期越来越普遍。

（三）社规

社规是村社研究的重要方面之一，但元代以前成文社规尚未见于碑刻。明代村社社规碑刻数量也不多，内容通常也比较简单，但表明了村社各项惯例开始形成文化，其习惯法的性质更加明确了。周村东岳庙洪武二十年碑的社规有三项，规范的对象和内容各不相同。

第一条社规是"今后小儿不得上庙拆毁坛场，损坏庙宇"，这条社规的规范对象是小孩，内容是保护社庙，坛场大概是某种祭祀场地。第二条社规是"无得牛羊头疋，不许入庙院撒放。如放者，众老人巡捉，拿住其人，罚布五疋，与修庙使用"，这条社规的规范对象是牛羊等牲畜，内容是牲畜不能进入庙内，同样也是为了保护社庙。第三条社规是"又委举迎祥观道士殷思德守庙看视，如有殷思德不行用心，纵放毁坏，亦罚布五疋，修庙使用"，这条社规的规范对象是看庙的道士，内容是看庙道士的工作职责，从这里也可以看出，社庙的主体是村社，道士只是为村社服务的，需要接受村社的监督。这和佛道教的寺观有本质不同。

此案例社规虽然简单，但已经具备了社规的各种要件。首先，社规的制定执行者，也就是社规的主体，在这里是圣水社和众社，也就是村社和会社联合制定并执行社规。其次，社规的内容，也就是社规所规范的对象和行

---

① 至元二十三年（1286）《创修广禅侯庙记》，调查未见此碑，参看李玉明主编：《三晋石刻大全》（晋城市高平市卷），三晋出版社2011年版，第61页。

为。再次，社规的处罚方式、数额和罚没收入的用途，社规的第二、第三两条都规定了处罚的方式是罚布，在商品经济不发达、货币使用不普遍的社会经济背景下，这种处罚是以价值较高的实物方式进行的。社规还规定了具体数额是罚布五匹，这在当时还是价值比较高的。社规最后规定了罚没收入用于修庙。最后，社规的形式是被刊刻在碑刻上的成文民间法，可以视作习惯法，也可以视作村社法，不再是简单的惯例。社规中最重要的规定是处罚方式，处罚意味着需要有具体的裁判者，这样一个专门负责司法裁判的群体就分化了出来，村社群体开始了阶层分化。

尽管社规的要件已经基本具备，但周村东岳庙洪武二十年碑记载的社规仍然处在发展的初级阶段，这体现在形式和内容两方面。从形式来看，此碑主要是修庙碑，主体内容还是记事，只是在叙述完修庙之后附记了规约，而不是专门的规约碑。元代以前村社碑刻主要只有两种，一种是修庙记事碑，另一种是捐施石刻题记。明代以后开始出现了专门的规约碑、禁约碑、社产碑、告示碑、诉讼碑等各种各样的类型，内容更加丰富。此案例碑刻在形式上具有融合和过渡的特点。从内容来看，此碑的社规基本都是和保护庙宇有关的，并不涉及村中其他事务，这说明村社主要还是和祭祀信仰等文化功能有关，和社庙这个主体有关，尚未完全实现功能扩大化，还没有把村社中其他与庙宇祭祀无关的事务纳入社规规范的范围之内。

20　永乐四年（1406）高平西周汤帝庙《重修汤帝庙记》

一、村落社庙概况

西周村位于高平市区西南方向约 18 千米处，今属马村镇。西周村地处三县交界之处，西有高平和沁水界山——空仓山，南有高平和泽州两县界山——吴山和香山，西周村与东面的大周村、东周村合称为"三周纂"，是一片地理空间比较封闭的相对独立区域，北有马村镇，南有大阳镇，曾一度独立设置为东周乡，2001 年并入马村镇。西周村 2010 年有居民 456 户，1581 人，中等规模。西周村历史悠久，除汤帝庙外，另有真武庙、关帝阁和三处观音阁。

西周汤帝庙位于西周村中部，村委会院内北侧，坐北朝南，占地面积 538 平方米，东面紧邻真武庙。西周汤帝庙现为一进院落，中轴线上有南殿、正殿，两侧有耳房和配殿。2007 年被评为第二批晋城市文物保护单位。西周汤帝庙始建不详，但这一区域的汤帝庙兴建时间都较早，当始建于宋元时期。洪武八年（1375）至永乐三年（1405）重修，万历九年（1581）和嘉庆十八年（1813）有修缮，其余重修情况不详，2005 年维修。

二、碑刻元数据信息

元素名称	元素修饰词	信息
文物类型		碑刻
编号		山西高平西周 001
所在位置	标准地名	山西省晋城市高平市马村镇西周村
	所在社庙	西周汤帝庙
名称	标准名称	永乐五年西周汤帝庙重修汤帝庙记
	首题	重修汤帝庙记
	额题	无
石刻责任者	撰文并书丹	朱九成
	石匠	尚友能
石刻年代		年号纪年：永乐四年
		公历纪年：1406 年
材质		青石
计量	尺寸	宽 66 厘米，高 43 厘米
附注	形制	壁碑
	纹饰	无纹饰
现状	完残程度	保存完好
书刻特征	书体	正书
相关文物	同庙碑刻	永乐五年（1407）《重修汤帝庙记》 天启四年（1624）《无题名布施碑》 嘉庆十八年（1813）《大王殿新作神龛金妆圣像碑记》 另有无纪年布施碑两通
	相关建筑	西周汤帝庙是明清风格建筑
田野经历		2013 年 7 月 17 日王潞伟和赵丹荣等实地考察

三、碑文整理

首题：重修汤帝庙记

额题：无

盖闻天地气分清浊，上覆四时日月，下载山川社稷，包罗广大，至圣之尊，而能生成万物，亦掌世间风俗清浊，通于神明，光于四海。神灵感格，无形与声，弗见弗闻，体物不可遗，诚之不可揜①。夫天地鬼神之道，幽明虽殊，其实皆一理也。呜呼！成汤《盘铭》曰：日新而又新②。不尒（迩）声色，不殖货利③，战夏桀鸣条之野，征葛伯暴乱之城，祐贤辅德，显忠遂良，见炎天大旱之灾，去桑林剪瓜（爪）④之志，传后世无穷之美，显中兴有德之功。夫尒（迩）丘陵，极于太行，东接悬壶，西连空仓，盛如吴山之崄⑤，巍巍数仞，可侵云□，以□四方，于后世之可观，神灵之所鉴，岂不以爱美哉！

（旹）[时]大明国洪武岁次乙卯

本县又于洪武岁次丙辰季秋戊戌月壬子日，众社耆老人等从新建立正殿五间。

---

① 出自《中庸》："鬼神之为德，其盛矣乎！视之而弗见，听之而弗闻，体物而不可遗。使天下之人齐明盛服，以承祭祀。洋洋乎！如在其上，如在其左右。诗曰：'神之格思，不可度思！矧可射思！'夫微之显，诚之不可揜如此夫。"
② 出自《大学》："汤之《盘铭》曰：'苟日新，日日新，又日新。'"
③ 出自《尚书·仲虺之诰》："不迩声色，不殖货利。"
④ 出自《吕氏春秋》："汤乃以身祷于桑林，剪其发，割其爪，自以为牺牲。"
⑤ 悬壶山在高平市河西镇，上有悬壶真人庙；空仓山在高平与沁水交界处；吴山在高平、沁水和泽州交界处，上有吴王庙，这些都是西周村附近的名山。

维那头朱思恭　王克敬　王唐轻

梓匠周纂中社武□子赟

甓（甏）殿维那头王克己　张可道　王继先

墁殿维那头张忠学

甓（甏）匠周纂东赵朋举

洪武岁次壬申仲夏丙午月戊申日，建立西挟殿并西廊。

维那头张秀轻　张仕昌　朱均实　张可道　朱思恭　王继先　王奉先　朱九皋

梓匠周纂中社武彬　冯广

洪武岁次壬申孟秋戊申月乙酉日，建立东挟殿并东廊。

维那头朱九州

梓匠中社武守道　武彬

甓（甏）两挟殿

维那头刑荣

甓（甏）匠东社赵敬臣

永乐岁次乙酉仲夏壬午月，因为天高，众社耆老人等谨请凤凰山皇后土四位尊神圣降座殿。

捻立神马范九

神首刑荣　王恕　张毅　王着　刑宪　张着　牛益　王景

次年捻立神马刑益

神首王继先　王宣　朱文美　王兴　朱刚　王鲁　张礼　朱福

岁次丁亥仲春癸卯月，谨请天王圣帝四位尊神圣降座殿二处。

神首张岩　张刚　张谦　王拣　朱九霄　王麟　王琰　朱旺

耆老朱成　朱衡　朱八　朱堪　朱耀　朱损　朱九成

张沉　孟福　张林　王载　王钦　王荣　张宇道

王成　朱三　王衡　王憼　王柰　张疑　吕成　张端

张忠　王全　王林　王彬　王兴　刑赟　刑英

刑广　刑敏　李诰　郭成　胡五　朱五　王晟　张廿七

岁次乙酉丙戌二年神首一十六名建立暖殿一座。

永乐岁次丙戌季夏月癸酉日周纂西社立

梓匠武彬　□清　□名

书单（丹）人本社朱九成撰

石匠原村[①]尚友能刊

四、碑文考述

（一）碑刻纪年与史源

和其他类型历史文献一样，碑刻有一个较为复杂的制作和形成过程，也存在较为复杂的史源问题。

从碑文纪年来看，西周汤帝庙的这通碑刻是从"洪武岁次乙卯"［洪武八年（1375）］到"洪武岁次丙辰"［洪武九年（1376）］，再到"洪武岁次壬申"［洪武二十五年（1392）］，再到"永乐岁次乙酉"［永乐三年（1405）］，

---

① 原村：今原村镇所在地。

再到"永乐岁次丙戌"[永乐四年（1406）]，最后到"岁次丁亥"[永乐五年（1407）]陆续完成的。碑文最后的刊立时间为"永乐岁次丙戌"，也就是永乐四年，但碑文中已经出现了永乐五年，这就说明永乐五年碑文是在碑刻刊立之后补充的。根据这些情况我们大体可以推测出碑刻制作过程，洪武九年工程开工时就写好了碑序，准备刻碑。一直到永乐四年工程基本完工时，补充了从洪武九年（1376）到永乐五年各工程和仪式的负责人，碑文基本完成，碑刻才进行了刊刻。永乐五年又进行了降神的仪式，补刻了仪式组织者题名，碑刻全部完成，和文书一样，碑刻存在不断补记的情况，碑文不是在同一纪年时间完成的。其实历史上的古籍也存在着不断补充完善的情况，特别是非个人著述性质的先秦古籍和很多宗教典籍。史料常常不是在一次性完成的，而是有一个时间延续较长的制作和形成过程。对于这种情况，碑刻纪年可按照碑文中最后一个纪年的时间来确定。

明清时期，越来越多碑刻由民间社会自己创作，碑刻的史源问题就越来越突出。这主要有三个方面的表现。一是碑序的写作，照例主要是邀请儒学士大夫来完成的。明清时期，越来越多碑序开始由村社自己来完成，甚至有些不再写明撰文者姓名，可视作村社集体创作。本案例中碑刻的撰文书丹者就是"本社朱九成"，并没有请士大夫来创作，朱九成的名字也出现在耆老之中，其身份就是村中普通老人，显然接受过初步的教育，碑文大量直接使用儒家经典原文。碑序的文体题材没有发生改变，但主体从士人转为村社社人，越来越民间化了。二是碑文除了碑序之外，其他内容越来越多。传统金石学常常将碑刻视作士大夫的作品，实际上碑刻除了碑序之外还有很多其他内容，这些内容在传统金石学著作和当代碑刻整理中常常直接被省略。现代碑刻文献著录、整理常常将碑刻系于撰文者名下，实际上碑刻是士人与民间社会共同创作的文献，是集体作品，不应当简单归于个人名下。本案例碑文主要包括两个部分，洪武八年（1375）撰写了碑序，这应当是修庙工程开始的时间。此后从洪武九年到永乐五年，工程陆续进行，碑刻记录了每一项工程的具体负责人，这应当是从村社修庙工程的记录（村社管理或会计文书档案）上誊录到碑刻上的,这是碑刻的另一种史源。三是除了修庙碑刻之外的其他类型碑刻开始增多,本案例不涉及这个问题,但也刊刻了组织仪式的神首题名,不过仪式可视作修庙工程的一部分。

碑刻文献在形式和内容上的这些变化反映了村社的变化,村社功能越来越多元化,性质越来越民间化,权力越来越扩大化。

（二）村社首领

西周汤帝庙永乐四年碑上出现了很多题名,主要分为三类。一是村社的常设首领,主要是耆老。碑文最后开列了37位耆老,是村社的主要首领,这个案例中村社首领仍然保留宋元时期老人的称谓。二是村社临时首领,包括维那头、甃殿维那头、墁殿维那头,和前面元代情况一样,维那存在不同层级,也根据具体工程来区分维那。三是仪式组织首领,包括捻立神马和神首,这是新出现的情况,值得详细探讨。

神马在宋元时期碑刻中就有出现。府城玉皇庙熙宁九年碑有:"府城社玉皇行宫者,始为岁旱遍于群神,祈祷无应。本社李宗、秦恕二人即陵川之下壁请得信马,于当社祈求,克日而甘泽沾足,即时兴议,卜地北岗,秦吉、秦简地内,鸠工营匠,不日而成。"①高平南庄玉皇庙大安二年碑有:"庙之立也,积有岁时,耆旧相传,盖因陵川县下壁玉皇庙前,神马屡至,嘶鸣片时,忽然不见。又缘旱暵,徧祷群神,靡获感应,唯请祈上帝,遽获甘澍,生我百谷,岁则大熟,人荅神休,遂立祠焉。"②至元三十一年(1294)府城玉皇庙《玉皇庙功德碑》中有:"黄头社尹家门下金氏同男忠显、校尉千户尹彦忠妻刘氏施神马一疋又香钱宝钞一百五十四贯文,临泽□□玉同妻王氏、男郭时年施神马一疋又香钱宝钞一十九贯文。"③这些碑文中提到了

---

① 熙宁九年(1076)《玉皇庙碑文》,现存泽州府城玉皇庙前院碑廊。
② 大安二年(1210)《重修玉帝庙记》,现存高平南庄玉皇庙山门前。
③ 至元三十一年(1294)《玉皇庙功德碑》,现存泽州府城玉皇庙。

"神马"或"信马"应该是当时流行的一种"纸马"①，府城玉皇庙熙宁九年碑碑阴的碑额记载了以这种信马为核心的祭祀仪式，至元三十一年碑中的"施神马一疋"也不可能捐施真马，而是纸马。本案例提到的神马应当也是此类仪式用具，碑文中的"捻立神马"应当就是制作神马者或者仪式中手持神马的人。

从永乐三年（1405）到永乐五年（1407），西周汤王庙组织了三次仪式，仪式被称为"谨请凤凰山皇后土四位尊神圣降座殿"或"谨请天王圣帝四位尊神圣降座殿"，这大概是一种降神仪式，每次仪式后面都有对应的神首，这里的神首就应当为这些仪式的组织者。每一年的神首数量都是8人，共计24位神首，这显然不是偶然的，这和仪式中的角色分配有必然联系，应该也与"四位尊神"这个数量有直接关系。24位神首的名字没有重复的，应当存在轮班制度，他们有不少都是后面开列的耆老。碑文最后有"岁次乙酉丙戌二年神首一十六名建立暖殿一座"，这16名神首就是前面开列的永乐三年和永乐四年（1406）两年的16位神首，他们担任神首的同时，要出资新建暖殿。暖殿也就是暖阁，是专门放置神像的地方，暖殿应该是在永乐四年新建的。捻立神马和神首都是和仪式有关系的村社首领。

（三）工匠与周篡三社

西周汤帝庙永乐四年碑中出现了较多的工匠记录，包括梓匠（木匠）、甓匠和石匠。这些工匠大部分来自周边村落，除了石匠是来自距离西周村略远的原村之外，其他工匠大多来自和西周同属一村的另外两个村社：周篡东社和周篡中社。洪武九年（1376）、洪武二十五年（1392）夏和秋的梓匠均来自周篡中社，洪武九年和洪武二十五年秋的甓匠均来自周篡东社，每个村社各有擅长。三个村社现在的村落名称分别为西周、东周和大周，已经是独

---

① 关于"纸马"的历史参看耿涵：《民间信仰实践中的造神与构境——河北省内丘县民间神码研究》，天津大学博士学位论文，2014年。

立的行政村落。就汤帝庙的修缮工程组织而言，周纂西社是独立完成的，并没有东社和中社的参与。但在具体的工程实施方面，周纂另外两社给予了很大的帮助和支持，且村社之间已经呈现出初步的专业化分工合作特点。

21 成化二年（1466）泽州府城玉皇庙《重修玉帝庙记》

一、村落社庙概况

参看本书卷一熙宁九年（1076）泽州府城玉皇庙《玉皇庙碑文》。

二、碑刻元数据信息

元素名称	元素修饰词	信息
文物类型		碑刻
编号		山西泽州府城007
所在位置	标准地名	山西省晋城市泽州县金村镇府城村
	所在社庙	府城玉皇庙
名称	标准名称	成化二年府城玉皇庙重修玉帝庙记
	首题	重修玉帝庙记
	额题	重修玉帝庙记
	阴首题	无
	阴额题	众社叶赞题名

续表

元素名称	元素修饰词	信息
石刻责任者	撰文	乡贡进士濩泽□□
	篆额	上党管真
	书丹	武林清逸子云中李佐
	石工	濩泽东廓郭钦
石刻年代		年号纪年：明成化二年
		公历纪年：1466年
材质		青石
计量	尺寸	高180厘米，宽81厘米，厚21厘米
附注	形制	笏首方趺
	纹饰	碑额及碑身四周有花草纹，碑阴四周有缠枝纹
现状	完残程度	保存较好
书刻特征	书体	正书
相关文物	同庙碑刻	三十余通碑刻，数量众多，参考《晋城玉皇庙碑刻初探》一文
	相关建筑	府城玉皇庙为全国重点文物保护单位
相关文献	著录文献	《三晋石刻大全》（晋城市泽州县卷），第126—127页 《泽州碑刻大全》第2册，第243—246页 杜正贞：《村社传统与明清士绅：山西泽州乡土社会的制度变迁》，第299—303页
	研究文献	杜正贞：《村社传统与明清士绅：山西泽州乡土社会的制度变迁》，第56—61页
田野经历		2011年11月4日，2015年11月11日，2018年7月30日和2019年10月25日杨波先后四次实地调查

三、碑文整理

【碑阳】

首题：重修玉帝庙记

额题：重修玉帝庙记

上党管真篆额

武林清逸子云中李佐书丹

石工灌泽东廓郭钦

按《太上老氏圣纪篇》①注曰："玉帝为祖，北辰耀魄之宝也。在太空之元，号紫玉宝阙，名曰北极大帝。"为天地之立根，抱道德之至淳。禀元气之广大，以配昊天之名。由气化有天道、地道、人道，行运五音，化育万物。布罗日月之精，造化寒暑之变，（皷）[鼓]之为雷霆，润之为风雨，无非玉帝为祖，累化多圣。自周定王时老子出函谷关，道流于世。历代遵崇，立庙塑像，散之多方。秦汉以来举而不废。

今吾乡府城社古（蹟）[迹]昊天玉帝之庙，按古碑有考曰：起于太行之巅，迤逦蜿蜒，蟠峙于斯境者，左抱丹溪，南峙珏岫②，东连龙门之沧，北倚宛璧之祠。其地昔时霭翠氤氲，郁郁不散，炫煌光莹，乡人望而奇秀，于斯立庙塑像，以为祷雨之所，无不感应。于后广设廊庑，漆修前殿及三门、乐房共百余间，以为玉帝行宫之所，春祈秋报之方。凡遇灾旱，捍御妖孽，

---

① 这里当指《大道渊源老氏圣纪》，原文为："玉帝为祖，在太空之元。……居紫玉宝阙，号北极大帝。"这里所引与原文略有差异，见《正统道藏》洞神部玉诀类。此书成于皇庆元年（1312）。

② 珏岫：指珏山。

阴翊方隅，获神灵贶，保障生民，其有年矣。至于泰和年间，乡人段公①继又能重修，后遭兵燹废弛。至熙宁、明昌、至元之际，复修更新。

又经年邈深远，殿廊（竦）[疏]漏，霖漓沮水，墙壁倾塌，脊（垅）[垄]脱落，螭兽悬浮。仅有乡民维那刘公玘、续公景岩、陈公聚倡率十八社德年长者符合起废之心，募缘告成。富者资其财，贫者役其力，至于州隅善士又从而助之。正统丙寅②命匠重修玉帝正殿，次完四圣三官之殿，东西列宿真君之殿，凡七十余间。妙（桩）[妆]梁栋，雕画（簷）[檐]楹，及漆修香亭，高架凌空，所用材木（珎）[珍]柯美干，为榱、为枡、为杙、为寀、为桷，短长巨细，适成厥用，俱以构成。又得水北社施主司公广福，命匠（桩）[妆]严，金饬朱紫，彩画一新。通前以日计四千三百数功。

天顺□年③季春之月，本州太守孙公④有泽民之道，率领耆人百辈，于斯祷雨有感，膏霖（甦）[苏]旱，百里仰观。重修殿廊，钱力浩大，（朽）[圬]漏而敞之，斥狭而广之，绳曲而直之，至于彩丽之华，幢幡之密，帘（幎）[幕]之重，窗牖之明，（堦）[阶]砌之洁，祭祀之盛，具备之安，而太守孙公以喜奉神严敬之道也。遂命匠砻碑以记之，特勉后人之不废也。

按经文本赞曰："鬼神之德之盛，诚之不可掩，如此。"⑤又曰："天下之物莫非鬼神之所为也。"兹我刘公玘、续公景岩、陈公聚倡率十八社英逸之士重修玉帝之庙之像，巍峨壮丽，金碧光辉，春秋之时，遇临祭者，岂姑息不思者耶？又观昔缘之所导，成坏之反复，重修之所劳，或成或废者，几平难哉！吁！天道有常更，人事有常变，孰能逃其数而逆其理哉？诗云：君子

---

① 乡人段公：指金泰和年间重修组织者段继，这里历史叙述时间上有些混乱，宋熙宁在金泰和之后。
② 丙寅：正统十一年，公元1446年。
③ 此处年份数字缺字，当为撰文时不确定待后补，后遗漏。天顺为1457—1464年，共8年，根据下文应当为天顺元年（1457）或天顺二年（1458）。
④ 本州太守指泽州知州，官职用古称，景泰二年（1451）至天顺二年知州为孙康，则此处重修完工时间当在天顺元年到天顺二年。参看万历《泽州志》卷5《官秩志》。
⑤ 出自《中庸》，原文为"鬼神之为德，其盛矣乎！""夫微之显。诚之不可掩，如此夫。"

贤其贤而亲其亲，小人乐其乐而利其利，神之格思，不可度思，矧可绎思。①是为记也。

（昔）[时]大明成化二年岁次丙戌季秋穀旦

乡贡进士濩泽□□撰②

奉训大夫泽州知州卫郡陈奎③

从仕郎州判王用

迪功郎吏目石瑛

怀远将军直隶宁山卫致仕指挥同知陈原

兴工维那刘玘　续景岩　陈聚

绘画香亭司广福　贾真　张扩

烧琉璃贡桌韩扩　续浩学　陈宽　陈著　陈隆　陈端　续朝纲　刘深

助缘田铎　尹鼎　刘英　王斌　田奈

梓匠赵广智　吕鹤　苏景隆　郭岩　吕深　尹冲　李能　吕亨　赵荣

画匠张廷秀　苏受

琉璃匠修武县王琏　李宗　陈景

本社施主续庸　刘纯立石

【碑阴】

首题：无

额题：众社叶赞题名

府城社施主刘纯　续荣　韩宽　续广　陈彪　陈铎　刘王　陈厚　李能
续真　续旺　续志　刘朝　冯刚　刘义　冯春　陈敬　陈盘　李昭　陈广
李安　刘怀　刘厥　李铁儿　陈弘　王端　岳志刚　续子秀　陈□　李山

---

① 语出《诗经·大雅·抑》："神之格思，不可度思，矧可射思！"
② 人名为有意破坏。
③ 陈奎：海门人，进士，成化二年（1466）至成化四年（1468）任泽州知州。参看万历《泽州志》卷5《官秩志》。

陈虎　陈扩　刘杰　陈胜　陈俊　刘升　陈文广　续子昭　陈义　刘厥　刘俊　苏广　续玑　陈受　冯真　陈山　续贵　张谅　陈资　陈友林　刘政　刘鉴　刘恺　刘钊　刘受　乐人吕贵　吕敖　张福

水北社施主张政　司仁美　司广庆　张祥　张海　赵鹤　董谅　牛宁　王美　李志　段志刚　李彬　段全　段奈　董赟同妻赵氏　赵旺　赵广　司政　司方　司昭　司彪　范子亨　范子畴　张信　司荣　段子昭　段荣　陈厥　张□　张福　牛广赟　陈十四　段政　张朋　司仁杰　司伦　司泽　张玺　张祥　赵增　赵夯车

水东社施主范德胜　范永全　范永福　王增威　李鹤　王聚　王著　王端　王刚　王升　范政旺　范政玘　郭瑄　张瑛　王增胜　孙刚　郭端　范奈　李闫　张英　王义　王纯　王恕　王义　张敬　孙自友　王敖　张钦　王凤　王拳

郭普道　王增福　范永厚　孙忠　范盈　郭志　王会　王福有　王志高　王春　王宽　李停　王志　李福政　王增广　王增胜　王让　李表　张茂　王宪　李宽　范永友　王福新　李玘　孙能　李林　王兴　范旺　范让　牛沉　王彦秋　郭义　王谅

焦家庄社施主王英　周昱　张彬　周岩　蒋子海　张端　蒋玘　王兴　周福　王会　王选

崔庄社施主田景深　李仕真　田铎　田友年　田玘　田琰　田恕　田昱　田居礼　田政　田顺　田扩　田伦　赵秀　田稔　刘通　刘刚　田升　田禄　田宽　田志　冯昭　田斗

水西社施主刘铎　张琏　李广庆　刘聪　张瓒　司朴　刘资　刘亨　刘斗　张佃　吴敬　聂□　李杰　李增　吴子升　刘俊

赵庄社施主王恕　王彬　王真　王右　王朴　王景　缑庭　李文义　王义　司厥　王壁　王左　王奈　王邻　王方　王俊　王英　王会

背阴社施主张旺　牛嵩　张铎　段受　张本　范聪　张鸢　张行　牛玘　张著　关厚　牛景隆　张义　牛整　赵安

黄头社施主张林　贾敬宗　张朋　贾昌　牛子瞻　张嵩　韩子春　崔俊　尹仲信　祁深　尹韬　张朴　申贵　贾庆　牛子名　尹瓒　祁敏

临泽社施主刘全　刘宽　张大用　陈增　申才　郭兴　郭从泰　郭子铎　郭满贵　郭会　张钦　刘海　张林　刘恕　刘鼎　刘朴　刘忠　郭韬　张子实　秦玘　刘受　刘子廉　郭子名　郭子政　郭五　李八　刘达

下元庆施主段完　段海　段凤　段和　段从　段忠　段宣　段志　郭胜　段受　段荣玘　段升

刘家庄社施主王能　刘得冲　王景成　赵友端　王玘　刘旺　王景隆　王景先　王聪　王著　刘清

东元庆施主和敏　和顺　和祥　和亨　和恕　和受　和资　和泰　和昱　和秀才　和庸　段著　段敏　段厥　段石和　司厚　和显　段祥　李才

张冻（漳东）社施主王受　王景海　王厥　王万实　董受　王纯　段著　景深　景义　刘子昭　王景隆　王瓒

秦家庄施主孔温　孔让　孔才　孔子郁　孔大昌　董威　李子昭　韩子政　韩太　孔沉

丰安施主牛贵　张昭　牛清　刘海　牛恕　牛文义　牛聪　刘顺　张建　牛祥

后峪施主李子秀　李景昭　李景方　来文□　李然

东川施主李茂　刘才　刘赟　李祐　刘兴　刘英

上原庆施主竹旺　陈聪　朱合　朱子兴

水东[①]　陈端　成彬　李忠　李玘　郭聚　成顺　成铭　成企　范准　王景邻　卜原　王祥　王增厚　王简　王习　郭冻　王才兴　王文　王沉　王文昭　王文直　张一　牛朝　王才友

吴庄里施主贺秀　男贺敩

陵川县焦家会施主王福通　王福友

[①] 前面已经出现水东，这里当为补记。

本州南村杨锷

桃园里段旺

武胜坊施主彭鉴　弟彭景　彭景隆　陈刚　弟陈玘　陈受　男陈璠　陈琢　彭贯　李渌

怀仁坊尹志　男尹彪　尹贤　尹才

宁山卫李铎　李志

在城福星坊官下舍人廖二　官人秦鉴　崔文信　秦昌　秦仕弘　秦仕谦　秦仕合　秦仕贤　李铎　秦仕贤　秦仕善　王志　王伯谅　丁裕　毕沉　韩荣　王廷继　秦斐　李荣　□俊　陈芳　男陈瓒　陈琏　陈□

平川厢窦敩　男窦遑　窦升　豆昱　豆冕　司凤　男司高

宁山卫赵浩　同弟赵庆　赵宣　赵贤

辛壁社施主常合　常祥　张老人　张浩文　常选　李得良　李出良　冯良玉　冯良胜　卫顺　常成　常刚　常彪　常朋　常免　张正　冯良　冯升东　李贵　张福　张禄　张兴　常政　□□

本庙计开十八村神首开写于后：

水东神首独行一年　为头

水北神首独行一年　第二

张东三分　焦家庄一分　秦家一分　共行一年　第三

刘家庄一分　后峪二分　水西二分　共行一年　第四

黄头三分半　赵庄同东川一分半　共行一年　第五

府城二分　崔庄二分　背阴一分　共行一年　第六

临泽二分　东原庆一分　下原庆　丰安二分　共行一年　第七

庙主刘纯立石

四、碑文考述

（一）村社集群构成

成化二年碑碑阳明确说"十八社"，碑阴最后列出轮班的十八个社为：水东、水北、张冻（漳东）、焦家庄、秦家、刘家庄、后峪、水西、黄头、赵庄、东川、府城、崔庄、背阴（荫）、临泽、东元庆、下原（元）庆、丰（凤）安。图6标明了这些村社所在的位置。其中东川村所指位置不明，在轮班中附于西赵庄之后，可能即元代碑刻中所说的东赵庄。碑阴中出现的村落名称超过以上十八社的范围，这又可区分为两种情况。上元庆和吴庄（吴庄里）在元代碑刻中被列入村社集群中，应当只是村落归属区分带来的问题，大体可以认为属于府城玉皇庙村社集群。其余陵川县焦家会、本州南村、辛壁社、桃园里、武胜坊、怀仁坊、在城福星坊、平川厢、宁山卫等只是捐资，并不属于府城玉皇庙村社集群。这也就是碑文碑阳中所说的"至于州隅善士又从而助之"。值得注意的是，这些捐资者的身份标识更多使用国家基层管理组织的名称，如坊厢制度下的坊和厢、里甲制度下的里、卫所制度下的卫，只有辛壁社称社。

宋熙宁九年碑中府城玉皇庙村社集群由十六个村社组成，包括：府城社、水东社、内曲社、水北社、元庆社、元庆下社、漳东大社、焦家社、秦家社、漳东南社、黄头社、水西社、吴庄社、临泽社、赵庄社、凤安社。与成化二年的十八个社相比，吴庄和内曲两个不能确定位置的村庄不再出现，增加了东川、崔庄、后峪和背荫四村。总体上来说变化不大，增加的村落可能都是从原村落中分化出来的。元代村社变动情况类似，这里不再赘言，可参看下表。

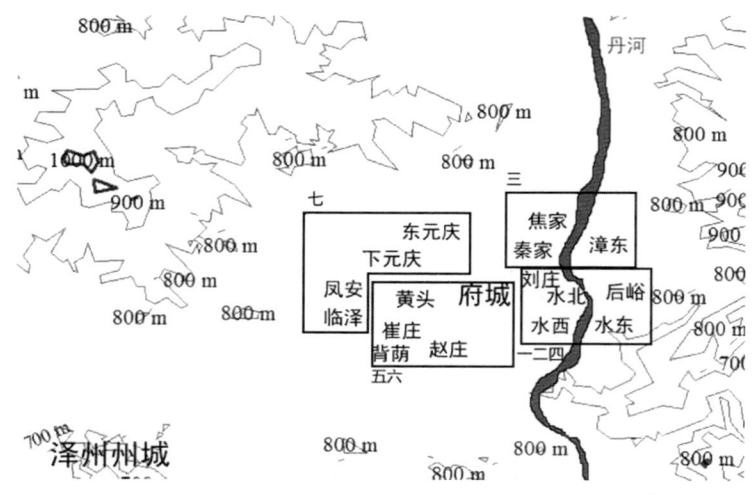

图 6　府城玉皇庙村社集群及轮班制度空间分布图①

金泰和七年碑中参与修庙的是水东管西五社，包括六个村：府城、东元庆、西元庆、黄头、西赵庄和丰安。在地理方位上这些村落均在府城玉皇庙西南方向，它们在成化二年（1466）的轮班系统中均属于第五、第六和第七个分组，这次修庙只有府城玉皇庙村社集群中的一部分村社参与。

表 5　府城玉皇庙村社集群组成的变迁表

宋代村社	金代村社	元代村社	明代村社	成化轮班次序	当代村落名称
水东社		水东社	水东	第一	水东
水北社		水北社	水北	第二	水北
焦家社 秦家社 漳东大社 漳东南社		焦家庄 秦家庄 漳东社	焦家庄 秦家 漳东	第三	北焦庄南焦庄 秦庄 漳东

---

① 说明：方框标识轮班中的分组，部分存在犬牙交错情况的分组进行了合并。

续表

宋代村社	金代村社	元代村社	明代村社	成化轮班次序	当代村落名称
水西社		水西社 刘家庄	水西 刘家庄 后峪	第四	水西 刘家庄 后峪
黄头社 赵庄社	黄头 西赵庄	黄头社 西赵庄 东赵庄	黄头 赵庄 东川	第五	黄头 赵庄
府城社	府城	府城社 崔庄	府城 崔庄 背阴	第六	府城 崔庄 背荫
元庆社 元庆下社 凤安社 临泽社	东元庆 西元庆 丰安	东元庆 下元庆 丰安社 临泽社 西元庆	东元庆 下元庆 丰安 临泽 西元庆 上元庆	第七	东元庆 下元庆 丰安 临泽 西元庆 上元庆
吴庄社		吴庄	吴庄里		
内曲社					

总的来说，自宋至明，府城玉皇庙村社集群总体稳定，略有变化。一方面，这说明自宋以来村社传统力量非常强大，在地方社会长期延续，基本没有受到宋金、金元、元明朝代更替的太大影响，具有旺盛的生命力。另一方面，个别村落发生变动，或增或减，这说明村社系统有一定灵活性，发生变动的村落主要是一些小规模的村落，对村社集群整体影响不大。

（二）轮班制度

在元代定立分数制度的基础之上，明代又进一步出现了对后世村社制度影响深远的轮班制，府城玉皇庙成化二年碑碑阴列出了参与兴建社庙的十八个村社的分数和轮班情况。府城玉皇庙村社集群所属的十八个村被分为了七组，大一点的村独自办理，小一点的村联合办理。七组轮流进行，七年一个循环，这就是轮班制。轮班制的出现是一个重要的标志性事件，这说明村社已经有了以年为单位的制度化的社事管理。到万历时，这种轮班制度更趋稳定，碑文中就正式改称"七社"了，有的社只有一个村，有的社则由几个村构成，平均每社两至三个村。这样原来的十八社就变为"七社十八村"了，"七社十八村"的称呼虽然迟至万历，但是七社在成化时事实上已经形成。图6的地图上标注了府城玉皇庙村社集群每个村落位置，从中可以看出七个班次的空间分布特点。轮班制度显然受到空间分布的影响。除水东、水北单独承担第一和第二两班之外，只有第五和第六两班在空间上有交错。

成化二年碑碑文并未明确轮班管理的社事是什么，但需要轮班制管理的社事一定是每年都要进行的，是已经常规化的社事。每个班次的具体负责人被称作神首，神首是指村社中祭祀等仪式的组织者。位于沁水、高平两县交界处的公家山村社集群（此庙今属明家沟村公家山自然村），包括沁水的车道和明庄、高平的芦家峪和釜山四个村，金崇庆元年碑文中有"随年轮审响赛"，[①] 这也是逐年轮班进行的赛社活动。轮班制中每个班次所负责的社事主要就是春祈秋报和演剧，金至明前期，传统的二八社祭已经开始演化为赛社活动，以杂剧为代表的戏曲在社事中越来越重要，它们都开始逐步脱离祭祀中的"娱神"功能，开始向"娱人"转化。成化二年碑碑阳有"于后广设廊庑，漆修前殿及三门、乐房共百余间，以为玉帝行宫之所，春祈秋报之方"。这里的乐房是为春祈秋报所专门兴建的建筑。碑阴的捐施者中还有一人注明了其身份："府城社施主：……乐人吕贵，吕敖。"这里的吕贵和吕敖应为同一家族，负责村社中演乐活动的人，可能就是通常所说的乐户。这些都说明了祭祀演乐活动在村社日常事务中占有重要地位。

轮班制同时也是社庙经费的一种解决方案，当年值班的村社绝不仅仅是

---

① 崇庆元年（1212）《创修灵贶庙记》，现存高平市明家沟村公家山自然村。

负责管理,同时也负责经费,这恐怕才是轮班制出现的最主要原因。轮班制是解决社庙日常开支的手段之一。这一时期,庙田似乎已经出现,"廊庑厨库,布置严整,兼标拨赡庙地土,岁时致祭香火不缺。"[1] 这里的"赡庙地土"就是庙田,同样是解决社庙资金问题的制度性手段。

---

[1] 至治二年(1322)《修建圣王行宫之碑》,调查未见此碑。参看车国梁主编:《三晋石刻大全》(晋城市沁水县卷),三晋出版社2014年版,第18—19页。

22　正德四年（1509）高平池院土地庙《维修土地庙记》

一、村落社庙概况

池院村地处高平市区以北12千米处，今属神农镇。池院村位于高平、长子和上党三县区的交界处，其北即著名的羊头山。羊头山是横亘于长治、晋城两市之间的东西向界山的一段，从羊头山向南延伸出一条南北向长岭，池院村就位于这条长岭之东麓。池院村西、北两个方向皆被山岭阻隔，向东即到达小东仓河的源头之处，向南就是今神农镇政府所在地团池村（今分东、西两村）。池院村规模很小，2010年全村有居民120户，453人，在正德四年碑上，池院村被称作团池北庄，应当是由团池村人在山区所建的庄园发展而来。池院的村名或许也和团池有关。

池院村是一个很小的山区村落，目前仅有土地庙一座祠庙。相对于其余村落神龛式或单殿式的土地庙而言，池院土地庙现有一进院落，规模较大，正殿和配殿俱全。池院土地庙始建于明中叶，弘治五年（1492）重修，正德四年增建东西行廊，雍正十三年（1735）增建子孙殿，大体已经从作为村落独立标识的土地庙转化为具备较完整功能和规模的社庙。池院土地庙是典型的规模较小的山区村落的社庙，具有典型性和特色。

二、碑刻元数据信息

元素名称	元素修饰词	信息
文物类型		碑刻
编号		山西高平池院 001
所在位置	标准地名	山西省晋城市高平市神农镇池院村
	所在社庙	池院土地庙
名称	标准名称	正德四年池院土地庙无题名重修土地庙碑
	首题	无
	额题	无
石刻年代		年号纪年：正德四年
		公历纪年：1509 年
材质		青石
计量	尺寸	宽 67 厘米，高 32 厘米
附注	形制	壁碑
现状	完残程度	完好
书刻特征	书体	正书
	铭文行款	24 行，行 12 字
相关文物	同庙碑刻	康熙七年（1668）《无题名重修碑》 雍正十三年（1735）《重修土地庙志》 雍正十三年（1735）《创立子孙圣母像志》 乾隆二十三年（1758）《无题名重修碑》
	相关建筑	池院土地庙是清代风格建筑
田野经历		2013 年 9 月 1 日杨波等实地考察

三、碑文整理

首题：无

额题：无

维大明国山西泽州高平县沣溢乡二都团池北庄土地庙一座，先前祖父牛昇玘（圮）盖。至弘治五年重修，父牛文秀、叔牛文素建台立记。牛公干玘（圮）盖东行廊，牛瓒西行廊。

社众人牛怀 牛聪 牛成 牛宁 牛公政 牛公达 牛彪 牛公然 牛顺 牛招 牛宣 牛公连 牛俭 牛泽 牛仿 牛公清 牛禄 牛完 牛弼 牛春 牛文会 申文政 申宝才 牛廷 申文献

尊神感应，风调雨顺，海炎（晏）河清，人民安宁，盈荣丰升，日所友增，圣先之德，雨露之（恩）[恩]。

正德四年岁在己巳正月初十日立记

九都王报南石匠王鎣 木匠张增

四、碑文考述

（一）村社与土地神信仰

社神本是土地神，宋代以来，社神与各种建制性宗教神灵、地方神灵和祀典神灵相结合，建制性宗教神灵和祀典神灵也都逐渐地方化，与地方社会相结合，社神扩展为一种普遍意义上的地方守护神灵。社神的这种历史演变不是完全线性的、整齐划一的和均衡的。和社坛的形式发展类似，在大部分情况下，社神的发展并不会完全取代土地神信仰，大部分村落除了规模较大的社庙之外还有规模很小的土地庙存在。一方面，社神在突破了土地神信仰之后取得了长足的发展，在形式、内容和规模方面均有扩展。另一方面土地神与社神共同发展，新的发展不否定旧的传统，而是和旧传统共存。但是，在个别村落社会中，社神原始的土地神信仰保留了下来，并未和其他神灵相结合，土地庙就成了规模较大的社庙，两者并未分化发展，这一类村落就会存在规模较大的土地庙，这个土地庙兼具土地神信仰祠庙和社庙双重功能。池院土地庙就是这种情况的一个代表，它仍然保留着土地神信仰，并未与其他神灵结合，但规模较大，已经发展为社庙。这种情况也见于其他村落，并呈现一定的区域特点，最著名的是位于今泽州县的大南社土地庙，是宋代遗构。

（二）村社与家族

池院土地庙正德四年碑碑文叙述了池院土地庙的兴建过程。牛氏第一代牛昇创修土地庙，具体时间没有记录，但从弘治五年（1492）重修时间来推测，当在景泰天顺年间。牛氏第二代牛文秀和牛文素于弘治五年"建台立记"，其中所建的台大概是舞台，是土地庙的增修工程，并刊立了碑记。牛氏第三代牛公干和牛瓒于正德五年（1510）增建了东西行廊。经过三代人的努力，土地庙庙院结构建设完整。从碑文最后的"社众人"的称谓来看，池院土地庙的兴建主体显然是池院村社，但从上述土地庙的兴修过程来看，其修建却长期由牛氏一个家族主导，前后持续数十年。很多时候，家族和村社两种惯例并不矛盾，相反地，他们是融合在村社发展的整个历程之中的，相互之间形成复杂的关系。不同的村落因其具体情况不同，村社和家族的关系也不同。

村社发展的具体情况受到村落自然环境、时代特点、发展阶段和规模等因素的很大影响。此案例碑文中将土地庙所在村落称作团池北庄，团池也即现在的团东和团西两村，原来合称团池，现在是神农镇镇政府所在地，神农镇原名即团池镇。团池是神农镇这个小区域内规模较大的村落，距今池院村约2千米。团池北庄这一称谓表明，在当时，北庄这个村落大概还是团池村附属的一个村落或庄园。北庄村现称池院，地处山区，发展非常缓慢，直到现在规模都不大。从碑文最后罗列的社众来看，共计25人，这虽不能说明一定是池院村所有社人，但大体可以反映出这一村落规模较小。从池院村社众人的社姓氏结构来看，其中只有3人为申姓，其余社人都是牛姓，这说明姓氏非常单一，和前述大部分村落都是姓氏复杂的杂姓村落有所不同。村落地处山区、发展晚、发展缓慢、规模小、姓氏结构单一，池院村的这些特点决定了其村社发展较为滞后。社庙奉祀土地神、社神，没有奉祀其他地方神灵，这是村社发展滞后的表现。土地庙由牛姓三代人持续修建，具有明显的家族特征，这也是村社发展滞后的表现。

23 嘉靖四年（1525）高平东周仙师庙《新建望仙桥记》

一、村落社庙概况

东周村位于高平市区西南方向约 18 千米处。东周与其西的大周和西周两村被合称为"三周纂"，系周纂一分为三分化而来，故东周仙师庙嘉靖四年碑中称"夫周纂者，迺泫阳之巨镇也。里名因之曰东宅东里，镇左分而言曰东周纂"。周纂所在地区位于高平西南部，南、北皆有一列不高的山脉，这使得周纂在地理上相对独立，自成一体。周纂与今泽州县的大阳镇毗邻，与大阳镇在社会经济和文化交往方面关系密切，因大阳镇分东、西两部分，故被人合称"两大阳三周纂"。东周村经济发达，规模较大，2010 年有居民 630 户，2690 人，曾作为东周乡乡政府所在地，后并入马村镇。东周村除仙师庙外，还有西阁、东阁和佛堂等庙宇和阁门。乾隆三十九年重修碑很好地描述了东周村情况："吾山一脉东来，蜿蜒耸峙，由皇王岭南下，脱落平原，结周纂东镇，一地居民有数百家焉。佛堂镇其北，禅院居其南，东建文昌阁，其西修仙师大庙。"

东周仙师庙位于东周村西，坐北朝南，占地面积 1135 平方米，现为一进院落，中轴线上有戏台和正殿，两侧有配殿和耳房。东周仙师庙历史非常悠久，现存有宋代碑刻。仙师庙性质较为复杂，掺杂佛道色彩，很难判断其早期信仰发展的脉络。至少到明嘉靖四年增修望仙桥，仙师庙旁已经建起了五龙宫，其性质也已经转化为村社主导的社庙。隆庆元年（1567）和万历八年（1580）修缮，万历十一年（1583）在仙师庙右侧增建三峻庙，康熙十四年（1675）创修舞楼，康熙四十九年（1710）重修时有"关帝、虸王、药王、三嵕、火星、河神"诸神殿，规制已经非常完备，信仰非常多元化。雍正五年（1727）和乾隆十九年（1754）修缮，乾隆三十九年（1774）重修，嘉庆十二年（1807）和嘉庆十三年（1808）修缮，咸丰三年（1853）重修。[①] 仙师庙是一个由民间化的佛道教寺观发展演变而来的社庙。

二、碑刻元数据信息

元素名称	元素修饰词	信息
文物类型		碑刻
编号		山西高平东周002
所在位置	标准地名	山西省晋城市高平市东周村
	所在社庙	东周仙师庙
名称	标准名称	嘉靖四年东周仙师庙新建望仙桥记
	首题	新建望仙桥记
	额题	无
石刻责任者	社首	赵仕佩
	玉工	牛天俊、王孟夏
石刻年代		年号纪年：嘉靖四年
		公历纪年：1525年
材质		青石
计量	尺寸	宽78厘米，高52厘米

---

① 以上根据仙师庙现存碑刻概括，参看本案例元数据中的碑刻信息。

续表

元素名称	元素修饰词	信息
附注	形制	壁碑
	纹饰	四周缠枝纹
现状	完残程度	保存较好
书刻特征	书体	正书
相关文物	同庙碑刻	宋景祐四年（1037）《新修仙师殿记》 万历八年（1580）《重修庙前石台记》 万历十一年（1583）《创修护国灵贶庙碑记》 康熙十四年（1675）《创修高禖神庙前舞楼碑记》 康熙四十九年（1710）《重修仙师庙碑记》 雍正五年（1727）《高禖祠重修碑记》 乾隆十九年（1754）《重修望仙桥并石梯碑记》 乾隆三十九年（1774）《重修仙师庙碑记》 乾隆四十七年（1782）《补修庙宇功德记》 嘉庆十二年（1807）《仙师庙竖柱碑记》 嘉庆十三年（1808）《重修水口碑记》 道光十三年（1833）《无题名禁碑》 咸丰三年（1853）《重修仙师庙碑记》 咸丰九年（1859）《重修仙师庙碑记》 光绪六年（1880）《纪异示儆约言》 另有无纪年碑刻两通
	相关建筑	东周仙师庙有早期建筑风格
田野经历		2013年7月15日王潞伟与赵丹荣实地考察 2014年9月27日和2016年4月27日杨波实地考察

三、碑文整理

首题：新建望仙桥记

额题：无

夫周纂者，（迺）[乃]汯阳之巨镇也。里名因之曰东宅东里，镇左分而言曰东周纂。古刹仙师庙，庙侧五龙宫，神之所宇，人之所仰。历久坠，经先人取以镇风气也。北依青岗，南邻溪水，（峯）[峰]峦叠翠，真胜景也。虽云，但天道施仁，往瞻神像，行者罔便也。

适有社首赵鸿等议其此而语诸众曰："桥梁者，乃济人利物也。当自神前自创石桥，以便通行之出入，可乎？"众皆奋诺，再无异词，公之言诚善矣哉！各捐金□工，搬运奇石，不数日之间而厥工底绩。神人感荷，而赵子之筚（举）者不朽也。故假余言用画于石，因而名之曰望仙桥。是为记。

社首赵仕佩　赵环　赵鸿　石腾山　段仲才　侯代彬　赵智□

段仲经　赵□　段阳　侯相　段世□　段世□　段□臣

赵仕川　赵全　赵□方　赵应科　段锦　侯荣　赵朝和

赵孟和　段宋　赵霞　赵□信

嘉靖乙丑仲夏吉日立

□匠赵竹　赵积　李郎　李应秋　赵守库　赵居礼

玉工牛天俊　王孟夏刻石

四、碑文考述

（一）社首

增修望仙桥工程的发起过程是"适有社首赵鸿等议其此而语诸众"，显然由村社首领发起这次增修活动。从目前所见碑刻资料来看，社首这一称谓虽然早在金代碑刻中就已经出现，金元时期各种带有首的称谓越来越多，但社首这一称谓在明中叶以前非常罕见。明中叶以后，社首这一称谓越来越多见于碑刻，成为村社首领最常见的称呼。碑文最后列出了25名社首的姓名，数量很多。东周村规模较大，乾隆时期有居民数百户之多，明中叶大体至少也有上百户，即便如此，社首数量多也还是和村社制度有关。小社的建立和轮班制度的形成都是社首数量很多的原因，它们分别在空间和时间两个方面充分保证村社代表最大多数社人的利益诉求。总之，无论从社首称谓还是数量来说，这一时期社首制度已经基本成熟，取代了以前的基层职役与村落老人主导的老人制，转化为一种综合性的村社首领制度。

（二）村社修桥

从晚明清初开始，村社不仅仅兴修庙宇，也同时兴修道路、桥梁和水井等其他的村落公共设施。本案例是修桥的例子，在这个案例中，望仙桥无论从位置（神前）还是名称（望仙）都和社庙有密切关系，还不能算是完全脱离社庙的纯粹的村落公共工程。但是，社首赵鸿发动社人修桥时说："桥梁者，乃济人利物也。当自神前自创石桥，以便通行之出入。"望仙桥的功能显然不限于祭祀方面的用途，而是有"济人利物"和"以便通行之出入"的功能。村社社事开始从单纯的祭祀方面事务延伸到村落社会中的各种公共性事务。其他碑刻也有类似的例子:"因为本村朝夕担水不便,所以陈环发心慷慨,以至康熙二十一年春季启建修理,合社派工,诸家行走以加附临通衢,往来客旅,感念野老义贤尽舍床头阿堵物成就。"[①] 这个案例是村社组织修路的例子,已经和社庙与祭祀没有太大关系了。

---

① 康熙二十二年(1683)《创修补路碑记》,现存泽州县川底乡半坡村。

24 万历四十七年（1619）高平宰李龙王庙《无题名起会碑》

一、村落社庙概况

宰李村位于高平市区以南 6 千米处，今属河西镇。高平县城四面环山，北有韩王，西有金峰，南有游仙（今称牛山），东有七佛，游仙山规模较小，丹河从东侧流过后进入一片较为开阔的河谷地带，宰李村就位于游仙山南麓，丹河谷底右侧的丘陵与平川的过渡地带。宰李村布局方正，村落规模较大，2010 年共有居民 961 户，1730 人，辖宰李、牛山和南陈铺三个自然村。宰李村历史悠久，传说其村名来自"李文简公为宰"，相传高平金代著名文人李晏晚年曾在游仙山隐居。宰李村除村外的龙王庙外，村中还有佛堂、观音堂、老母庙、文庙、玉皇庙、关帝庙和文昌阁等阁门和祠庙，游仙山南麓的游仙寺历史上属于正规佛寺，现为全国重点文物保护单位，目前也在宰李村范围之内。

宰李龙王庙位于宰李村外东北方向的龙堂沟内，即游仙山南麓延伸山脉之中。宰李龙王庙坐北朝南，占地面积 94 平方米，现为一进院落，山门、正殿、侧殿俱存，院内有池，池内有泉水。宰李龙王庙始建时间不详，万历四十三年（1615）到万历四十四年（1616）重修时原址已有旧庙，且从池中"淘见一铁牌"，可见很早以前就有人在此祈雨。万历四十三年祈雨灵验后重修，天启四年（1624）增建子孙祠。乾隆三十二年（1767）重修时有"白衣蚕姑山神等殿及舞楼"等建筑，已经具备完整规制。乾隆六十年（1795）增修龙王庙并泉神祠。咸丰三年（1853）和光绪二十五年（1899）重修。[①] 宰李龙王庙是依托于泉水水池建立在村外的祠庙，最初主要功能为祈雨，晚明清初多次扩建后发展为社庙，建筑更完善，功能更多元。

二、碑刻元数据信息

元素名称	元素修饰词	信息
文物类型		碑刻
编号		山西高平宰李007
所在位置	标准地名	山西省晋城市高平市河西镇宰李村
	所在社庙	宰李龙王庙
名称	标准名称	万历四十七年宰李龙王庙无题名起会碑
	首题	无
	额题	无
石刻责任者	撰书	李逢先
	石匠	李自安
石刻年代		年号纪年：万历四十七年
		公历纪年：1619年
材质		青石
附注	形制	壁碑
	纹饰	四周为缠枝纹

---

① 以上概述综合宰李村现存碑刻，参看本案例元数据信息中的碑刻信息。

续表

元素名称	元素修饰词	信息
现状	完残程度	保存完好
书刻特征	书体	正书
相关文物	同庙碑刻	万历四十四年（1616）《创建龙王庙碑记》 天启四年（1624）《龙堂沟创建白衣堂子孙祠碑记》 天启五年（1625）《子孙祠塑像碑记》 乾隆三十二年（1767）《重修龙王殿高禖祠香亭鱼池补葺白衣蚕姑山神等殿及舞楼碑记》 乾隆六十年（1795）《增修龙王庙并泉神祠碑记》 咸丰三年（1853）《补修鱼池神梯卧云亭长寿井舞楼各殿碑》 光绪二十五年（1899）《补修龙王庙碑记》
	相关建筑	宰李龙王庙是明清风格建筑
田野经历		2013年5月29日杨波、王潞伟和颜伟等实地考察

三、碑文整理

首题：无

额题：无

龙王庙起会，每年四月十九日尊神圣诞之辰。拢设供神馔食，恐风吹尘雨淋不便。今有原为首人许进忠、李逢春、李遇先纠率原修庙为首人，许自谦、孙思春、乔永□、赵国安、孙思华、许应登、孙得本、许朝相、许迎思、乔可爱轮流管饭，各捐己财，创立香亭三间。每岁各会带□[钱]，积放□备。□[即]年四月十八、十九、二十日五龙尊神圣诞，五会眼（跟）同拈阄做戏。居中左右两边排（樟）[桌]奉祀，不许争占。今将五会施财，并众信施舍人等，排列于后。如有违，致会事不行者，祗止神明朗鉴，究察善恶。以此刻石，各照旧规，随会用为记耳。

计开：

生员李弘园施谷五官斗　李逢先施石柱二根　许英阳施银三钱　施银五分　陈应东　许鸣凤　王廷富施檩一根　赵震　陈所知施银二钱　李尚贤　吴自成施银一钱五分　李天□陈应诏施银一钱

李尚智　陈应夏　许应夏　孙自起　孙自然　许福林　陈自得　陈自荣　许自利施土坯　许□礼施石灰

关爷庙迤东迤北一会　十九人　施钱四百文　焦一朋管饭十工

关爷庙迤南迤西一会　三十人　施钱三百文

孙家门前东西一会　三十人　施钱三百文

河则南里一会　十七人　施钱三百文

河则北里一会　十五人　施钱三百文

石匠李自安　木匠李孟厰　刘自强　□匠李养民　刻字丁守明

万历四十七年岁次己未四月十二日立

李逢先撰书

四、碑文考述

（一）龙王会的建立与特点

宰李龙王庙始建时间不详，重修于万历四十四年（1616），万历四十四年《创建龙王庙碑记》："万历四十三年久旱不雨，田苗枯槁，无门祷祈，发心恭诣。在于□迹龙堂沟龙王尊神位前焚香卜牒，淘池淘见一铁牌，祈卦限五日内得雨。不出五日，果得甘霖恩雨……古□原有大殿，截年风雨损坏，离村远焉。小人作践,塌毁无存。今有本村乡老为首十四人……重新创建券立龙王宝殿三间,龙王神像一堂,五龙神池一所。"①龙王庙原址很早就有祠庙,详细情况已经不得而知,应当也和祈雨有关。万历四十三年(1615)祈雨灵验之后开始重修,建庙工程完成当年就开始起会:"四月十九日尊神圣诞起会三日。"这里的会是类似于庙会的祭祀活动。为更好地组织和管理这一活动,龙王庙的创建者成立了龙王会,万历四十七年宰李龙王庙碑碑文详细说明了龙王会的情况:"每岁各会带□[钱],积放□备。即年四月十八、十九、二十日五龙尊神圣诞,五会眼(跟)同拈阄做戏。居中左右两边排(棹)[桌]奉祀,不许争占。"龙王会的建立说明了以下几个方面的问题。首先,兴建祠庙是一次临时工程,但"起会"是每年都要进行的,这样,"起会"对于建立长期制度起到了促进作用,"起会"期间主要的活动是祭祀和唱戏,周期性的祭祀和唱戏活动是推动龙王会这种长期制度建立的主要原因,对于建庙至关重要的祈雨活动由于具有不确定性,对长期制度建立贡献不大。其次,这里的"五会"是轮流承担"起会"组织管理和出资任务的分组管理方式,类似于村社的轮班制度,只不过宰李龙王庙是通过拈阄来确定由哪个会负责,不是轮班。最后,龙王会既要解决社会管理问题,也要解决经济来源问题,捐资和摊派是主要解决办法。以上就是龙王会在社事、社会管理和经济基础三个方面的特点。

特别值得注意的是,碑文中还列出了划分"五会"的具体办法:"关爷庙迤东迤北一会,十九人,施钱四百文。焦一朋管饭十工。关爷庙迤南迤西一会,三十人,施钱三百文。孙家门前东西一会,三十人,施钱三百文。河则南里一会,十七人,施钱三百文。河则北里一会,十五人,施钱三百文。""五会"显然是按照地理位置来划分的,在建立之初,龙王会虽然是会社,但是仍然按照地理空间临近关系来划分"五会",在这方面它具有村社的特点,和村社中的小社是类似的。"五会"的划分特点体现了龙王会这一

---

① 万历四十四年(1616)《创建龙王庙碑记》,壁碑,现存高平宰李龙王庙大殿内东墙上。

会社的地理特征。

(二) 龙王会与村社

乾隆三十二年（1767）龙王庙重修时，村社成为管理者："上社龙王会共三班同捐屡年积蓄银八十两、外施银十六两六钱。西社共地一十三顷五十亩，捐钱二十七千文、外施银二十三两三钱。南社共地二十二顷六十亩，捐钱四十五千文、外施银二十八两八钱。"① 这时宰李村已经有上社、西社和南社三个小社，三社共同管理龙王庙。上社和龙王会合写可能是上社和龙王会并列，也可能是龙王会隶属于上社。与西社和南社相对比，上社当位于东北方，龙王庙恰位于宰李村的东北方。无论哪一种情况，这都说明万历年间成立的龙王会在上社中占据了重要的位置，甚至龙王会事实上掌握着上社的权力。在某些村社中会社掌握着村社实际的管理权力，反映了村社与乡村会社的复杂关系。碑文中还透露出龙王会和村社之间可能存在更密切的关系，从社会管理方面来说，上社龙王会注明是三班，西社和南社则没有相关说明。龙王会初建时有"五会"，数量正好和上社三班加上西社、南社一致，或许乾隆时期的三社就是从万历时期的"五会"发展来的。从捐资方式来说，西社和南社都是地亩钱加捐款，而上社龙王会却是"屡年积蓄银"，这说明上社龙王会有传统的筹资方法，尚不需要借助地亩钱的方式筹款。宰李村社可能是在龙王会基础上逐步扩展而来的。总之，宰李村社是在万历时期建立的龙王会基础之上发展而来。类似例子在其他村落中也存在："今有本社维那会首成守祖，见得本社庙内一堂圣像至宋元皇祐二年有□故成□创修，今年久香烟侵像，尘垢满面，颜色故旧，万民失其瞻仰。今于嘉靖十六年三月施工，会领本社人等各人喜舍资财，共成圣事。"② "本社庙曰娲皇圣祖，肇建

---

① 乾隆三十二年（1767）《重修龙王殿高禖祠香亭鱼池补葺白衣蚕姑山神等殿及舞楼碑记》，现存高平宰李龙王庙大殿前。

② 嘉靖《东岳重修彩绘圣像碑记》，樊秋宝主编：《泽州碑刻大全》第1册，中华书局2013年版，第41页。

先代，以迄于今，由来旧矣。其间修举废坠，代有其人……在会各务努力，贞同心于断金；各为捐赀，利涉川于共济。"① 这两条碑文中没有明确指出会的名称，但是由会来管理社庙的情况比较明显。以上这些例子就是会社和村社融合发展的情况。

这一现象反映了社庙的另一个起源。社庙有多种起源，一是由社祭和祈雨发展而来的民间祠庙，是"改坛为屋"而成为社庙，这是最普遍的情况。二是由佛道教庙宇发展而来，或者是乡间佛堂发展而来，或者是正规佛寺中僧侣逐步退出之后，被村社改造成社庙，这种情况也不罕见。三是由学校或文馆发展而来，元代乡村中兴建了不少文馆，后来发展为社庙，这种情况比较罕见。四是由家庙发展而来，家庙实际上具有宗祠性质，当家庙修建主体逐步扩大到全村的时候，就发展为社庙。宰李龙王庙代表了第五种情况，由信仰类的会社建立庙宇，然后逐步发展到全村共同管理的社庙。

---

① 顺治十一年（1654）《重金娲皇殿记》，樊秋宝主编：《泽州碑刻大全》第1册，中华书局2013年版，第164页。

卷 五

25　顺治十二年（1655）高平郭庄关王庙《议处补葺关圣庙记》

一、村落社庙概况

郭庄位于高平市区东北方向 15 千米处，建宁镇的西南部，建宁和北诗、陈区三个乡镇的交界之处，地理位置显要，在建宁到高平的必经之路旁边。建宁镇位于高平东北，与陵川重要商业市镇礼义镇毗邻，因此，郭庄也是高平通往陵川礼义镇的重要通道。郭庄属于建宁小盆地边缘的丘陵地形，礼义镇与高平建宁一起形成一个小盆地的地形，郭庄就位于这个小盆地的西南边缘处。郭庄西面隔鱼仙山（或称遇仙山）与陈区的大山村相望，由此就进入大东仓河河谷地区，郭庄也可以视作建宁小盆地和大东仓河河谷两个小区域之间交界的地方。郭庄南面紧邻北诗镇的化壁、长畛，再南就是一片山区，地处高平东部北诗镇山区地带。北面是建宁镇中心建南、建北两村所在地，东面经由苏庄直达陵川礼义镇。郭庄旧村呈长方形，东西长 400 多米，南北长近 300 米。郭庄在清代属于高平县府下里[①]，今属建宁镇，2010 年共有居民 514 余户，1974 多人，规模较大。总的来说，郭庄是一个规模较大、交通便利且地理位置非常重要的盆地边缘村庄。

郭庄关王庙是高平地区现知创建最早的关王庙，也是作为村庄中心的关帝庙的典型。郭庄关王庙位于村中心，是村中大庙。郭庄古庙宇很多，关王庙应

[①]　[清]傅德宜等纂修：乾隆《高平县志》卷 4《里甲》，《中国地方志集成·山西府县志辑》第 36 册，凤凰出版社 2005 年版，第 57 页。

该是历史最悠久的。高平地区村庄中历史比较悠久的古庙位置一般有两种情况，一种情况是位于村外具有特殊地理条件的地方，例如小岗、河谷、水池旁等；另一种情况是位于村庄的地理中心。前一种情况的古庙更早一些，大多是金元时期的，高平伯方仙翁庙就是这种典型。后一种情况稍晚一些，大多是元明时期始建，郭庄关王庙就是后一种情况的典型。郭庄关王庙始建于洪武七年（1374），万历九年（1581）、万历四十六年（1618）均有重修或增修。洪武创修规模不详，万历九年重修时即有"两庑"的说法，则至少在此时关王庙就已经有一个院落的规模了。万历四十六年重修的大圣仙姑庙应该是关帝庙的侧殿或配殿。自万历重修到清代前期，郭庄关王庙一直在不断地进行补修和增修。顺治十二年（1655）补修，顺治十四年（1657）又增修了东北角，到乾隆四十七年（1782）又增修东北角。到乾隆晚期这个时候，郭庄关王庙的格局应该基本成型了，后来就没有太大的变动。清代中期以后，郭庄至少先后进行了两次全村的大规模庙宇兴建工程，一次是道光二十三年（1843），一次是民国十一年（1922）。这些全村规模的修庙碑刻均立于郭庄关王庙之中，这从另一个角度表明关王庙的村庄中心地位。郭庄庙宇众多，计有西佛堂、西北佛堂、土地庙、白衣阁、三教堂、真泽宫、祖师庙、松泉寺、大王庙、龙王庙、文昌庙、七佛殿等。

二、碑刻元数据信息

元素名称	元素修饰词	信息
文物类型		碑刻
编号		山西高平郭庄004
所在位置	标准地名	山西省晋城市高平市建宁镇郭庄
	所在社庙	郭庄关王庙

续表

元素名称	元素修饰词	信息
名称	标准名称	顺治十二年郭庄关王庙议处补葺关圣庙记
	首题	议处补葺关圣庙记
	额题	茧用入社碑记
石刻责任者	撰文	儒学生员夏国彦
	书丹	儒学生员苏兆
	篆额	儒学生员苏博
石刻年代		年号纪年：顺治十二年
		公历纪年：1655年
材质		青石
计量	尺寸	高113厘米，宽44厘米
附注	形制	笏首壁碑
	纹饰	四周缠枝纹环绕
现状	完残程度	保存完好
书刻特征	书体	正书
相关文物	同庙碑刻	万历九年（1581）《重修关王祠记》 万历四十六年（1618）《重建大圣仙姑庙壁记》 顺治十四年（1657）《无题名茧资碑记》 乾隆三十五年（1770）《无题名施地碑》 乾隆五十一年（1786）《无题名禁碑》 乾隆五十八年（1793）《无题名禁碑》 道光十一年《无题名重修碑》 道光二十三年（1843）《重修诸神庙碑记》 光绪元年（1875）《重修关帝庙碑记》 民国十一年（1922）《补修各庙碑记》
	相关建筑	郭庄关王庙为明清风格建筑
相关文献	研究文献	杨波：《山西民间文献整理研究：高平诉讼碑刻辑考》，第62—72页
田野经历		2013年9月17日杨波和颜伟实地考察 2016年10月30日杨波和张鹏进行补充调查

三、碑文整理

首题：□［议］处补葺关圣庙记

额题：茧用入社碑记

　　□［关］帝诞生汉季，迄今越千有四百余年，其英灵豪气，百代如生，万世钦服。晋郡浤东四十里许[①]，有郭庄村者，有帝庙一区，创不可识。究帝之生□□履，重修岁月、姓字，前石俱□［载］□，无容赘言。但其间庙貌颓圮，器皿损折，乡民物力一时难凑。兹村素有平衡蚕茧一行，原为增饬神事之资。无何迁延日久，被里老什排恂称入社，各分而为自私之利，其□莫息□［间］。有乡者郭景隆等，目击心伤，非今是古，欲为长久之计，于是恭请村众聚庙议处，□［将］蚕茧牙用，尽系入社，众悉唯唯。遂于本县范县翁案前□领帖文（準）［准］造官称，里老什排不得仍前擅自称收，许主神二人，社首二人，总催一人，每年轮流管理，或补葺社庙，或增置器物，或别神事之用，谁曰不宜？如得用若干，费过若干，现在若干，同□交代明白，即注神历，□社中，所有旗伞等□止，可本村备用，若顺情借使者，天诛地灭也，今日而谋，文□铭为不朽，犹望后之贤人君子，可以遵例循行，共襄盛事。更防后之好诡小人，不得视为利薮，系[②]豪侵使，任意横行，以违□［议］处之美意为辱。请不□为文，自揣庸鄙。敢曰文哉？不过叙其颠末，笔其岁月，立为长久之计云尔。

　　告执照状人郭景隆等，各年不一，系府下里为讨照防奸事：本村有关圣贤社庙，年久倾□，所□蚕茧行抽□采用，公议入社修理，因□恶起争，曾

---

① 原文如此，实际上直线距离30里略多一些。

② 原文如此，疑当为"丝"字。

告赴本县范老爷天断，准修庙，使□□□□□仍前不息，又想分肥，不入社中，叩□［乞］老爷俯赐准照，以便遵行，神人同感，上告老爷详行。

  准照①

  大清顺治十三年五月二十九日

  告执照状人：

郭增茂②

郭景隆［画押］

郭景清［画押］

苏□□［画押］

郭有财［画押］

郭衍广书

高平县建宁镇儒学生员夏国彦撰

儒学生员苏兆书

儒学生员苏博篆

儒学生员苏（徇）［胤］眉 儒学生员郭十□订

主神郭文焕 苏文宝

社首郭庆善 郭景明

总摧苏进宝

效劳郭永体③ 苏时远 郭宗大

大清顺治十二年岁在乙未六月望日立石

为首人郭景隆 郭衍庆 郭景清 郭有连

玉工李学让刊

---

① 字体较大，为原文书上知县的批示。
② 原碑此处没有明显的画押十字，但应该也有才对。
③ 原文即为"体"，非"體"。

四、碑文考述

（一）茧丝业与茧用

泽潞地区是丝绸的重要产地，这里产的丝绸通常称作"潞绸"。蚕桑业是丝织业的上游产业，蚕桑业的产品是蚕茧或者茧丝，一般来说，茧丝作为商品的买卖是需要通过牙行来进行的，碑文中所说过的"平衡蚕茧一行"就是指这种售卖茧丝业的牙。茧行是为收购蚕茧的商人和出卖蚕茧的村民提供中介服务的，一般来说，交易场所就在社庙内，本案例中就在关王庙内。商人和村民不允许在自己家中私自进行蚕茧的交易，买卖双方必须在规定的场所也就是关王庙内进行买卖："议在社人等不许在家卖茧，如私卖茧者照罚。"[1] 茧行按照一定比例来收取中介费用，也就是佣金，称作蚕茧牙用，简称"茧用"。茧用的收取标准在不同时间和地点肯定略有差异，但也有大致标准，大体上来说在每斤二到三文钱的样子[2]。茧行有专门的人负责管理，这个管理者在有些地方被称作"茧头"[3]，本案例中的"神头"就是这种茧行的管理者角色。茧行的主要好处一是提供了交易的市场，集中进行交易，方便了买卖双方；二是有利于公平交易，规范了市场，本案例中将茧行称作"平衡蚕茧一行"就是突出茧行在称重上的公平买卖的特点，因此，茧行也被叫作"茧秤"。茧用的坏处是增加了中间环节的交易成本。明中叶以来兴起的

---

[1] 道光二十一年（1841）《立茧秤碑序》，转引自张林峰：《清代晋东南地区的蚕桑业与地方社会——以高平为中心的考察》，南开大学硕士学位论文，2015年。

[2] 参考张林峰：《清代晋东南地区的蚕桑业与地方社会——以高平为中心的考察》，南开大学硕士学位论文，2015年。

[3] 同上。

山西商人是山西村社发展的一个重要背景，反过来，村社也是山西商人兴起的一个重要的区域性社会经济条件。村社的发展演变和茧丝业这一类的工商业发展有密切关系。

（二）村社职能扩大化

郭庄关王庙顺治十二年碑中的里老什排是里长甲长的习惯说法。里老就是里长，因多由老人来担任，什排就是甲长，按照规定每十户编为一个甲，因此，甲长也被称作什排。现存于西李门和永宁寨两村的两通内容相同的碑刻上，有涉及什排的较为详细的内容："令东张后村社首公雇一什排，另立一甲将各花户粮钱合为总数，仿照凌川章程，上下两忙，照章封纳一半。"① 这是一通与纳税有关系的碑，这里的什排就是甲长。和里老什排发生争议的是村社，以郭景隆为首的5个人是"告执照状人"，其中郭景隆和郭景清是最后落款中4个"为首"中的两位，为首相当于社首，其余3人虽然并不是为首，但一定也是村社首领。这次争议可以看作村社与里甲之间的一次诉讼案，告状的原告是村社，代理人以村社为首，被告是里甲，代理人是里老什排。

在泽州地区所见大部分的案例中，茧行的管理者，也就是茧头或者神头，一般来说是由村社的社首担任的，但是从本案例中可以看出在有些时间、有些村落里，茧行管理者也会由里老什排来担任。这种情况并不仅仅在郭庄存在："每年茧用，每斤二厘，经乡堡收明，交付社老，作办公之项。"② 这里收取茧用的是乡堡，收好之后再交给社里。郭庄的情况可能也是如此，里老什排负责茧行的日常管理，收取了茧用之后再交给村社用于村社

---

① 同治七年（1868）《玉皇庙尊立文书碑》，现存高平西李门村玉皇庙，高平永宁寨村有同样内容的碑刻。
② 乾隆三十一年（1766）《合镇公议条规碑》，现存沁水县龙港镇国华村，转引自张林峰：《清代晋东南地区的蚕桑业与地方社会——以高平为中心的考察》，南开大学硕士学位论文，2015年。

公共事务。这就是本案例碑文中所说的"里老什排恂称入社，各分而为自私之利"，意思是茧用收入本来就是归村社的，里老什排只是代为管理，但是在代为管理的过程中，他们将茧用私分，不愿交给村社，或者私自扣除了一部分归自己使用。所以，围绕茧用发生的争议问题的核心并不是这部分收入应该归谁的问题，而是如何进行管理的问题。

宋代以来兴起的村社一开始主要是与信仰和祭祀等活动有关，它的主要职能是在社庙祭祀和修缮等方面。从晚明到清初，村社开始越来越多地具有了超越信仰之外的其他更多的社会经济功能，这种转变究竟如何发生的呢？本案例就是一个典型代表。里甲是明清时期的一种官方基层制度，但是在不同历史时期和不同区域，里甲的具体执行情况是各不相同的，民间社会的实际情况与国家规定有很大差别，而地方政府往往也对这些默认。本案例中，里老什排具体负责收取茧用收入应该是里甲执行征税功能的延伸，就茧行收取茧用本身来说和村社没有直接的关系，但是在两个方面，茧行和村社有关系，一个方面是茧行的地点设在庙中，这种情况下，庙这个空间除了具有信仰方面的职能之外，开始具有了交易场所的市场功能，这其实是社庙很自然的一种延伸功能，考虑一下庙会就很容易理解。这样我们就可以明白，村社功能从信仰祭祀等文化功能向社会经济多样化功能发展，其根本原因是社庙作为公共空间的性质本身就具有向市场等其他类型公共空间转变的潜在可能性。村社也因此从一个单一的信仰组织向社会经济组织发展了。另一方面是茧用的费用是供庙里使用的，那么，为什么茧用要供庙里使用呢？或者说为什么村民以及整个社会能够认可"茧用归社"或者"茧用归公"这种做法呢？直接的原因是茧行占用社庙场所，按道理自然应该给社庙一部分的补偿。但是这不是主要原因，主要原因是茧行本身是为大家服务的，它的收益显然也应该满足大家的公共利益，而不是任何人的私人利益，而社庙所代表的信仰就是大家公认的公共利益。实际上在很多其他个案中，茧用收入也可以用于修路、修桥等公共事务，茧用实际上是将从事蚕茧业的村民的部分收入转移到了村落集体收入之中，相当于从事蚕茧业的村民向村落公共事务的捐施，但是它以一种制度化的方式实现了这一目的。由此可见，社的职能的扩展实际上还是因为信仰本身所具有的公共事务的特点所决定的。由于以上两点，茧行和茧用虽然和村社没有直接的关系，但是它本身和村社紧密联系在一起。里甲逐步退出管理茧行就具有了一定的必然性，在郭庄案例中，这个过程是通过诉讼来完成的，但是在更多的村落中，这个过程可能是通过和平协商解决的。到了清代中期以后，绝大部分茧行的管理者是村社，茧用也全部归公，成为村社收入的一个重要来源。

里老权力让渡给社首之后，一套以社首为核心的茧用管理制度形成。从管理的组织机构来说，主要是有神头、社首和总催组成一个领导班子。这个领导班子成员的具体分工和职责，碑文中没有明确说明，前面已经提到神头可能就是在蚕茧交易中进行日常管理的人，社首则是从村社负责人中选出来的、负责总体上管理茧行和茧用收取的人，很可能主要是负责茧用的使用和记账的人，而总催可能就是监督者。这些可以说是茧用管理的组织保障。茧用使用也有具体的管理制度，主要有以下几条：首先，以上的组织管理者要每年轮换，不能由少数人一直把持，而是"每年轮流管理"；其次，对茧用的用途做了明确的规定，不能超出这个用途使用，"或补葺社庙，或增置器物，或别神事之用"；再次，要有详细的账目，并且要进行账务公开，"得用若干，费过若干，现在若干，同□交代明白，即注神历"，这种账目一般都是用四柱账法来进行记录的；最后，明确规定茧用在没有使用的时候，只能在本村存放，不得向其他个人和机构出借这部分资金，"可本村备用，若顺情借使者，天诛地灭也"，这样的一套管理制度可以说是相当完备的。

（三）作为村社收入类型的茧用

茧用归社之后，就成为村社收入的一个重要来源。一般来说，村社的收入是多种多样的，主要包括：布施捐款（包括本村、外村、商人商号和其他各种社会机构）、按照地亩或人头摊派的地亩收入、摇会收入、社产的经营性收入或直接出卖的收入、各种罚款的收入及管理服务的收入。茧用收入就是属于最后一种——村社提供管理服务的收入,村社为蚕茧业的买卖双方提供了中介服务,然后以此来获得收入。茧用作为修庙的一部分资费来源在泽州其他很多社庙中常常出现,相关例子不胜枚举,例如乾隆七年下马游村三义庙中也有茧用收入:"又收茧用银并远□木头银房价银二十三两一钱八分。"这些充分表明茧行制度和茧用收入对于村社的发展起到了重要的推动作用。这恐怕也是清代中期以后村社快速发展的原因之一——泽潞地区发达的手工业为村落社会组织的发展提供了经济方面的支持。

茧用作为村社的收入,在本案例中其用途规定得非常明确,主要有以下几点:修缮社庙、购买社物和其他社庙需要的支出。其中社物需要略做说明,碑文中所说的"增置器物",也就是后面所说的"旗伞"等,其实就是指神灵出游时候需要使用的仪仗。有些碑刻中对这类器物有详细的罗列,这里略举一例:"计开社物……硃缎素拨会旗二杆、红呢绣花招旗一对、色缎绣花招旗三对、紫微色缎大伞八柄、黄绣花座纛旗一杆、回避肃静大牌一对、朝山进香大牌一对、色绸清道大旗一对、彩画飞虎大旗一对。"[①] 这就是碑文中所谓旗伞之类东西的常见情况。

---

① 咸丰元年(1851)《社物碑记》,现存高平南城街办汤王头村甘露寺。

26 乾隆四十三年（1778）泽州上掌北岳庙《上掌社祭祀规矩条目碑志》

一、村落社庙概况

上掌村位于晋城市区以西20千米处，今属周村镇，地处泽州县西部长河流域河谷西侧的丘陵地带，向西越过泽州县与阳城县界的华阳山即进入阳城北留镇范围，向北溯丹河而上即川底和大东沟等长河沿线乡镇，向南即周村镇政府所在地周村。上掌村靠近长河流域，南临陵沁线，交通比较便利。2011年有居民430户，1126人。上掌村除北岳庙外，另有关帝庙一座。上掌村是交通便利的中等规模丘陵村落。

上掌北岳庙位于村北，坐北朝南，占地面积287.07平方米。目前仅存正殿和东西侧殿，庙院其他建筑已经改建为现代建筑。北岳庙创建年代不详，现存建筑为清代风格，近年经过修缮，保存较好。

二、碑刻元数据信息

元素名称	元素修饰词	信息
文物类型		碑刻
编号		山西泽州上掌001

续表

元素名称	元素修饰词	信息
所在位置	标准地名	山西省晋城市泽州县周村镇上掌村
	所在社庙	上掌北岳庙
名称	标准名称	乾隆四十三年上掌北岳庙上掌社祭祀规矩条目碑志
	首题	上掌社祭祀规矩条目碑志
	额题	无
石刻年代		年号纪年：乾隆四十三年
		公历纪年：1778年
材质		青石
附注	形制	壁碑
	纹饰	素边框
现状	完残程度	保存完好
书刻特征	书体	正书
	铭文行款	45行，行33字
相关文物	同庙碑刻	乾隆十八年无题名社规碑
	相关建筑	上掌北岳庙仅存正殿和侧殿，其余改建
田野经历		2019年10月23日杨波和颜伟实地考察

三、碑文整理

首题：上掌社祭祀规矩条目碑志

额题：无

尝闻上古者宰社之礼，所以祀神明立纲纪。一国一乡，典有攸同，而祭祀之典不可（疏）[疏]，亦不可数①矣。即如吾村春祈秋报以及各期献事，自有一定成规。（曰）[因]本庙修工拖连，年湮其中，人心不一，所将规矩紊乱，次序模糊。今我等恐负先（辈）[辈]之念，故不得已不重为调整耶。（竝）[并]社中饰物等器自兹以后，除非本村喜丧大事使用，其余一概不许出庙。每年执事者轮转存管，亦不得私当出赁。惟恐后日人心参差，今故刻铭于石，以垂永远云。

一、社事交接，每年以九月十三日敬神之毕为例。账簿、饰物、社中余缺开载清楚，庶不致隔年有舛。

一、新维首任社，当面细点各项收管以及祭祀等事，倘后有错，与旧岁水官无干。

一、十月初十日，恭祀增福财神。油食，供菜一（樟）[桌]为献。

一、十月十五日，恭祀三官大帝。油食，供菜一（樟）[桌]为献。

一、十二月初八日，恭祀释迦佛祖。油食，供菜一（樟）[桌]为献。

一、正月初一日，恭祀关圣帝君。油食，刀手，供菜一（樟）[桌]为献。

一、正月十五日，恭祀三官大帝。油食，供菜一（樟）[桌]为献。

一、二月初二日，恭祀土地尊神。油食，供菜一（樟）[桌]为献。

一、二月初八日，恭祀玄坛尊神。戏三台，油食供献。此祀古来未入大社，（曰）[因]村人借端滋事，今议本年水官办理，不许另请会首。

一、三月初三日，恭祀玄天上帝。油食，供菜一（樟）[桌]为献。

一、三月十九、二十日，恭祀春祈大帝，高禖尊神。戏三台，猪二口，油食为献。

一、四月初三日，恭祀白龙尊神。猪一口，油食为献。

一、四月十四日，恭祀（棲）[栖]龙尊神。油食，供菜一（樟）[桌]为献。

---

① 数：指数量过多，对应于数量少的"疏"。

一、五月初一日，古礼大贺神雨。猪一口，鸡一只，油食为献。

一、五月初一日，恭祀六瘟尊神。戏三台，油食，供菜一（椑）[桌]为献。仍依二月初八日规矩，沿村照人上社。

一、五月初五日、十[五]日，恭祀三蚕圣母，虫王尊神。油食，供菜一（椑）[桌]为献。

一、六月初一日，恭祀北岳大帝。油食，供菜一（椑）[桌]为献。

一、六月初六日，恭祀山神尊神。油食，刀首，供菜一（椑）[桌]为献。

一、六月十五日，恭祀黄龙尊神。猪一口，油食为献。

一、六月十九日，恭祀观音大士。戏三台，油食，供菜一（椑）[桌]为献。亦依二月初八日办理，沿村照人上社。

一、六月二十三日，恭祀马王尊神。戏三台，羊一只，油食，供菜为献。沿村照牲口上社，后亦不许另贴会首，通入大社办理。

一、七月初七日，恭祀牛王尊神。猪一口，油食，供菜为献。上日祭神之毕，须留余胙以为请秋祭祀香老□公人等之备。

一、七月之间古礼，秋报大典。戏三台，猪一口，油食，献席，瓜果等物恭馔为献。

一、七月十五日，恭祀三官大帝。油食，供菜一（椑）[桌]为献。

一、九月初九日，恭祀南堂菩萨。油食，供菜一（椑）[桌]为献。

一、九月十三日，恭祀关圣帝君。戏三台，猪一口，油食为献。

一、全村共计社分乙（一）百九十分零九里。自此以后，如有卖地□外村，其社仍在本庙随献，不许失却原额。

一、凡收夏麦秋谷俱依一日交完为则，不许拖诿。如夏麦分沠（派）之余贮存在社，以为秋祭戏价之备。秋谷分沠（派）之余九月十三日献毕交付，明年执事收存，以为春祭戏价□用。

一、社中人等遇领献神余物，随带现钱，不许推累。如数目多寡，临期水官自有明示。

以上各项条规原系阖社公议，非谁一己自专。其后如有不遵依者。从公议罚，事在必行。

社首付李聚库粮钱乙（一）百五十文

大清乾隆四十三年九月吉日

阖社同立

四、碑文考述

（一）民间祀典碑刻的刊立

治中国传统祭祀文化者非常重视对祀典的研究，上掌北岳庙乾隆四十三年碑可以看作民间的祀典。碑文中说："一国一乡，典有攸同，而祭祀之典不可疏，亦不可数矣。"有国家的祀典，也有乡里的祀典。和前代相比，清代村社碑刻类型越来越多元化，此碑可以视作一种社规碑，只是更加侧重于规范祭祀方面的行为，是一种专题性的社规碑，也可以看作民间祀典碑。祀典主要规定五个方面的内容，包括祭祀时间、祭祀神灵或仪式名、祭祀用品、祭祀礼仪、祭祀管理。此外，民间祀典还对与祭祀有关的村社管理事项进行规定，包括社事交接、社分管理、麦谷的管理、献神余物管理、违规处罚方式等。这就从祀典扩大到了一般性的社规，这是与祭祀祀典有关的其他一般性社规。

碑文对定立民间祀典的原因做了说明："因本庙修工拖连，年湮其中，人心不一，所将规矩紊乱，次序模糊。今我等恐负先辈之念，故不得已不重为调整耶。"首先是因为修庙带来的社事中断，其次是人心不齐这一主观问题，最后是客观上祭祀惯例已经出现了混乱情况。这次祀典的定立和公布实际上是混乱之后的一次调整，立碑原因则是"惟恐后日人心参差，今故刻铭于石，以垂永远云"，这说明祀典和社规一样可能早就实现了成文化，只是没有刊立在碑上，为了解决长期保管问题才刻碑。

(二) 民间祀典的内容

祭祀时间、祭祀神灵或仪式名、祭祀用品和祭祀礼仪是民间祀典的主体内容，反映了村社丰富多彩的祭祀生活。

中国古代祭祀非常强调祭之以时，本案例碑文规定了一年内的祭祀时间，一年这个周期既是纪年的周期，也是传统社会农业生产的周期。庙宇祭祀活动构建了村落社会的生产生活年度周期。类似的碑文还偶有发现，河北涉县原曲村碑文有："圣神祭期：玉皇大帝正月初九日，三官圣帝正月十五日，河伯尊神正月十六日，太上老君二月十五日，白衣观音二月十九日，玄天上帝三月初三日，马鸣王神六月廿三日，雷音古佛四月初八日，土地尊神四月十五日，天仙圣母四月十八日，三皇圣祖九月初四日。"[1] 在一年周期之内，村社被各种各样的神灵祭祀填满，敬神祭祀已经融入了日常生活之中，成了社人日常生活的一部分。值得注意的是，本案例碑文中的祭祀时间是从十月份开始的，并非从正月开始，碑文已经说明了其中原因："社事交接，每年以九月十三日敬神之毕为例。"显然，九月十三日祭祀完关圣帝君之后，社事就完成了交接，后面由新一个班次的社首来负责。村社的年度时间周期是从每年九月十三开始的。

从宋代开始，村社所奉祀的神灵就呈现出多元化，明代以后更加明显。本案例碑文中共计开列了23位神灵或仪式的名称。这些神灵从不同角度可以做不同分类。从来源上，这些神灵主要有三种。传统礼制神灵或仪式相关神灵有土地尊神、春祈大帝、秋报大典、大贺神雨等，土地是社神的原始含义，春祈秋报是古代二八社祭的主要内容，祈雨是宋代村社发展的关键因素，这些是宋元时期就已经存在的所谓"古礼"。释迦佛祖、观音大士和

---

[1] 乾隆二十二年（1757）《新立地亩碑记》，现存河北涉县原曲村龙王庙（大庙）。

三官大帝等神灵源于佛道教等建制性宗教，其他神灵大体上都是民间信仰诸神灵。上掌村神灵谱系没有出现晋东南地区常见的二仙、汤王等宋元时期区域性地方神灵，主要是明代开始流行的全国性神灵，如关圣帝君和玄天上帝（真武）。就生产生活关系来说，与降水有关的神灵有白龙尊神、黄龙尊神、栖龙尊神等龙神，与畜牧业有关的马王尊神和牛王尊神等神灵，与蚕桑手工业有关的三蚕圣母，与防灾有关的六瘟尊神和虫王尊神，与居住地地方保护有关的山神尊神、土地尊神和南堂菩萨等，与财富追求有关的增福财神和玄坛尊神（赵公明）。每一个村落的神灵谱系都和其祠庙兴建的历史有关系，是将村落社会各个祠庙奉祀神灵集中起来的结果，它体现的是地方历史的传承和发展。如果从祭祀次数来说，上掌的神灵谱系中最重要的是关帝和三官，关帝出现两次，三官则出现三次。其中，三官有特殊的上、中、下三元的特殊时间结构，关帝则和村社管理的价值观有密切关系。

神灵的重要性也体现在祭祀用品和礼仪上。上掌村的祭祀用品和祭祀礼仪主要包括戏、猪、羊、鸡、油食、刀手、供菜几种。按照经济价值来说，大体可以分为三个等级。戏显然是花费最大的，单独为一个等级。猪、羊、鸡都是传统祭祀中的牲，可作为第二级。油食、刀手、供菜当都属于菜肴，算第三个等级。不同祭祀显然有不同的重要性等级，这可以从祭祀用品和利益的多寡体现出来，据此我们就可以区分祭祀的等级，体现神灵的重要性，具体结果参看表6。从表中可以看出上掌祭祀体系大体可以分为四个等级。第一个等级是春祈秋报和关帝，春祈秋报是古礼，关帝体现了村社价值观，是村社最重要的祭祀。第二个等级是马王尊神、玄坛尊神、六瘟尊神和观音大士，都是和村民日常生活息息相关的重要祭祀。其中，祭马王虽和祭关帝一样兼有戏和猪羊牲祭，祭品上大体相当，但关帝出现两次且又和村社轮班有关，这里将关帝列为第一等级。上掌的马王祭祀如此重要，可能和这个村位于商路沿线有关。第三个等级是大贺神雨、牛王尊神和白龙尊神、黄龙尊神，这个等级祭祀不再有戏，同样也和生产生活密切相关。第二个等级的几种祭祀在碑文中都加了批注，说明筹措演戏费用的办法，根据玄坛祭祀的说明，这几种祭祀可能都是新增加的，至少唱戏是新增加的。原本这几种祭祀可能和第三个等级差不多，其余神灵祭祀属于第四个等级，用品较少，仪式简单。

表6 清中叶泽州上掌村祭祀体系表

等级	神灵	用品与礼仪	备注
一	春祈大帝和高禖尊神	戏三台，猪二口，油食为献	
	秋报大典	戏三台，猪一口，油食，献席，瓜果等物恭馔为献	
	九月十三关圣帝君	戏三台，猪一口，油食为献	
二	马王尊神	戏三台，羊一只，油食，供菜为献	入社，沿村照牲口上社
	玄坛尊神	戏三台，油食供献	新增入社，沿村照人上社
	六瘟尊神、观音大士	戏三台，油食，供菜一桌为献	入社，沿村照人上社
三	大贺神雨	猪一口，鸡一只，油食为献	
	牛王尊神	猪一口，油食，供菜为献	
	白龙尊神、黄龙尊神	猪一口，油食为献	
四	正月初一关圣帝君、山神尊神	油食，刀手，供菜一桌为献	
	三官大帝（恭祀3次）、增福财神、释迦佛祖、土地尊神、玄天上帝、栖龙尊神、三蚕圣母、虫王尊神、北岳大帝、南堂菩萨	油食，供菜一桌为献	

（三）与祭祀有关的村社管理

本案例碑文中出现了好几种村社首领名称：执事者、维首、水官、社首，此外还有会首。执事或执事者是一个一般性的名词，碑文中两处出现：

"(社中饰物等器)每年执事者轮转存管,亦不得私当出赁""明年执事收存,以为春祭戏价□用"。这都是说具体负责的人,都是和保管财物有关系的。"新维首任社"的说法显然是说维首就是村社的负责人,其含义和社首是一致的,社首或维首实行轮班制度。"社首付李聚库粮钱一百五十文"表明社首或维首掌握着村社的财政大权。水官本来是祈雨祭祀的组织者,如"神水浩大,每选水官之家祝祀神明,社中亦有公祀。"① 在这里,水官泛指各种祭祀仪式的组织者,或者说是与祭祀有关的一系列制度的具体执行者,所以碑文中说:"社事交接,每年以九月十三日敬神之毕为例。账簿、饰物、社中余缺开载清楚,庶不致隔年有舛。"又有:"此祀古来未入大社,因村人借端滋事,今议本年水官办理。"显然,祭祀活动的具体组织和最后交接是由水官来负责的。

碑文中出现的会首则体现了村社和乡村会社的关系。乡村会社至迟在元代出现,明清时期,会社成了村落社会中村社的重要补充力量,有时也会影响村社的利益。主要围绕某些特定神灵,有时也基于某些共同的社会经济目标,村中部分人会建立会社,自我管理,自筹经费。有的会社和村社有关,归村社管理或者是村社的具体执行机构。有的会社则和村社无直接关系,自成一体。在村社管理越来越制度化的情况下,会社增加了村落社会管理的灵活性。本案例碑文中,马王尊神、玄坛尊神、六瘟尊神和观音大士这几种祭祀原本都是成立会社,然后由会社来管理的,特别是这几种祭祀都涉及唱戏,这就有比较高的费用上的需求,会社显然有重要的经济功能。本案例的社规将这几种祭祀的管理权力收归村社,不许另外组织会社。碑文同时还规定了具体的筹款方法,马王尊神比较特殊,涉及牲畜,主要和有牲畜的社人有关,因此筹款按照牲口进行"沿村照牲口上社",其余几种都是"沿村照人上社",是按照人头筹资的。

---

① 道光十四年(1834)《创立碑记》,杨晓波主编:《三晋石刻大全》(晋城市城区卷),三晋出版社2012年版,第288页。

27 嘉庆二十年（1815）高平窑栈关王庙《无题名碑》

一、村落社庙概况

窑栈村位于高平市区正东方向 6.5 千米处，东侧毗邻米山镇通往长治的官道，隔丹河支流大东仓河与东南庄相对，向南由官道可直达米山镇，北面紧邻酒务村，西侧经过上冯庄达七佛山脚下，与高平县城遥望。窑栈村位于七佛山东麓的山脚下，为丘陵地形，整个村沿一条小山沟呈东西带状分布，东西长约 400 米。窑栈村在清代属于十五都南庄西里，碑文和县志中均称作窑站[①]，今属米山镇，2010 年有居民 71 余户，257 多人，规模不大。总之，窑栈村是一个规模较小但交通便利的山区小村庄。窑栈村所在位置是大东仓河河谷地带，大东仓河是丹河一条重要支流，流经陈区镇和米山镇，是沟通高平市区与东北方向的重要通道。高平市区东侧有一列高山，交通不便，去往高平东北均需绕行东南方向的米山镇，也就是经由大东仓河河谷。窑栈的位置也可以看作处于东部的大东仓河河谷与高平市区所在盆地两个区域之间的地带。

窑栈村规模不大，关王庙是村中现存唯一一座庙宇，但即便在整个高平来看都是历史最悠久的关王庙之一。窑栈村关王庙位于村西，坐北朝南，村中主路的路北。始建时间不详，成化十二年（1476）、万历三十三年（1605）

---

① ［清］傅德宜等纂修：乾隆《高平县志》卷 4《里甲》，《中国地方志集成·山西府县志辑》第 36 册，凤凰出版社 2005 年版，第 58 页。

重修:"泽州高平县举东乡窑战村原有古迹,正西□□关王圣贤宝殿一座,自古成化十二年补修,被风雨损坏。今有本庄为首善人李守光、申守库、李朝先、李朝旺、李朝敬、秦世银等重修本社圣贤古庙。"[1]从碑文中可以看出窑栈关王庙的始建至少应当在明代前中期,万历重修时还在万历皇帝给关公封帝之前,因此还称作关王圣贤宝殿或圣贤古庙,关王庙或圣贤庙都是泽州地区晚明前清时期对关帝庙的称呼。乾隆四十六年(1781)再次重修。[2]现存关王庙建筑为正殿三间,西耳楼一间,东耳楼两间,东、西厢房各三间,山门东耳房两间,西耳房缺。东耳房东侧有一个小阁,小阁再东侧为一戏台,三间、无耳房、坐南朝北,与庙宇并列,庙宇南面为一条小山沟,戏台的位置受地势影响,不能修在正殿对面。关王庙现废弃,毁损严重,正殿、山门和西厢房屋顶均已坍塌。关王庙以前曾经作为学校,还有黑板留存。正殿内有残存壁画。庙宇东侧约百米有一棵古槐,年代久远。

二、碑刻元数据信息

元素名称	元素修饰词	信息
文物类型		碑刻
编号		山西高平窑栈002
所在位置	标准地名	山西省晋城市高平市米山镇窑栈
	所在社庙	窑栈关王庙

---

[1] 万历三十三年(1605)《无题名碑》,现存高平窑栈关王庙,壁碑,宽65厘米,高45厘米。碑文记载了成化与万历两次重修情况。

[2] 乾隆四十六年(1781)《脊枋题记》,现存高平窑栈关王庙正殿脊枋。

续表

元素名称	元素修饰词	信息
名称	标准名称	嘉庆二十年窑栈关王庙无题名碑
	首题	无
	额题	无
石刻责任者	匠师	李成宝
石刻年代		年号纪年：嘉庆二十年
		公历纪年：1815年
材质		青石
计量	尺寸	宽61厘米，高30厘米
附注	形制	壁碑
	纹饰	四周缠枝纹
现状	完残程度	保存完好
书刻特征	书体	正书
	铭文行款	19行，行12字
相关文物	同庙碑刻	万历三十三年（1605）《无题名重修碑》
	相关建筑	窑栈关王庙为明清风格建筑，残损严重
相关文献	研究文献	杨波：《山西民间文献整理研究：高平诉讼碑刻辑考》，第81—86页
田野经历		2013年9月8日和2015年6月30日杨波实地考察

三、碑文整理

首题：无

额题：无

吾村关圣庙昔有住尼小广勤俭生息，增置河西平中地三亩。去后归俗，因诸君子同念一族之谊并无争碍情事。今俗家长门李佩基，侄德裕等，二门［李］秀基、［李］成［基］等互相争夺，业经兴讼，幸赖戚友处和，两门情愿将地归庙，以免异日争执之衅，当日完词以及诸费，庙内共花过银十三两有零，同中言明自此以后地属关圣庙社地，以为住持度日之资。与小广俗家等毫无干涉，永不反口，勒石为志[①]。

同中人李清和牛汉云

匠师李成宝刊

嘉庆二十年四月念日立

四、碑文考述

（一）社产的来源与所有权

家族内部争夺地产是非常普遍的情况，窑栈关王庙这个案例的特殊之处是其起因和村中社庙有关系。作为诉讼标的物的"中地三亩"的地产原本是

---

① 原文为"誌"，参看原格式整理。

属于关王庙住持尼姑小广所有的，其初始的来源并不是来自村社公共资金，也和其俗家的家族没有关系，而是小广用自己的积蓄购买的，是小广的私人财产。按碑文所述来看，小广在诉讼发生时应该已经去世，否则不会发生诉讼。在小广去世之后，其原来地产的归属成了问题，其俗家李氏家族的长门和二门发生了争议，以至兴讼。从起因上来看，土地与关王庙之间并没有直接的关系，村社并非当事人，村社从未宣称小广的地产是归村社的。小广俗家家族的争讼无法解决，最终将土地半卖半捐地给了村社。当庙田的产权从小广俗家转移到社庙之后，这片土地就成为碑文所说的"社地"，它既是庙产，也是社产。小广离开以后，庙中还是有住持的，这片土地收益的用途就是"以为住持度日之资"。这时，由于村社是以集体的名义接收了这片地，土地的所有权就和社庙内的住持不再有关系了。这样，经过了小广置地、小广还俗、李氏兴讼和施卖地产给村社的过程之后，窑栈关王庙庙产的管理模式转变为泽州地区大部分社庙的模式，也就是社产归公，住持仅是管理者的模式。社庙的日常管理者是社庙住持，这些住持可能是僧道尼，但是也可能是俗家的信众。在大多数情况下，这些人都不是庙产的所有者，庙产的所有者是村社。

（二）社庙的管理模式

对于社庙的管理，村社建立了各种管理模式。咸丰十年高平东崛山碑文中记述了一件和社庙管理有关的事情："吾村关帝庙自修建以后即有住持僧，看守田粒所入，以为僧自用之资，道光十二年住持僧去矣，僧去之后，每年所收租子除纳粮之外，约可余三石有零，子母相权，积至道光二十三年，本利共计钱四十五千九百三十文，此钱存到维首李永成名下。"[①] 当住持僧还在的时候，庙田的收入是由住持僧来管理支配的，但庙田所有权还是村社的。住持僧走了以后，这部分款项的管理职责就转移到了维首李永成的名下。这条材

---

① 咸丰十年（1860）《无题名碑（庙田碑）》，现存马村镇东崛山关帝庙，壁碑，宽53厘米，高42厘米。

料说明了泽州社庙的两种管理模式，一种是住持代管的模式，另一种是社首代管的模式。两种模式下庙田的所有者和其收入的所有者都是村社。

窑栈的案例则是另一种情况，小广所置办的地产是属于她个人的。小广在担任关王庙住持期间就应该有两笔账，一笔账是替村社管理的公共账目，另一笔是其私人账目。这两笔账实际上很难分清楚，由此也可以看出窑栈关王庙在小广任住持时的制度存在一定缺陷。庙产特别是庙田在管理过程中会出现增值或减值，主要的方式一般是发典生息。发典生息这种做法广泛应用在各种公共事务之中，县政府管理的文庙有学田来解决文庙日常的开支费用问题，大家族有专门的祭田来解决家族祠堂祭祀的问题，社庙也用同样方法来解决日常开支和修庙资金的问题。庙产是不是能够增值很大程度上取决于管理者是否勤俭和廉洁，如果管理不善就会出现不好的情况："乃后世营理非人，每年除祀神纳粮外，悉入己囊，置屋□倾斜，栋梁朽败于不顾。"[1] 窑栈关王庙的案例中，住持小广除了管理社庙之外还有自己的私人财产，她在任住持期间依靠勤俭而买地就显得非常可疑。如何避免住持利用职务之便来谋私就成了村社社庙管理要解决的重要问题。

东崛山和窑栈两通碑文中一共反映出了三种社庙管理模式。第一种模式是庙产归社，住持无个人财产，社庙一切财产归社。第二种模式是住持管理社庙，同时住持有个人财产，包括地产。第三种模式是庙产归社，没有住持，社首兼管庙产。后两种模式都存在着社产与个人财产区分不清的问题，只要存在个人财产就可能有贪污舞弊和损公肥私的问题存在，这也就是为什么在社庙中最广泛存在的模式其实是第一种模式。反过来，这样就要求住持的人选要么是基本没有私人财产、无家可归的社会底层人士，要么就是职业的佛道教徒。这两类人都属于几乎没有个人财产的人，这里的个人财产主要是指房产、地产这样的不动产。这种管理模式能够最大程度上避免社庙管理中出现损公肥私的情况。

---

[1] 洪宪元年（1916）《补修关帝庙碑》，现存河西镇河西村关帝庙。

28　道光五年（1825）高平双泉永乐寺《无题名碑》

一、村落社庙概况

双泉村位于高平市区东南方向21千米，高平与陵川县边界处，东、南两个方向均为陵川地界，东面经由下必村可直达重要的市镇——附城镇，西面可以很方便地到达石末镇的石末村，北面隔小山与高平地区重要的商人故里侯庄相望，可以说，石末和侯庄等地的商人要过附城、出白陉都需要经过双泉村。双泉村地处丘陵地带，周围山脉众多，但海拔不高，整个村呈东南—西北走向的带状分布，东南到西北方向最长约800米，东北到西南方向较窄，约200米。双泉村在清代属于陵川县的双庄里，乾隆县志编纂时有居民260户，1627口，[①]2010年有居民417户，1529人，规模较大。解放后仍属陵川县，1971年划归高平，今属高平石末乡。双泉村是一个较大规模的、地处两县交界处的山区村庄。

双泉永乐寺是一个佛寺，始建时间不详，现存康熙年间正殿脊枋题记："时大清康熙四十八年岁次庚寅五月十三日巳时上梁合社［以下漫漶］"，由此可知，此庙至少在清代早期已经存在，其始建年代应当不晚于晚明。永乐寺位于村北小山坡上，庙宇规模较大，上下两院，正殿、东西侧殿各三间，两边厢房大部分坍塌，毁损严重。双泉村庙宇众多，有迎神馆、龙王庙、奶

---

① ［清］程德炯等纂修：乾隆《陵川县志》卷8《城池》，《中国地方志集成·山西府县志辑》第42册，凤凰出版社2005年版，第238页、第253页。

奶庙、佛堂、观音阁、小庙底、关帝阁和文昌阁等多座阁或庙，其中最具特色的是双泉迎神馆，紧邻永乐寺西边，有明显的明代以前建筑风格。但现存碑刻很少。

二、碑刻元数据信息

元素名称	元素修饰词	信息
文物类型		碑刻
编号		山西高平双泉001
所在位置	标准地名	山西省晋城市高平市石末乡双泉村
	所在社庙	双泉永乐寺
名称	标准名称	道光五年双泉永乐寺具结状碑
	首题	无
	额题	无
石刻责任者	社首	王四女、王兴祐、王廷纲
石刻年代		年号纪年：道光五年
		公历纪年：1825年
材质		青石
计量	尺寸	宽45厘米，高31厘米
附注	形制	壁碑
	纹饰	无纹饰
现状	完残程度	保存基本完好
书刻特征	书体	正书
	铭文行款	17行，行21字

续表

元素名称	元素修饰词	信息
相关文物	同庙碑刻	无其他碑刻
	相关建筑	双泉永乐寺具有明代以前建筑风格
相关文献	研究文献	杨波：《山西民间文献整理研究：高平诉讼碑刻辑考》，第96—103页。
田野经历		2013年9月16日杨波和颜伟实地考察 2016年9月16和10月28日杨波实地考察

三、碑文整理

碑额：无

题名：无

具结状人王四女、王兴祐、王廷纲，今于

与结状事。当堂宪结，得蒙恩讯明。小界山所长树株，双泉村有大社粮票为凭，系双泉村大社之物，与小的窑岭村无干。所有小的村社王四女等，纠人伐小界山松树二十九株，念小的乡愚无知，已将松树抬入小的社内，恩宽免责。断着小的社内奉给双泉村大社价钱十五千文。遵断息讼，嗣后安分守法，再不敢纠众向小界山砍伐树株，结状是寔。

十一月初三日批：准结。

具结状人王四女、王兴祐、王廷纲。①

具结状人王兴旺等，今于

---

① 按碑文意思，王四女显然是最主要的具状人，因此排名按照从中间到两边的顺序，为参看原碑文整理。

与结状事,当堂宪结,得蒙恩讯明。宪系小的村维首王四女等,鸣锣邀集小的等向小界山砍伐树株,不去议罚,小的等无奈随伊等去的。念小的乡愚无知,恩宽免责,此坡山宪系双泉村大社之物,与小的窑岭村无干。结状是宪。

十一月初三日批：准结

具结状人王兴旺　王丑孩　王九女　王安□　王兴□　王□法　王□保　王□根　王□□　王□锁　王本□

道光五年十一月初三日

双泉村合社勒石

四、碑文考述

（一）作为社产的树

对于明清山西的村社来说,树是非常重要的社产。很多修庙的经费都是来自卖树的收入,这些树虽然也有捐施的,但是大部分是村社自己种植的。修建社庙的经费来源是出卖社产,大部分情况下,最常见的出卖的社产就是树。这样的例子很多,例如:"共入卖树木钱七十九千七百四十一文",[1]有时候卖树钱在修庙经费中所占的比例还很高。为了保证修庙的经费来源,同时也为了保护社产不流失不被破坏,村社一般都禁止随便砍伐树木,卖树钱必须用于村社的公共事务:"一议境内四季不许在地内埂边打柴以及窃伐树株,违者,无论经谁查出,扭庙议罚。"[2]这是对村社内部管理的社规。本案例中

---

[1] 光绪元年（1875）《重修关帝庙碑记》,现存建宁乡郭庄关王庙,笏首壁碑,高217厘米,宽67厘米。

[2] 道光十四年（1834）《大社永禁桑羊碑记》,现存河西镇义庄村关帝庙,壁碑。

出现的情况就是邻村盗砍树株的情况。村社制度的成熟与普遍化带来的一个结果就是对于村落公共经济资源的充分利用，类似山上的树木这种财产受到了更大的重视。泽州地区遍布山地，山上很多无主的土地、野生的树木等资源，以往可能都处在无人在意也无人管理的状态。村社的出现显然不仅仅加强了对村中事务的管理，同时也加强了对村落周边的山林资源的管理。

（二）村社议罚被滥用

村社对于其成员的处罚，也就是碑文中提到的"议罚"，广泛存在于各种禁约碑刻上。议罚原因主要是窃赌嫖娼、纵羊食桑等败坏风俗或侵犯个人和集体利益的行为，议罚的具体手段一般是罚钱、罚物和罚戏等。但是，当我们通过禁约碑刻来研究村社的议罚的时候，看到的更多的是议罚的正面功能，是对于那些违背社会主流风俗和侵犯了个人或村社集体利益的惩罚。在双泉永乐寺道光案例中，碑文记载窑岭村维首王四女等人在纠集村民去盗砍树木时威胁村民要议罚，无论这种供述是不是真实的，至少说明，当时人们相信这是可能发生的。也就是说，议罚有时候完全取决于社维首的意志，并没有一个特别具体的程序化的规范。议罚既可以起到正面的作用，又能产生负面作用。实际上，在调查中，我们能听到以前村社吊打村民、滥用暴行的说法，即便这种动用暴力私刑的做法并不常见，这也说明村社权力是有可能被滥用的。村社在村落中实行赏罚权力的正当性实际上是来自村民自身，村社的权力不是由科层制的政府指派的地方基层官吏，而是村落自身产生的，即便如此，因为各种原因，这种正当性还是非常有限的。

29　道光九年（1829）高平北常庄榆树坪观音堂《榆树村南堂小叙》

一、村落社庙概况

北常庄距离高平市区以西 16 千米，属野川镇。榆树坪在清代碑刻上称作榆树村，是北常庄下辖的自然村。北常庄和榆树坪位于高平西部山区，交通非常不便。2010 年，北常庄有居民 172 户，598 人，是规模较小的村落。

榆树坪观音堂位于榆树坪村南，通常也按照其所在方位称作南堂。榆树坪村是很小的山区村落，观音堂也是很小的祠庙，仅为单殿庙宇。

二、碑刻元数据信息

元素名称	元素修饰词	信息
文物类型		碑刻
编号		山西高平北常榆树坪 002
所在位置	标准地名	山西省晋城市高平市野川镇北常村榆树坪自然村
	所在社庙	榆树坪观音堂
名称	标准名称	道光九年榆树坪观音堂榆树村南堂小叙
	首题	榆树村南堂小叙
	额题	无

续表

元素名称	元素修饰词	信息
石刻责任者	撰文	王之翰
	书丹	张鳌
	玉工	霍天钟
石刻年代		年号纪年：道光九年
		公历纪年：1829年
材质		青石
计量	尺寸	高150厘米，宽51厘米，厚19厘米
附注	形制	笏首方趺
	纹饰	碑额龙凤纹，四周为缠枝纹
现状	完残程度	保存完好
书刻特征	书体	正书
相关文物	同庙碑刻	道光十年（1830）《重修南堂碑记》
	相关建筑	榆树坪观音堂规模很小，清代风格
田野经历		2013年9月12日杨波和颜伟等实地考察

三、碑文整理

首题：榆树村南堂小叙

额题：无

夫以人之周旋世故，或有仅一念而弗遂其愿者，或有作一事而弗遂其愿者。此固屡屡皆然而不必为之缕述矣。余与高邑西北榆树村王姓派属族谊，其祖父之遗踪，孙子之形迹颇稔大略。如其邑之东，建有南堂，如全公、育财公在世，又有韩姓子法公在世，俱不忍像庋风尘，虔梓神龛，犹欲环立画墙，有志未逮。继至今村中老少共相议曰：愤前人之志未遂，跃然兴起，究心修葺，未几而工成告竣。内外聿新，此非徒以壮观瞻，亦以遂前人之愿也云尔。余不揣荒谬，聊为俚言，以垂不朽焉矣，是为记。

  沁邑庠生王之翰沐手撰文

  尧封童生张鳌虔心书丹

  乾隆五十七年蒲月修龛，共使钱五十六千七百六十文，木工冯景春刻

  王上选地亩钱四千一百三十五文

  韩德华地亩钱二千九百一十五文

  韩德山地亩钱二千零三十五文

  王石头地亩钱二千零三十五文

  王聚地亩钱一千二百一十文

  韩子元地亩钱一千一百文

  韩德海地亩钱一千一百文

  王振国地亩钱三百八十五文

  韩德国地亩钱六百五十文

  王余孩地亩钱九百九十文

  王上忠地亩钱九百九十文

  邢荣贵地亩钱八百二十五文

  韩德财地亩钱二百二十文

  王华地亩钱二百二十文

  王上进地亩钱三百三十文

  王尧地亩钱一千二百一十文

  王璞地亩钱一千一百文

  韩德盛地亩钱三百八十五文

  韩德荣又施□□钱三百文

  韩德金地亩钱三百八十五文

韩德荣地亩钱二百七十五文

邢聚贵地亩钱五百文

韩德银又施钱五百文

玉工霍天钟刊

道光九年岁次己丑菊月穀旦

四、碑文考述

（一）地亩摊派

地亩摊派是明清时期中国乡村社会中一种集体费用的筹集方式，美国传教士明恩溥注意到这种现象："中国庙宇数量之多真是令人难以置信，所有这些庙宇的建造过程也都有着自己的旨趣。如果某些人想造一个庙宇，那么，按照惯例他们得请来村里的头面人物，只有在这些人的主管下，才能着手开始工作。通常，为了筹集资金，经理人需要征收地税。虽然每亩地的税额不是固定的，但根据土地拥有量的不同，每个人所需缴纳的地税还是有不同级别的。穷人可能免交地税，或者只交一点点，富户则交付重税。"[①] 这种制度起源很早，至少在晚明时期已经出现，"照地亩以捐财，量家资以施舍"，[②] 但其大量出现是在清代中期（乾隆）以后。从形式上来说，既有地亩谷及其他实物，又有地亩银，更有根据地亩摊派的劳务，这些可以统称为地亩摊派。从功能上来说，既有日常性的社费来源的地亩摊派，又有为了修庙需要而临时性的地亩摊派。

---

① 〔美〕明恩溥著，陈午晴、唐军译：《中国的乡村生活》，电子工业出版社2016年版，第108页。

② 万历三十三年（1605）《重修炎帝神农庙碑记》，现存高平焦河村炎帝庙。

现存碑刻上出现地亩钱的记载很多，但绝大部分都只有地亩钱的总数，而没有每一户的具体钱数。本案例碑上有详细的地亩钱数据，详细开列了每一户的地亩钱数，这使得统计分析成为可能。因此，这一碑刻具有特别的重要性。

（二）从地亩钱看村社土地占有情况

地亩钱虽然是以个人名义来缴纳的，但是个人代表的是一个家庭。地亩钱实际上是以户为主体进行缴纳的。地亩摊派是根据每户拥有土地的多少按照比例进行摊派的，因此，根据地亩钱数虽然无法知道每户土地的绝对数量，但是可以知道榆树村每户土地的相对数量，也就是每户土地占全村土地的比例。每户地亩钱数占总地亩钱数的比例也就是每户占有的土地在全村土地中所占的比例。

表7　清代中期榆树村地亩钱与捐款情况统计表

序号	姓名	地亩钱数（文）	地亩钱比例（%）	备注
1	韩德宝	0	0.00	仅有捐施
2	韩德财	220	0.96	
3	韩德国	650	2.83	
4	韩德海	1100	4.78	
5	韩德华	2915	12.68	
6	韩德金	385	1.67	
7	韩德荣	275	1.20	另有捐施
8	韩德山	2035	8.85	系维首
9	韩德盛	385	1.67	
10	韩德银	0	0.00	有捐施
11	韩子元	1100	4.78	系维首

续表

序号	姓名	地亩钱数（文）	地亩钱比例（%）	备注
12	王华	220	0.96	
13	王聚	1210	5.26	
14	王璞	1100	4.78	
15	王上进	330	1.44	
16	王上选	4135	17.98	系维首
17	王上忠	990	4.31	
18	王石头	2035	8.85	
19	王尧	1210	5.26	
20	王余孩	990	4.31	
21	王振国	385	1.67	系维首
22	邢聚贵	500	2.17	
23	邢荣贵	825	3.59	
小计		22995		
最大值		4135	17.98	
最小值		220	0.96	
平均值		1095		以21户为基数

说明：（1）表格根据现存榆树坪道光九年和道光十年两通碑刻整理；（2）韩德荣与韩德银在村社集中捐款之后又另外进行了捐款，具体原因碑文没有记载，碑文最后开列账目中并没有将这两笔捐款计入，这里也未计入；（3）以上人名按照姓氏笔画顺序排序。

从表7中可以看出，榆树村全村共有23户，其中无地户两户，韩德宝和韩德银没有摊派地亩钱，当为无地的村民。有地户共计21户，占有土地最多的是王上选（17.98%），最少的是韩德财与王华（0.96%），两者相差约18倍。占有土地最多的4户（占总户数的17%）所占土地接近一半

（48.36%），基本属于土地较多的家户，可以称之为富户［具体标准是占有土地比例在 5% 以上（不含 5%）］。占有土地最少的 8 户，共计占有土地约 12%，是属于土地较少的，和无地的两户一起可以称之为穷户［具体标准是占有土地比例在 2% 以下的（含 2%）］。剩余 9 户占有土地约 40%，是中等的家户，可以称之为中等户（具体标准是占有土地比例在 3% 到 5% 的家户）。

地亩钱数量不能体现每户占有土地的绝对数量，但是根据其他一些资料还是可以进行一些大致的估计。清代中期高平地区的地亩钱缴纳的标准究竟是怎样的？每亩地一般缴纳多少地亩钱呢？这可能在不同时代、不同区域和不同的具体背景下都会有所不同，不过大体上应该不会差异很大。缴纳过多会导致村民负担过重，缴纳过少又无法满足村社公共需要。高平石𡒊道光重修碑文中有这样的记录："择日开工，花费不足，又□廿□年秋报以地亩派定，每亩八十文收起，前后二年一切收社钱。"[①] 这里记载的标准是"每亩八十文"，如果按照这个标准对上述榆树村的数据进行推算就可以得到每户所拥有土地的绝对数量。榆树村当时共计耕地为 287 亩，其中最多的王上选家 50 余亩，韩德财和王华最少，不到 3 亩，20 亩以上的有 4 户，10—20 亩的有 8 户，10 亩以下的有 9 户，绝大部分集中在 5—15 亩。

（三）从地亩钱看社首身份

从地亩摊派的数额不仅可以看到一些乡村经济方面的问题，也可以看出乡村社会治理中的社会管理问题。这里主要通过对村社首领的身份来说明。村社首领是否更倾向于由富户承担呢？除了财产多少之外，村社管理者的身份是否还有其他的标准？家族对于村社管理者又有怎样的影响？

从土地占有情况而言，榆树村的 4 个社首（韩德山、韩子元、王上选和王振国）中有 3 个都属于相对的富户，仅有王振国属于穷户。由此可见，维

---

① 道光二十六年（1846）《无题名碑》，现存高平市神农镇石𡒊村。

首一般都由村中富户担任，但是这不是绝对的。影响维首选择的因素是多方面的，至少包括年纪和辈分，年纪大、辈分高的人更容易成为维首，4个维首中，可以确定韩子元是辈分较高的。碑文中说："又有韩姓子法公在世，俱不忍像庚风尘，虔梓神龛……乾隆五十七年蒲月修龛。"由此可知，乾隆末年组织修神龛的是韩子法，韩子元是韩子法的同辈人，韩德山应该是下一辈的人了。同样，王振国可能也是辈分较高的人。

除了贫富、年纪和辈分以外，影响维首选择的还有家族。榆树村共有王、韩和邢三个姓氏。其中王姓和韩姓是两个大家族，邢氏的两户显然是兄弟二人，人丁不旺，要么是从其他地方迁移过来不久，要么是家族大部分迁出，要么是家族早已衰落。韩姓的几户显然是两辈人，维首韩子元是长一辈，只有一户。距离榆树村很近的北常庄有道光五年（1825）韩承志的诰封碑，韩姓可能是从北常庄迁来的，这个家族显然是由一个祖先繁衍来的，迁来榆树村时间应该也不长。王姓可能是最早在榆树村定居的家族，根据名字无法确认其辈分的情况。维首一般会平衡各家族力量，王姓和韩姓家族各占两个维首名额就是这种习俗的体现。辈分也是重要的影响因素，韩子元和王振国可能就是因为在家族中辈分较高而成为维首的。韩德山和王上选则是韩王两姓中最富有的两家。

30 道光十四年（1834）高平义庄关帝庙《大社永禁桑羊碑记》

一、村落社庙概况

义庄距离高平市区东南 12 千米，属河西镇。义庄位于丹河河谷以东的丘陵地区，南界在高平与泽州两县交界处，位于高平市区通往石末乡的公路旁，交通便利。义庄大体呈南北向带状分布，2010 年共有居民 199 户，726 人，规模不大。

义庄关帝庙现为一进院，正殿坐东朝西，山门南向，左右耳房各两间，南北配殿各三间。庙内无修庙相关碑刻，建筑沿革不详。义庄关帝庙位于村子东头路北，与玉皇庙紧挨，有角门可互通。

二、碑刻元数据信息

元素名称	元素修饰词	信息
文物类型		碑刻
编号		山西高平义庄005
所在位置	标准地名	山西省晋城市高平市河西镇义庄
	所在社庙	义庄关帝庙

续表

元素名称	元素修饰词	信息
名称	标准名称	道光十四年义庄关帝庙大社永禁桑羊碑记
	首题	大社永禁桑羊碑记
	额题	无
石刻年代		年号纪年：道光十四年
		公历纪年：1834年
材质		青石
附注	形制	壁碑
	纹饰	无纹饰
现状	完残程度	保存完好
书刻特征	书体	正书
相关文物	同庙碑刻	无其他碑刻
	相关建筑	义庄关帝庙为清代风格建筑
田野经历		2013年5月23日杨波、王潞伟和颜伟等实地考察 2014年6月17日杨波补充调查

三、碑文整理

首题：大社永禁桑羊碑记

额题：无

捧读圣谕重农桑以足衣食一条，内云："圣祖仁皇帝尝刊《耕织图》，颁行中外，是以文武官僚俱有劝课之责。"窃思其所以谆谆示谕，永传不替者，凡为黎庶图衣食之本也。我辈身居草野，敢不永为凛遵哉？第有初者鲜克有终，善作者不克善成。如吾乡义庄，旧禁桑羊残碑犹在，不意半途而废，此事久不获见矣。兹幸有维首同七班社首等纷然振奋，复举此事，故公议条规，勒碑谨志，将我朝之教泽不坠，亦前辈之遗风不泯也。倘自此以往，农桑兼务，衣食丰足，则久之仁让成俗，比户可封，讵非吾乡之良谋也耶！是为序。

规条列后：

一议、永远栽桑禁羊，所有历年一应花费尽属社中。

一议、栽桑日期准于清明以前，不许迟延。

一议、起初桑种大社采买，每一亩地发给桑种二枝，照期自栽，勿得有误，违者议罚。

一议、嗣后累年各自多栽，利益无穷，如有将桑种无存绝不再栽者，从重议罚。

一议、栽桑之后，觅四季长巡人二名，代巡夏秋两季，每一人长年工价钱十二千整，按四季分发，不许支取。如每日游荡赌博怠不敬事者，一经查出，即行革去另觅。

一议、栽桑以后，男、妇、幼童各自守分，不许乱采，并禁窃取秋夏田禾等物。违者，无论巡夫旁人，皆许扭庙鸣钟，待维社首分其情形轻重议罚，概不允另人讲情，违者议罚。

一议、凡养群羊者，无论本村外村，于惊蛰以前立冬以后入境牧放，不许擅入他人地内，损坏桑株等物。违者，无论巡夫平人，拉羊每一只罚钱二百文。

一议、群羊于立冬以前惊蛰以后，断不许入境牧放，违者即无损桑株田苗等物，亦拉羊每一只罚钱二百文。

一议、村中耍（育）羊之家，以一二只为止，无论春夏秋冬，不许牧放他人地内损坏桑株、田苗等物，违者议罚。

一议、境内四季不许在地内塄边打柴以及窃伐树株，违者，无论经谁查出，扭庙议罚。

一议、自领桑种之时，如有隐匿地亩，务按报名多寡，按亩数领栽。如仍蹈故辙，日后查出，不惟有事社中不管，仍然公同议罚。

一议、巡夫以及社中人等，捉来犯规之徒，或拉来牛、羊等畜，鸣钟三次，维社首理合同到。如有红白大事，或在染病，或系远出，不到可恕；倘静坐闲游故推不到者，一经查出，从重议罚。

一议、巡夫因循懈怠，维社首亲见，并不戒饬，明系徇情故纵，经旁人鸣钟指出，入庙议罚。

一议、巡夫不得徇情，倘有关切情面私自纵放，或只辨（办）己事并不巡查，经地主出首，除议罚外，仍行革巡。

一议、犯规之家倘有逞强反目行凶殴辱，维社首除绳捆外送，□［报］官究治。

一议、罚油多寡，系某人查出系某人扭庙，即许某人与社中均分，长巡者不得争论。

大清道光十四年岁次甲午二月清明日勒石

四、碑文考述

（一）种桑生产的组织管理

义庄关帝庙道光十四年碑是一种类型的社规碑。晋东南地区是重要的蚕桑丝织业地区，现存数量众多的与蚕桑丝织业有关的社规碑，这类碑通常称作禁桑羊碑。禁桑羊碑大部分内容较为简单，主要是禁止放羊吃桑叶。本案例碑刻内容较为丰富，是禁桑羊碑的典型个案，这通禁桑羊碑的规约共十六条，内容主要包括三个部分：桑叶生产组织、桑树资源保护、管理处罚办法。

禁桑羊碑的第一至四条主要涉及栽桑生产的组织。桑树的种植可以是由各家各户独立进行，也可以是由村社统一组织。从碑文中可以看出，义庄村社的桑树种植由村社统一组织，村社承担了垫付资金、购买桑种、分配桑种的任务，对于生产环节中的栽桑日期、扩大规模等也做出了规定。这种生产组织具有强制性："照期自栽，勿得有误，违者议罚"，村社对种桑生产活动有决定权。

为保护桑树资源，村社也制定了一系列措施，大体对应于碑文中第五至十条。一方面对人为破坏桑叶进行规定："男妇幼童各自守分，不许乱采，并禁窃取秋夏田禾等物"，同时"不许在地内埝边打柴以及窃伐树株"，这是保护树木。另一方面为避免放羊啃食桑叶，对养羊放羊进行了规定，其中对放羊的规定是所有禁桑羊碑的重点内容。义庄村社的规定较为严格细致。首先规定惊蛰以前、立冬以后的冬春季节不能进入他人地内损坏桑株等物；其次规定立冬以前、惊蛰以后不允许放牧；最后还规定养羊只能养一两只。

义庄关帝庙禁桑羊碑表明清代村社性质已经发生了根本改变。首先，村社在一定空间范围内拥有绝对权威，碑文中屡屡提到"境内"就是这个社规有效的空间范围，也就是村界范围之内。其次，村社在村落空间范围之内具有很强的强制力，以至于可以决定社人生产什么、怎么生产，必然也会决定产品怎么分配，对村落中的经济资源分配有决定权。再次，村落可以代表村落集体与其他村发生关系，这一禁桑羊碑不仅仅规范了本村社人行为，也规定了外村"凡养群羊者，无论本村外村，于惊蛰以前立冬以后入境牧放，不许擅入他人地内"，对外村人的约束当然只能在本村范围之内，但一旦与外村发生争议，村社就可以代表义庄这个集体。最后，可能也是最重要的，村社掌握了村落中的经济权力，此碑虽没有这方面的详细规定，但从"所有历年一应花费尽属社中"的规定可以看出与栽桑有关的投入产出等经济活动都是由村社主导的，村社已经具备了"准企业"的性质。义庄村的情况未必是普遍的，但村社掌握了村社集体收支的经济权力则是毋庸置疑的。总之，清代的村社性质较为复杂，远超一般意义上的文化社区、社团组织等含义，而是兼具地方行政管理、集体企业、地方权威等性质。

（二）村社管理处罚办法

禁桑羊的社规需要一套村社管理办法来保障，特别是监督处罚的办法。义庄关帝庙禁桑羊碑中也有这方面较为详细的规定，大体对应于碑文第十一至十六条。在监督者方面，村社选派了专门的巡夫负责在地里巡查，捉拿放羊损坏桑树者，普通社人也有检举揭发的权力，他们都是禁桑羊的监督者。区别是巡夫专门从事巡查工作，碑文对其应尽职责也做了规定："巡夫不得徇情，倘有关切情面私自纵放，或只办己事并不巡查，经地主出首，除议罚外，仍行革巡。"在具体执行中，规约中还强调要保留证据，也就是"捉来犯规之徒，或拉来牛羊等畜"，这都是为了保留证据，以便议罚。在仲裁者方面，社首是议罚的决定者，碑文对社首应尽的义务也做了规定："维社首理合同到。如有红白大事，或在染病，或系远出，不到可恕；倘静坐闲游故推不到者，一经查出，从重议罚。"社首同时还承担着监督巡夫的任务，不履行责任的也要议罚。

在场所方面，义庄关帝庙是执行检举和议罚的场所："一议栽桑以后，男、妇、幼童各自守分，不许乱采，并禁窃取秋夏田禾等物。违者，无论巡夫旁人，皆许扭庙鸣钟，待维社首分其情形轻重议罚，概不允另人讲情，违者议罚。"这里所说的"扭庙鸣钟"当然是指关帝庙，其他规条里也都有提到关帝庙的"境内四季不许在地内埝边打柴以及窃伐树株，违者，无论经谁查出，扭庙议罚"，"巡夫因循懈怠，维社首亲见，并不戒饬，明系徇情故纵，经旁人鸣钟指出，入庙议罚"。由此可见，在规约执行层面上，落实这些规约的具体地点就在关帝庙，这就是社庙所履行的社会管理职能，社庙并不仅仅是祭祀场所，更是村社具体执行管理的场所。

在处罚规定方面，碑文对于纵放牛羊损坏桑树的人也规定了具体的处罚方式和金额："拉羊每一只罚钱二百文。"这部分罚款的用途一半要分给检举者，另一半留在社里公用："系某人查出系某人扭庙，即许某人与社中均分。"这是奖励检举的措施。

义庄禁桑羊碑还有两个特殊问题。原则上，村社没有暴力制裁违规者的权力，违规者可能会存在不服从村社权威、抗拒处罚的情况，这时村社就要求助于地方政府的权力。因此几乎所有的社规、禁约等都会有一句相关的规定："报官究治。"地方政府权力实际上是村社权力的后盾，在村社权力失灵时就要求助政府权力。此外，由于栽桑涉及土地数量问题，碑文还对杜绝"隐匿地亩"做了规定，因为这涉及村社收取地亩钱或社分的问题，和村社集体收入息息相关，通常都是村社社规的重要内容。

卷 六

31 道光二十六年（1846）高平石末神山庙《补修紫峰山暨白马寺碑记》

一、村落社庙概况

石末村位于高平市区东南19千米处，与陵川和泽州两县交界。石末因为位置地处高平市东南的烧石岭之末端而得名，古称典蒲镇、蟠龙镇、石村镇等。村子有两条公路与市区连接，一条向北经烧石岭、米山通往高平市区，另一条则向西由连接石末和河西的石河线连接市区，这条道路向东南方向经过双泉就可以到达陵川县附城镇。石末村地处丘陵地带，周围多小山丘，村子北面是烧石岭，东面和南面为蒲河，过了蒲河再往南为紫峰山，东面有解放后兴建的石末水库。石末古村主要为东西向带状村落，东西长400多米，南北宽200多米，现在村中的古街为以前古村的主干道，新村主要沿通往市区的两条主干道向北和向西发展，下辖几个自然村都位于古村西部，靠近晁山村。石末村清代属第十八都石末里[①]，今属石末乡，系乡政府所在地，下辖石末、义洲地、上石板坡、果木园、森山、王寨头、赵家河等7个自然村。2010年石末村有居民532户，1919人，是地处山区的大规模村庄，村中姓氏较杂，许、冯、司等几个姓略多。庙宇和碑刻众多，计有宣圣庙、白马寺、玉皇庙、西庙、小儿塔、关帝庙、神山庙、牛王庙、文昌阁、观音阁等十余处。

---

① ［清］傅德宜等纂修：乾隆《高平县志》卷4《里甲》，《中国地方志集成·山西府县志辑》第36册，凤凰出版社2005年版，第58页。

石末神山庙就在石末村村南紫峰山上，距离石末村中心约1千米，紫峰山上民国碑中说紫峰山的位置是"山位石末之南，蒲河之阴"。清代高平著名历史学者司昌龄为石末村人，著有《泫志拾遗》等重要的高平地方历史著作，相传晚年即隐居在紫峰山上。神山庙是现在村民比较常见的称呼，也有称作孙真人祠或碧霞宫的。神山庙的始建不知何时，现前院前廊檐柱的柱础上有一石刻字迹写有"万历十二年"字样，如果这个石刻是当时捐赠时的刻字，则此庙的建筑应该不晚于万历十二年（1584）这个时间。康熙三十六年（1697）村人周姓一家重修了庙中最北面的碧霞元君殿，但是这次重修是局部的，并不是整体重修。康熙四十九年（1710）移修了大悲阁，这是现在的中殿，很有可能在此之前只有现在的前院，而万历十二年的石刻也是在前院。道光年间补修了此庙，此次补修应该是清代中期一次较大规模的补修，民国二十一年（1932），村中庙宇几乎全部被修缮一遍，也包括此庙，以上两次修庙的费用都来自砍伐山上的树木卖钱。而同时从乾隆时期开始一直到民国二十一年，碑文上三令五申，一直强调保护山上树木，禁止砍伐。此庙原有戏台，在庙外，现在地基犹存，但是被掩盖在一片荒草之中。①

---

① 以上概述综合利用了神山庙中的历代碑刻、石刻和题记，包括：乾隆八年（1743）《无题名禁约碑》、乾隆十一年（1746）《重修紫峰山碧霞元君殿》、道光二十六年（1846）《补修紫峰山暨白马寺碑记》、民国二十一年（1932）《重修地亩碑》、民国二十一年（1932）《重修紫峰山古刹碑记》、前院西侧前廊一个柱础下的石刻题记、碧霞元君殿中墙上有民国时期题诗和康熙年间中殿的脊枋题字。

二、碑刻元数据信息

元素名称	元素修饰词	信息
文物类型		碑刻
编号		山西高平石末010
所在位置	标准地名	山西省晋城市高平市石末乡石末村
	所在社庙	石末神山庙
名称	标准名称	道光二十六年石末神山庙补修紫峰山暨白马寺碑记
	首题	补修紫峰山暨白马寺碑记
	额题	无
	阴首题	无
	阴额题	无
石刻责任者	撰文	陵邑儒学廪膳生员冯树典
	书丹	灿西院居士许步霞
	玉工	许起凤
石刻年代		年号纪年：道光二十六年
		公历纪年：1846年
材质		青石
计量	尺寸	高124厘米，宽56厘米，厚20厘米
附注	形制	方首方趺
	纹饰	四周勾连雷纹环绕

续表

元素名称	元素修饰词	信息
现状	完残程度	保存完好
书刻特征	书体	正书
相关文物	同庙碑刻	乾隆八年（1743）《无题名禁约碑》 乾隆十一年（1746）《重修紫峰山碧霞元君殿》 民国二十一年（1932）《重修地亩碑》 民国二十一年（1932）《重修紫峰山古刹碑记》
	相关建筑	石末神山庙为明清风格建筑
相关文献	研究文献	杨波：《山西民间文献整理研究：高平诉讼碑刻辑考》，第104—115页
田野经历		2013年6月5日杨波和王潞伟等实地考察

三、碑文整理

【碑阳】

首题：补修紫峰山暨白马寺碑记

额题：无

常闻岳降嵩生，山之为灵，昭昭也。即如紫峰山特起于地之东南，掩映乎村之西北。岗峦耸翠，可卜紫气之东来；松柏苍青，足征人文之蔚起久矣。夫为石末村之屏藩也，旧有壁掌洞，湮没而古（蹟）[迹]莫寻，又有孙真人祠，灵应而邑志可证。且向有司静山先生遗文不没，而禁碑至今如昨矣。第殿宇古刹，檐瓦催残，见之者莫不触目伤心。感慨系之矣。虽屡年微有补缉（葺），奈货斧不给，终不能告厥成功。是岁执事者，欲有所更张，因请众维首公议，将山中大树抉伐五十余株，自货板木，积金千余。于二年内，社庙苫盖，并白马寺前后三院一统完缉（葺）。既有以妥圣神之灵，且有以壮人民之望。岂不懿哉！岂不懿哉！① 无如乙巳岁仲夏，有犯山界两次起石者，公议罚戏。演戏之后，事有蹭蹬，因酿成讼词。后经邻庄处和，着伊仍还戏价，优礼妥神，又照禁碑罚银五两入社。自此以后，公议向有所施之地，增置山厂者，复为照界安碑，以志不朽。并将社田数段落按实注明于后。此盖非为一时计，而实为千古计也。是为序。

陵邑儒学廪膳生员冯树典拜譔

灿西院居士许步霞拜书

大清道光二十六年岁次丙午九月榖旦

玉工许起凤刊

【碑阴】

首题：无

额题：无

水泉上方圆八分。西北出路东至水河，西、南、北皆至棱根。

摩天岭松树数十株，四至界碑古赵山。

东山坡地十三亩四段。东南至社山厂，西北至古路。

东水池一个，北至路，三面皆至本山厂。

岭南山一架。约有地十亩，四至界碑，每年贴许姓粮钱一百文。

东山坡地一亩四段，四至皆本山厂内。

羊窑头地四亩四段，东至后坡，西至路，南至崖根，北至山。

南山坡地一亩六段，四至皆本山厂内。

神南沟地四亩八段，东、西至崖，南、北至水河本社。

西岭上地二亩四段，四至皆本山厂内。

神南沟地三亩一段，南、北至坡，东至水河，西至本山。

西湾地四亩六段，南至坡，三面至本山。

---

① 原文重复一次，可能是衍文，也可能是强调。

坟东地十四亩二段，东至路，西至坟边，南至坡，北至本山。

北圪条地三亩三段，东至路，三面至山。

茶棚底地三亩一段，南、北至坡，东至坟边，西至本山。

池上地二段，东至水河，西至本山，南至古路，北至坡根。

南沟边地一亩一段，东、西至坡，南至崖根，北至坟界。

神南沟地一亩五段，东至社地，西至水河，南至崖，北至坡。

神东头地三亩三分，东、北至坡，西至水河，南至坡根。

总计本山每年应封银贰（贰）两九钱整

合社公立

白马寺住持正玉正喜

紫峰山住持本安

三教堂住持觉林

四、碑文考述

（一）乾隆村社禁约碑

本案例的起因和结果都和乾隆年间司昌龄撰书的禁约碑有密切关系，所以需要首先了解这通禁约碑的内容，乾隆禁约碑内容如下：

石末镇为高平东南之望，而紫峰山又石末东南之望也。虬松古柏离奇突兀于苍岩碧嶂之间，观方者见菁葱之佳气，验人文之日盛焉。乃有村农野竖垦（汙）[污]莱于崖巘之上，纵牛羊于维乔之下，岁月渐深，视为固然，不及今而为之所，匪独嘉树见戕，山灵且将怒之矣。里人张鈿等，谋于众绅士，追还侵地若干段，封殖松柏，永禁樵牧，刻石而记之。庶蔚然深秀，益为兹山增色，而地之灵者人自杰，其补于乡邑岂小焉而已哉！

　　一耕过山界石内者罚银五两

　　一开垦荒土者罚银三两

　　一牧放牛羊者罚银三两

　　一移取松柏者每根罚银一两

　　一割草拾松子莪者罚银五钱

　　所罚之银入社公用。禁约既定，各宜遵守，倘有恃强不服者，鸣官究治。

　　乾隆八年岁次癸亥秋七月中浣勒石

　　乾隆八年（1743）的这通禁约碑中，司昌龄所说的禁约发起人是"里人张钿"和"众绅士"，而实际上从后面的"所罚之银入社公用"来看，禁约制定和执行的主体还是村社。这时的石末村社已经建立了详细的成文社规，非常成熟了。对于石末这样的大村来说，村社出现的时间应该更早。目前无法在清代以前的碑刻上找到明显证据证明明代及其以前就有村社组织。

　　碑中的禁约一共有五点，核心是围绕着保护紫峰山展开的，紫峰山及其一切生态和物产资源都在受保护之列。这种村社禁约的出现是因为当时已经出现了"村农野竖垦汙莱于崔嵬之上，纵牛羊于维乔之下"的情况，禁约正是针对这些破坏行为的规范。这通禁约碑刻至少能够说明以下几个问题：首先是这时候的紫峰山已经属于村社公共的社产，归属村社进行管理了，这是村社能够制定这种禁约的前提；其次，在乾隆八年的时候侵犯紫峰山的各种资源的情况应该已经比较普遍，这和乾隆时期的人口与经济发展有关；最后，此碑的碑阴有详细的山界四至，当时就已经对山界的四至做了严格的规定，并且立了界石来作为标志。乾隆禁约碑既预示了后来道光碑中类似争议情况的存在，同时又为后来解决这种纠纷奠定了很好的村规民约的基础性规范。

（二）村社处罚及其失灵

唱戏不仅仅是一种单纯的娱乐活动，它也承担着社会管理的职能。道光二十五年（1845）发生了"有犯山界两次起石者"之后，最早的处罚手段是罚戏。罚戏是非常有民间特色的村社议罚手段，广泛见于碑刻之中："爰集老老幼幼公议演戏扶碑，严禁赌局以及孩童踢毽玩钱之事一并列在禁中，永不许有犯，如有犯者，入社公议罚戏三天，如有不遵罚者，各社送官究治。"[①] 这里提到了唱戏的两个作用，一个作用是在立禁碑的时候唱戏，这是一种宣传教化的作用。另一个作用是有人违反禁令之后罚戏，这是一种惩罚方式。罚戏既惩罚了犯有过错的人，同时又丰富了村民的娱乐生活，更重要的是它起到了很好的宣传教育的作用，没有什么事情比唱戏更容易被更多的人知道的了。

按道理说，用罚戏的方式对"有犯山界两次起石者"进行了处罚之后，事情就应该得到了解决，事实并非如此。这个案例所反映的就是当村社的民间管理方式失效之后发生的事情。我们讨论村社的各种治理方式的时候，往往是从制度的角度进行讨论的，也就是说我们往往在意的是村社以何种方式进行村落治理，但是这种治理手段的效果怎样呢？是不是能够解决当时村中的问题呢？从这个案例可以看出，村社治理未必能解决所有的问题。碑文中没有说明为什么罚戏之后，矛盾没有解决，反而激化了，但是无论如何，最后的结果是演化为诉讼案。也就是说，当村社治理手段不能解决村中的矛盾时，就需要通过诉讼这种方式进入官方的国家规定的解决问题的程序之中。在这里，民间性的治理手段和官方的国家管理方式的界限和结合就表现得非常明显。国家系统内的通过诉讼方式解决民事争端的制度具有潜在的无限制的特点，理论上它可以处理一切问题。但是，在实际中，很多问题在诉讼之前就在村社这种民间制度中得以解决，而并不一定要用兴讼的方式来解决。

---

① 嘉庆二十四年（1819）《禁碑》，现存寺庄镇西德义村关帝庙。

反过来，民间性的制度不是万能的，而是以官方的制度作为后盾的。因此，几乎所有的禁约碑的最后都要加上一句和乾隆禁约碑中"倘有恃强不服者，鸣官究治"类似的话。这说明当村社无法协调矛盾的时候，最终交由政府来解决。

有意思的是，虽然紫峰山的矛盾导致了诉讼案的出现，但是矛盾的最终解决竟然又回到了民间的一套制度中来。这是比上述国家制度与民间制度关系更加耐人寻味的。诉讼实际上就是将民间社会村社制度所无法解决的问题上升到官方的层面，但是这种上升到官方层面的做法却进一步地在民间社会中扩大了事件的影响范围，进一步地带来了更大范围的民间社会力量参与到争议的调处中，最终再次将事件纳入民间社会的解决框架之内——通过邻村的参与调解了双方的矛盾，如果事情没有闹到兴讼的地步，邻村或许还并不知道或者并不愿意参与到事件的调解之中。由此可以看出，官方制度和民间制度的关系并不是机械的，官方制度并不总是充当着民间制度的后备解决方案的角色，反过来，官方制度和民间制度是在一种复杂的互动和合作之中解决问题的。在我们所见到的绝大部分的诉讼案例当中，知县的判决大多数都是具结和解或者认罪免罚这种结果，最终基本上都回到了民间社会的解决轨道上，这些例子其实都是县政府利用各种民间力量来缓和矛盾。

32 道光三十年（1850）高平西沙院炎帝庙《创修戏室碑记》

一、村落社庙概况

西沙院村位于高平市区以北约 13 千米处。西沙院村东与东沙院村毗邻，两村为独立的行政村，两村所在的区域位于高平市和长子县交界的羊头山脚下，属于山区村庄。西沙院清代属第二都团池北里，[①] 今属神农镇，2010 年有居民 203 户，726 人，规模不大，旧村呈南北向分布。西沙院除炎帝庙外另有一座祖师庙。

西沙院炎帝庙位于该村西南，二进院落，坐北朝南，中轴线呈南北布局，依次为舞台、过厅、正殿，两侧有耳殿、配殿、厢房、看楼，正殿三楹，旧时的整体格局依然可见。西沙院炎帝庙始建时间不详，现存隆庆二年（1568）石刻题记，始建当不晚于明中叶。雍正三年（1725）至雍正八年（1730）重修，乾隆二十四年（1759）重修，乾隆五十四年（1789）和道光三十年（1850）分别增修了戏台和戏室，此后重修情况不详，直至 2012 年重修。

---

① ［清］傅德宜等纂修：乾隆《高平县志》卷 4《里甲》，《中国地方志集成·山西府县志辑》第 36 册，凤凰出版社 2005 年版，第 56 页。

二、碑刻元数据信息

元素名称	元素修饰词	信息
文物类型		碑刻
编号		山西高平西沙院 004
所在位置	标准地名	山西省晋城市高平市神农镇西沙院村
	所在社庙	西沙院炎帝庙
名称	标准名称	道光三十年西沙院炎帝庙创修戏室碑记
	首题	创修戏室碑记
	额题	无
	阴首题	无
	阴额题	无
石刻责任者	撰并书	下台后学良辅王廷俊
	住持道人	王来秀
	玉工	秦福德
石刻年代		年号纪年：道光三十年
		公历纪年：1850 年
材质		青石
计量	尺寸	高 202 厘米，宽 60 厘米，厚 20 厘米
附注	形制	笏首方趺
	纹饰	碑首龙凤纹，四周八仙纹和雷纹
现状	完残程度	保存完整
书刻特征	书体	正书

续表

元素名称	元素修饰词	信息
相关文物	同庙碑刻	雍正八年（1730）《重修炎帝庙碑记》 乾隆二十四年（1759）《重修关帝庙高禖祠碑记》 乾隆五十四年（1789）《创修戏楼并两廊以及重瓦大殿记》 另有一通无纪年捐资碑
	相关建筑	西沙院炎帝庙为清代风格建筑
田野经历		2013年6月24日王潞伟和赵丹荣等实地考察 2015年6月15日杨波实地考察

三、碑文整理

【碑阳】

首题：创修戏室碑记

额题：无

且天下无难为之事，而有不易积之财。惟财不易积，斯事因以难为焉。吾乡居县之北，村之南旧有炎帝庙，春祈秋报，神灵既妥，陈俎设豆，民情亦伸。而当每岁献戏时，其如屋宇狭隘何！言念及此，父老咸为嗟叹。集众于庙，相与议之曰："庙貌虽巍，止以供祀，屋宇不增，优人奚容？"于是，夙夜踌躇，皆怀奋迅之意；朝夕图画，各具振兴之心。因择村中乐善之家，捐资输粟，以备造作。积财未久，众人相谓曰："赀已蓄矣，粟已裕矣，戏室之工可，于是而兴矣。"由是，同心协力，鸠工庀材，增置暴姓堂房五间，地基一所，创修东房三间，西房三间，南房五间。是功也，起于乙巳[①]之夏，不数旬内，骤然告竣。此其中人为之耶？抑神助之耶？斯时也，则见夫美哉

---

① 乙巳：道光二十五年，公元1845年。

轮焉！美哉奂焉！朝晖夕阴，气象万千，幽闲辽夐①，不可胜言，诚足以壮一村之观瞻，俾后世之颂美也哉！爰属（嘱）余作文以记其事。余非能文者，不揣固陋，敢竭鄙诚，勒诸石以垂不朽云。

下台②后学良辅王廷俊撰并书

经理维首杜滑　杜英　杜永德

杜恩荣　杜嗣隆　杜昶

暴修工　暴致远　暴贤源

杜明　暴福全　暴玉

杜贤　周钧

住持道人王来秀　玉工秦福德　仝勒石

大清道光三十年岁次庚戌季冬之月榖旦

【碑阴】

首题：无

额题：无

关帝社、喜吉社诸公施钱姓名开列于后：③

（1—15）杜永德施［钱］三千六百［文］　喜钱二十四千三百文　杜贤施［钱］三千五百［文］　喜钱二十四千一百文　杜英施［钱］八千六百［文］　喜钱十七千五百文　周钧施［钱］七百［文］　喜钱十六千五百文　杜滑施［钱］三千五百［文］　喜钱八千六百文　暴修工喜钱五千一百文　杜嗣隆施［钱］三千四百［文］　喜钱一千五百文　杜天福施［钱］三百［文］　喜钱四千五百文　杜明施［钱］七百［文］　喜钱三千三百文　暴聚□施［钱］三百［文］　喜钱三千六百文　杜新发施钱三千二百文　杜墁

---

① 夐：广阔遥远。
② 下台：今高平市神农镇中庙村。
③ 序号是整理者添加，为捐款人数量统计，捐款有施钱和喜钱两类，两类都有时碑文共用"钱"和"文"字，整理加方括号以示区分。

文施［钱］八百［文］　喜钱二千四百文　杜希恺施［钱］七百［文］　喜钱一千九百文　暴立顺喜钱二千五百文　杜嗣泰施［钱］九百［文］　喜钱一千五百文

（16—30）杜招施［钱］一千［文］　喜钱二千文　杜恩荣施［钱］一千五百［文］　喜钱八百文　杜硬成施［钱］五百［文］　喜钱一千八百文　杜志恭施钱二千二百文　杜家和施［钱］二百［文］　喜钱二千文　暴福全施［钱］二百［文］　喜钱一千九百文　杜天德施［钱］一千二百［文］　喜钱八百文　杜吉祥施［钱］四百［文］　喜钱一千五百文　杜海林施［钱］七百［文］　喜钱一千二百文　杜希肃施［钱］四百［文］　喜钱一千五百文　郭耀施［钱］七百［文］　喜钱一千二百文　杜溟施［钱］一千三百［文］　喜钱五百文　李忠兴施［钱］二百［文］　喜钱一千六百文　杜柏林施［钱］三百［文］　喜钱一千四百文　暴德顺施［钱］四百［文］　喜钱一千三百文

（31—45）周永祥施［钱］七百［文］　喜钱一千文　李志让施［钱］二百［文］　喜钱一千四百文　杜暻施［钱］四百［文］　喜钱一千一百文　杜和贵施［钱］四百［文］　喜钱一千文　暴全喜喜钱一千三百文　杜锦施钱一千三百文　杜嗣斌施钱一千三百文　杜潮施钱一千二百文　杜新喜喜钱一千二百文　杜万恒施钱一千一百文　杜志格施钱一千一百文　暴双喜施钱一千文　杜黑狗施钱一千文　暴保安喜钱一千文　杜永施钱九百文

（46—61）暴德林施钱九百文　暴贤源施钱九百文　暴秋保喜钱八百文　杜吉庆施［钱］二百［文］　喜钱六百文　暴期施［钱］二百［文］　喜钱六百文　杜喜会施钱七百文　暴三孩喜钱七百文　暴贤溥施钱五百文　杜金施钱四百文　周锦施钱四百文　暴忠施钱四百文　杜祥麟施钱四百文　喜钱五百文　杜全顺施钱四百文　杜祥顺施钱四百文　杜嗣绪施钱三百文　李田孩喜钱五百文

（62—77）杜仁施钱三百文　杜琪孩施钱三百文　六合堂施钱三百文　杜小春施钱三百文　杜时施钱三百文　李田孩施钱三百文　杜来发施钱三百文　杜桂姐施钱三百文　暴三胡施钱二百文　杜嗣点施钱二百文　杜嗣崇施

钱二百文　杜元施钱二百文　杜先施钱二百文　杜东保施钱二百文　暴胖孩施钱二百文　杜续甫喜钱四百文

（78—86）杜习公施钱二百文　杜嗣锟施钱二百文　杜步云施钱二百文　杜嗣庚施钱二百文　杜小蒜施钱三百文　□进保施钱三百文　杜元林施钱一百文　暴忠全施钱一百文　暴羊施钱一百文

修理总共花费钱四百五十余千文，两社布施共钱二百余千文，请会一局得钱六十余千文。以下按地亩均摊。

四、碑文考述

（一）炎帝庙还是关帝庙

西沙院炎帝庙是一个非常特别的祠庙，清代重修的碑文中有时候说是关帝庙，有时候又说是炎帝庙，令人困惑。此庙始建时间不详，现存隆庆时期的石刻题字"隆庆二年岁次戊辰年丙辰月己卯日立室修造，石匠秦准"，推测此庙的始建当不晚于晚明时期，由于题记非常简单，究竟是什么庙已经不得而知。明清之际，此庙毁坏较严重，雍正三年（1725）开工重修，到雍正八年（1730）告竣，此时碑文称之为炎帝庙："自邑以东首阳山古迹沙院村有炎帝庙。"[①]碑文中没有任何地方提到关帝庙，而且称炎帝庙为"古迹"，不过这大概是修庙的套话，并没有具体追溯此庙历史。

从这次修庙的捐施情况来看，除了有周围一些村庄的少量捐款外，其他都是本村的捐款，这是一次再普通不过的庙宇重修了。雍正时期重修之后的

---

① 雍正八年（1730）《重修炎帝庙碑记》，现存高平西沙院炎帝庙门内西墙根，笏首方趺，高161厘米，宽48厘米，厚24厘米。

大约三十年，乾隆二十四年（1759）的重修碑文中却说这个庙实际上是关帝庙："余偶客□地，见有炎帝庙正殿一座。……邑民语余曰：此重修古关帝庙、高禖祠是也。"①这种说法是碑文作者从村民那里听来的，村民的说法应该是有根据的，此庙内肯定很早就已经有关帝殿和高禖殿。乾隆时期关帝信仰已经产生了巨大的影响力，村村都有关帝庙的格局已经形成，村民就强调了此庙中关帝庙的部分。乾隆五十四年（1789）和道光三十年（1850），此庙分别增修了戏台和戏室，道光以后不再有新的重修碑。乾隆五十四年碑文中也提到原来关帝庙"自昔人重修关帝庙与高禖祠时已有其志"，②这显然是指乾隆二十四年的重修。从地理位置上来说，西沙院村就在羊头山脚下，可以说是处在炎帝信仰最兴盛的区域，在这里修建炎帝庙是最正常不过的事情。作为一个历史悠久的祠庙，西沙院村此庙原本是炎帝庙的可能性更大，大体在晚明时期，炎帝庙就增设了关帝殿和高禖殿。此后关帝信仰地位越来越高，炎帝相对来讲就显得不那么重要，关帝庙的性质就一再被强调。总的来说，从碑文来看，人们还是更多地将此庙称作炎帝庙，道光三十年创修戏室碑中也称"村之南旧有炎帝庙"，并不提关帝庙。

（二）炎帝庙中的关帝社

西沙院炎帝庙道光三十年创修戏室碑中有两个乡村会社的捐款：关帝社和喜吉社，而且这两个会社的捐款是修庙最主要的经费来源。此次增修戏室共计花费"钱四百五十余千文"，其中"两社布施共钱二百余千文"，大概占了近一半，另外通过合会方式募集"六十余千文"，其余以地亩摊派的方式解决。那么，这里的关帝社和喜吉社与西沙院村社是什么关系呢？

关帝社显然与关帝信仰、关帝庙有关，喜吉社的名字不见于其他碑刻之

---

① 乾隆二十四年（1759）《重修关帝庙高禖祠碑记》，现存高平西沙院炎帝庙正殿外西侧，笏首方趺，高170厘米，宽50厘米，厚20厘米。
② 乾隆五十四年（1789）《创修戏楼并两廊以及重瓦大殿记》，现存高平西沙院炎帝庙二进院门东墙根，笏首方趺，高160厘米，宽50厘米，厚22厘米。

中，考虑到前述碑文提到关帝庙（殿）与高禖庙（殿），这两个庙（殿）当与关帝社和喜吉社相对应。关帝社是以关帝信仰和关帝殿为中心成立的乡村会社，喜吉社则是以高禖信仰和高禖殿为中心成立的乡村会社。社庙中有各种各样的神灵，围绕这些神灵可以建立各种信仰的会社，这些会社在社庙内活动，它们与村社共用一个社庙，通常这种会社只负责专祀某个神灵的殿，这种情况在其他村社中也普遍存在。同治元年（1862）晋城城区北石店镇鸿春村三教堂《关帝会入大社碑记》："本村旧有三教寺，左角殿为祖师，右角殿为关圣。祖师之祀有三山会。绝而复起者，不一其人。而关圣未有专祀焉。村中史元林等建立关帝会，各捐己赀，除五、九月祭祀外，积聚生息。历积十有余年，约地二十余亩。使其慎终如始，日增月盛，不几传为美谈与？奈人心不齐，积久弊生。有异议而无统率矣。史元林等恐历久遂湮也，欲将地亩施于社中，俾社首代为设祭，庶前功不致尽弃。"① 在这个案例中，庙宇是三教寺，其中有祖师殿和关帝殿，祖师殿建立了专门的三山会这一会社，而关帝殿却没有专门的会社，这就是史元林等人建立关帝会的原因，但关帝会由于经营不善，最终合并到了大社之中。高平许村也有类似的例子："同治十三年四月，社□□同经理维首、执年社首将观音会圣事皆交大社经管，每年神烟照旧，二月十九日献神戏三天。"② 观音会是原来管理观音阁的会社，在同治十三年将观音阁的所有权转交给了大社。与鸿春村的情况不同的是，这个观音阁是会社独立兴建的庙，并不在社庙之中。村社（大社）与这些会社存在此消彼长、此长彼消的关系。当这些会社人心不齐或经营不善，以至于难以为继的时候，会社就可以解散，将部分或全部职能、财产转移给村社（大社）。反过来也是可能的，当村社（大社）人心不齐或经营不善，这些会社就会在事实上承担村社的职能。西沙院村的情况就是如此，因

---

① 同治元年（1862）《关帝会入大社碑记》，李永红、刘晓波主编：《三晋石刻大全》（晋城市城区卷），三晋出版社2012年版，第326页。
② 同治元年（1862）《观音会碑记》，现存高平许村观音阁。引文系补记同治十三年事，纪年晚于刊立碑刻时间。

此西沙院村社的筹资和管理工作主要由关帝社和喜吉社来负责。

村社的制度是灵活多变的,大社与小社、大社与村社集群、村社与会社、社首与普通社人、村社与宗族(家族)之间都存在复杂的、多样的、灵活的关系,在不同情况下,各种关系可以灵活调整。西沙院村"庙称炎帝,而社称关帝"的现象代表了一种类型的情况,形式上是村社,但实际上却是会社,其实质就是会社把持了村社的权力,具有了村社的功能,最突出的表现就是它可以进行地亩摊派。这种情况是西沙院村祠庙有时称作炎帝庙、有时又称作关帝庙的根本原因。社庙实际上是社和庙的统一体,社是村社在社会经济文化方面的体现,庙则是村社在物质形态上的体现,村社是社庙的主体,社庙是村社的外在呈现。这两者本来应该是统一的,它们应该以同一个神灵作为文化符号,但当村社不能正常履行其功能的时候,社和庙就发生了分离。

33　咸丰七年（1857）高平王降关帝庙《重修舞楼碑记》

一、村落社庙概况

　　王降村位于高平县城西北 3 千米处，地处高平盆地西北边缘丘陵地区，地势西北高、东南低，东南方向即高平县城，西北为野川和寺庄两乡镇之间的山区。王降村靠近县城，市区扩大后，目前已经基本处在市区范围之内，交通比较便利。王降清代属第七都王降里，[①]今属北城街道办事处，2010 年有居民 260 户，899 人，规模不大。王降村历史悠久，以丝和铁为代表的手工业非常发达，有元代的益国铁冶遗址，还是丝织业的重要区域。位于村西的洞真馆原来是铁业的行业神奉祀之所，解放以后曾经被作为丝织工厂，现在地面还留有安装织机的痕迹。

　　王降关帝庙位于王降村村中部偏南，坐西朝东，其始建年代不详，雍正年间重修，道光碑记中称有碑刻，调查中未见。道光十九年（1839）增修"大小院宇，内外阶台、山门楼、钟楼、禅室"，并未提到舞楼。道光三十年（1850）舞楼损坏，则舞楼始建早于道光三十年，咸丰元年（1851）到咸丰七年（1857）重新修建。关帝庙现存正殿三间，北耳房两间，距离正殿院落 100 多米处有戏台一院，南北耳房和看楼俱存。戏台院与庙宇院距离较远，只是遥遥相对，这是受到地形影响所致。

---

① ［清］傅德宜等纂修：乾隆《高平县志》卷 4《里甲》，《中国地方志集成·山西府县志辑》第 36 册，凤凰出版社 2005 年版，第 57 页。

二、碑刻元数据信息

元素名称	元素修饰词	信息
文物类型		碑刻
编号		山西高平王降005
所在位置	标准地名	山西省晋城市高平市北城街道办王降村
	所在社庙	王降关帝庙
名称	标准名称	咸丰七年王降关帝庙重修舞楼碑记
	首题	重修舞楼碑记
	额题	无
石刻责任者	撰文	邑庠生伯烟李良玉
	书丹	邑庠生从心悦可法
	玉工	武宝兴
石刻年代		年号纪年：咸丰七年
		公历纪年：1857年
材质		青石
计量	尺寸	高135厘米，宽49厘米，厚22厘米
附注	形制	笏首方趺
	纹饰	碑首二龙戏珠纹
现状	完残程度	有一定漫漶
书刻特征	书体	正书

续表

元素名称	元素修饰词	信息
相关文物	同庙碑刻	道光十九年（1839）《重新改修关帝庙碑记》 咸丰七年（1857）《彩画舞楼捐钱碑》 咸丰七年（1857）《补刻重修关帝庙捐钱碑》
	相关建筑	王降关帝庙为清代风格，损毁严重
田野经历		2013年6月23日和2015年6月5日杨波实地调查

三、碑文整理

首题：重修舞楼碑记

额题：无

夫春祈秋报，祀典传自先民，而大厦高台，弦歌尤尚今世。村之中旧有关帝庙一所，庙之前后有戏台三间，不意道光年间，岁值庚戌，关圣之戏台榱崩栋折，旧址徒存。社事之推诿，用之囊空，新基难立。于是悉聚村人，咸谋修理，而诚言为善之士经营图维，不惮劳瘁，故酌咸丰□量所入以支用，因人役使，免其钞，以赴工，是以辛亥兴工，甲寅告成，此数年之勤苦，若非勒碑刻石何以俾后世之人面石而言曰某年营始、某年告成，知重修之不易哉？

邑庠生伯烟李良玉撰文

邑庠生从心悦可法书丹

执事维首悦奉箴　悦钟翔　[悦]维斌　[悦]秉直

悦大勋　悦秉礼　[悦]钟瑞　[悦]绾春

佐理维首郭英　悦希曾　悦大和　王瑾

悦希贤　悦瑞廷　牛秉清　悦茂财

悦大同　悦光宗　[悦]钟美　[悦]掌印

牛来全　王瑜　悦咣则　悦希舜

常新春　悦光楣　悦钟彦　悦钟明

入河南布施带揭项借钱三百四十千零六百三十文　入六年共收钱三百九十八千三百二十文四文　入维首布施钱四十四千三百文　以上共总入来钱七百八十三千二百五十四文

出木石油铁泥水诸匠工钱二百五十千零八百三十文　出买木石料钱二百一十四千一百七十文　出买树砖瓦墙笆钱一百零九千六百八十六文　出还揭项本利钱五十八千文　出一应零花钱一百五十千零五百七十八文　总共出钱七百八十三千二百五十四文

悦绾春三辆　悦希曾二辆　牛秉清二辆　悦维斌一辆　王瑜一辆　悦秉宜一辆　悦钟翔一辆　悦钟美一辆　悦咣则一辆　悦大同一辆　共分车工一百七十五工　共分地亩工二千五百七十四工

大清咸丰七年孟冬月榖旦

玉工武宝兴敬镌

四、碑文考述

（一）王降社事

王降关帝庙的历次重修基本上是由悦姓家族组织和主导的。道光十九年重修碑文中记载了雍正重修的情况："关圣帝君存正气于雨间，作明神于千古，庙祀于余村者由来已久，其创建之初年，缺贞珉而无考，经营之首善遂湮没而不彰，国朝雍正间有余悦姓祖讳彩者曾作领而补修之，墙壁有记，略而未详，兹不具论。"[①] 在道光十九年（1839）的重修中，悦姓仍然占据绝对主导的地位，这从维首的组成可以看得非常清楚："执事维首悦奉箴、悦继昌、悦联魁、牛松保、郭永生、悦奉公、悦通泰、悦恒泰、悦秉均、悦鸿喜、悦志庚、悦广河。"[②] 执事维首一共有 12 人，其中 10 人都是悦姓。咸丰七年碑中"执事维首悦奉箴、悦钟翔、悦维斌、悦秉直、悦大勋、悦秉礼、悦钟瑞、悦绾春"，8 位执事维首都是悦姓。虽然悦姓在村社中起到主导作用，但关帝庙的维修仍然是社事的一部分，道光十九年碑碑文中明确说："适值岁时伏腊，乡党萃处之期，谈及社事，有善念素存者情愿以己八十金之产兑换他人一庙之基，施社改移修理"。[③] 咸丰七年碑中也说："社事之推委，用之囊空，新基难立。"王降的社事保持了很好的连续性。道光三十年（1850），关帝庙戏台毁坏："不意道光年间，岁值庚戌，关圣之戏台榱崩栋折。"碑文中没有记述戏台毁坏的原因，从其文义看应该是突然发生灾害。王降村社的反应非常迅速，从第二年也就是咸丰元年（1851）开始就着手重修戏台："是以辛亥兴工，甲寅告成。"重修过程一共历时七年，到咸丰七年（1857）才完全竣工，这就是碑文最后所说的"入六年共收钱三百九十八千三百二十文四文"。从这次重修戏台的情况来看，王降村社虽然存在资金不足的问题，但对于戏台毁坏的事件反应迅速及时，在戏台损坏之后立刻就开始着手重修。社事的连续性是很明显的。

（二）借贷修庙

咸丰初年，王降村社重修戏台时主要是依靠外省商人捐款来进行的，也就是碑文中所说的"入河南布施带揭项借钱三百四十千零六百三十文"，这是村中有在河南经商的商人在河南当地布施的钱，这部分捐款不足的，王降

[①] 道光十九年（1839）《重新改修关帝庙碑记》，现存高平王降关帝庙南墙根，倒伏笏首方跌，高 210 厘米，宽 62 厘米，厚 25 厘米。

[②] 同上。

[③] 同上。

村社依靠收取社费六年逐步积累,到第七年才能完工。尽管如此,修建过程中还是出现了资金不足的情况,以至于无法完成彩画工作:"木石之工甫毕,丹青□□难营,故欲□□以收钱,而村人告困,欲延年以积聚,□岁□□还□□社维首及村积善之家,酌家之厚薄,钱之□(多)寡,以完绘画之工云尔。"[1]在这种情况下,村社再次组织维首和村民捐款,这才最终解决了剩余的工程。除了这些常见的社费和募化经费之外,王降关帝庙在咸丰年间重修时出现一种较为罕见的资金来源:"入河南布施带揭项借钱三百四十千零六百三十文。"即借贷修庙。在碑文账单的出项中有"出还揭项本利钱五十八千文",这是规划了借贷的本金和利息,由于不知道本金是多少,无法核算利息率。此次修庙总时长为七年,按照当时民间借贷的通常利率——一分利率计算,总利钱大概为本钱的70%,本钱大概为三十四千文。此次修庙总经费为"七百八十三千二百五十四文",三十四千文占此次修庙总经费的比例不足5%。由此可见,用借贷的方式来修庙,用社费来进行偿还,这种做法只是通常修庙经费来源的一种补充,不是主要的方式。

村社有借贷修庙,就有相反的用社费放贷、收取利息获利的情况。这种情况在村社中比较常见,村社在收取社费之后不会马上使用,这就存在可能的运营收益。虽然村社很少会直接拿社费作为资本用来投资,建立村社的目的一般也不是追求利润,从这个意义上来说村社还不能看作一个商号那样的经济组织,但村社不会排斥这种获利的可能。村社可以通过用社费放贷的方式来获得收益,王降关帝庙在道光年间重修时的经费来源为:"入梨谷钱六百六十二千一百四十六文,入外来布施钱三百一十九千三百九十四文,入本村布施钱二百五十二千一百文,入利钱八十七千三百文,入杂项添余钱三十三千九百四十六文。"[2]这里的"利钱"显然是指利息,这部分利息就是

---

[1] 咸丰七年(1857)《彩画舞楼捐钱碑》,现存高平王降关帝庙南院墙上,壁碑,宽39厘米,高30厘米,碑文漫漶较为严重。

[2] 道光十九年(1839)《重新改修关帝庙碑记》,现存高平王降关帝庙南墙根,倒伏笏首方趺,高210厘米,宽62厘米,厚25厘米。

社产运作的收益，或者是来自社产的租用（如社地租佃），或者来自社费的直接借贷，都可以看作利钱。这里的"利钱"和"杂项添余钱"都可以表明村社的"社事"具有连续性，并不仅仅是在修庙过程中的临时性的募捐款项，而是有连续的会计账目。从数量上来说，以道光重修碑为例，利钱这一项的收入仅占总经费的6%，所占比重很少，村社运营活动的收益数量不多。当村社需要较大支出（主要就是修庙）时，往往需要长时间的积累才能积攒足够的经费，这并不能说明村社经济上有多困难，而是由村社的性质所决定的，村社每年收取的社费绝大部分都用于当年的社事活动之中，其中日常性的活动主要就是春祈秋报、演戏酬神。村社并不是以获利为目的的商号组织，因此每年的余钱数量是相当少的。

借贷修庙不是村社常见的情况，但社费放贷获取收益是常见的。这些现象都表明进入清代中叶以后，村社受到当时商品经济比较繁荣的大环境影响，也开始利用各种金融借贷手段来获利和解决燃眉之急。村社在经济方面呈现出多元化和复杂化的特点。

34 同治四年（1865）高平双井里各村《无题名税赋分摊碑》

一、村落社庙概况

此碑情况较为特殊，现存同治四年五通内容完全相同的碑刻，分别位于王庄雷音寺、西李家庄三官庙、东李家庄三义庙、桥南三教堂和郭家庄三教堂五座庙宇之中。此碑内容涉及今河西镇东部和石末村西部的八个村庄。现将这八个村庄以及上述五座庙宇的情况稍做介绍。

八个村庄现在的名字是双井村、王庄、沟南村、东李家庄、西李家庄、郭家庄、椿树村和丁壁村，这八个村庄位置靠近，都是相邻的村庄，八个村庄所在的小区域位于高平东南方向，距离市区10余千米。八村小区域相对独立，位于今河西镇东北部和石末乡西北部，两乡镇交界处，北倚龙顶山与米山镇相望，龙顶山地势很高，米山镇和河西镇被龙顶山分隔开来；东南遥望白龙王山，过白龙王山即进入晁山石末等石末乡中心地带；向东为石末北诗两乡镇交界处的两沙壁和两靳寨四村；向西即是圣佛山，山上有著名的宋代庙宇崇明寺。八个村庄明显分为两个部分：北面的六个村庄（王庄、沟南村、东李家庄、西李家庄、郭家庄和椿树村）地处丘陵地带，村庄规模均较小，都属于小规模的山区村庄；南面两个村庄（双井村和丁壁村）规模较大，地势开阔，交通便利，是河西镇通往石末乡的必经之地。八个村庄中只有王庄村是属于石末乡的，其余七个村都属于河西镇。

王庄村仅有雷音寺与诸神庙两座庙宇。雷音寺位于村东北，坐北朝南，始建于康熙十年（1671），乾隆二十九年（1764）重修，是村中大庙，现存正殿三间，东西侧殿各三间，与乾隆碑记所言相符，东西厢房各六间，南边舞楼今不存，调查时正在维修。郭家庄仅有崇明寺和三教堂两座庙宇，崇明寺位于村外西边圣佛山上，三教堂位于村东北，坐北朝南，仅有同治四年（1865）的一通碑刻。沟南村（当地人习惯称桥南）仅有三教堂一座庙宇，位于村北，坐北朝南，始建时间不详，民国十六年（1927）重修。东李家庄庙宇略多，有三圣堂、观音堂、玉皇庙和三义庙，三义庙位于村中，坐北朝南。西李家庄仅有三官庙及其旁边附属建筑关帝阁，三官庙位于村中，坐北朝南，碑刻众多。以上五个村庄总体来说规模小，庙宇少，交通不便，具有很多共同的特点。

五通碑刻的具体位置和大小略有不同，具体情况如下：

西李家庄三官庙碑刻位于山门内西侧，壁碑，宽88厘米，高36厘米。

东李家庄三义庙碑刻位于西侧殿内，壁碑，宽80厘米，高35厘米。

沟南村三教堂碑刻位于庙西墙内，壁碑，宽88厘米，高37厘米。

郭家庄三教堂碑刻位于正殿前东墙，壁碑，宽92厘米，高38厘米。

王庄雷音寺碑刻位于山门东侧墙上，壁碑，宽94厘米，高37厘米。

碑刻内容格式完全一样，均无题名和篆额，无碑阴。

二、碑刻元数据信息

元素名称	元素修饰词	信息
文物类型		碑刻
编号		山西高平王庄003[①]

---

① 这里仅整理王庄碑刻的元数据信息。

续表

元素名称	元素修饰词	信息
所在位置	标准地名	山西省晋城市高平市石末乡王庄
	所在社庙	王庄雷音寺
名称	标准名称	同治四年王庄雷音寺无题名税赋分摊碑
	首题	无
	额题	无
石刻责任者	撰并书	邑庠生牛炳箕
石刻年代		年号纪年：同治四年
		公历纪年：1865 年
材质		青石
计量	尺寸	宽 94 厘米，高 37 厘米
附注	形制	壁碑
	纹饰	无纹饰
现状	完残程度	完好
书刻特征	书体	正书
	铭文行款	20 行，行 14 字
相关文物	同庙碑刻	乾隆二十九年（1764）《重修村北大庙记》 乾隆二十九年（1764）《新建高禖圣像碑》
	相关建筑	王庄雷音寺保存完好，清代风格建筑
相关文献	研究文献	杨波：《山西民间文献整理研究：高平诉讼碑刻辑考》，第 149—157 页
田野经历		2013 年 9 月 19 日杨波和颜伟等实地考察

三、碑文整理

首题：无

额题：无

遵仁明龙太爷堂断照古按丁甲四六分摊由来久矣，其各村应摊之数胪列于左：

北六村应摊四分

西李家庄该摊一分五厘

东李家庄西坡村[1]该摊一分零五毫

王家庄该摊七厘五毫

沟南村该摊三厘

郭家庄该摊二厘

窑则头该摊二厘

南两村应摊六分

双井村该摊四分

丁壁村该摊两分

西李家庄[社首]庞秋成　监生庞裕顺

东李家庄[社首]九品任永芳　任本忠

王家庄社首五班维社首

沟南村[社首]庠生石松文　石毓策

郭家庄[社首]郭永德

邑庠生牛炳箕撰并书

---

[1] 原碑文中"西坡村"三字字体较小。

大清同治四年十二月初四日

仝勒石

四、碑文考述

（一）双井里八村与税负分摊

同治四年碑碑文中出现的九个村，除了窑则头村待考以外，其他八个村落在清代全部属于双井里，而且是县志记载的双井里的全部村落。县志中记载："双井里，在县东南，庄八：双井村、王家庄、沟南村、东李家庄、西李家庄、郭家庄、椿树村、丁壁村。"① 碑刻比县志中的双井里记载多了窑则头村，窑则头村可能是指现河西镇窑头村（窑头村口语中也叫窑则头），窑头村位于河西镇中部，距离八村小区域3千米左右，中间间隔了西李门等村，总体来说距离有点远，不过，清代里的划分并不一定是相邻的村，不相邻的村划分到一个里的情况很常见。窑则头也可能是指现朵则村，朵则和窑则头一样因为窑洞很多而得名，方言中的朵则和窑头都是窑洞的意思。朵则村紧邻八村小区域，郭家庄翻过圣佛山就是朵则村，距离更近，但村名有一点差距。窑则头村的具体所指仍有待考证。

清代的民间社会税赋征收方法的细节其实并不是很清楚，近些年有人利用县一级的档案材料对此做了一些探索性的研究。② 实际上，不同区域可能还是存在一些差异，本案例的碑文能够让我们看到晋东南社会征收税赋过程

---

① ［清］傅德宜等纂修：乾隆《高平县志》卷4《里甲》，《中国地方志集成·山西府县志辑》第36册，凤凰出版社2005年版，第60页。

② 如李怀印利用获鹿档案所做的研究，详见〔美〕李怀印：《华北村治——晚清和民国时期的国家与乡村》，中华书局2008年版。

中的一些细节。里甲制度在明初创立以来，在不同时期、不同地域的实际执行情况是有很大差异的，清代的高平里的建制一直都是存在的，从本案例可以看出，税赋还是以里为单位进行征收的，同治四年碑碑刻记载的其实就是双井里收税的一套具体规范。虽然里是存在的，但是这时的里已经不是真正意义上的里了。首先，里甲不再是依照户口进行编制的，而是直接以村落为单位来征税，里甲可以说是名存实亡的。其次，征税的数量也不再按照丁或者亩的数量来征收，而是直接进行份额的摊派。这种情况下，很大可能征收的是定额的税赋，并不根据丁或者亩的变动而变动，户口和土地的统计都没有必要进行。总之，这个时期征税的方式基本上就是以里和村为单位将税赋按照从里到村逐级分摊，分摊比例按照传统习惯来确定，定额征收。

（二）村社与征税

同治四年碑中还有一处需要注意的地方，那就是碑文中列出北面五个村（东李家庄、西李家庄、王家庄、沟南和郭家庄）具体落实执行收税的责任人的身份和名字。碑文解读有一定歧义，王庄旁边有社首两字。这可以理解为只是针对王庄而言，也可以理解为所有五个村的个人都是社首，王庄恰好在中间，碑文中这种省略非常常见，无论如何理解，社首可以作为征收税赋的负责人则是无疑的。碑中提到王庄的社首是"五班维社首"，五班是社首管理中的一种轮值制度，王庄的五班维社首制度最早出现在何时不得而知。乾隆时期，王庄雷音寺重修碑中维首数量正好是五人，"重修维首：成口益、唐元、成瑄、成君就、成大成"，[①] 或许这就是五班维社首的最早形式，五人轮值担任社首，或者以五人轮流为主要负责人管理社中事务。

有很多证据可以表明，至少在部分村落中，清代村社是承担着赋役征收的职责的，"五年初夏开征，社首总理催督，若有越限抗欠，社首具禀。试

---

① 乾隆二十九年（1764）《重修村北大庙记》，现存高平石末乡王庄雷音寺。

思钱粮，丝毫为重，曷容玩视，社既承办，当立规程"①。当村落需要将差役改为募役的时候，也是由社首来负责禀控的："我北桑村原属建圣里所辖，五庄分为五甲。茶园首庄为一甲，我村派为五甲也。向在地方公事轮流支办，但我村距首庄二十余里，拨夫守卡，驱赴不便。于光绪十年间，经我村社首祁世泰、祁小明等投案禀控，蒙陈慈堂断，令我村应当之年，贴给首庄大钱十五千二百文。"②清代赋役征收没有固定的统一的办法，大概都是因时、因地而异，但是总的来说主要是责成乡地、社首和士绅共同负责完成的。

---

① 光绪六年（1880）《记荒暨社规碑》，樊秋宝主编：《泽州碑刻大全》第2册，中华书局2013年版，第532页。
② 光绪十五年（1889）《遵官堂断归给地方碑记》，樊秋宝主编：《泽州碑刻大全》第2册，中华书局2013年版，第332页。

35 光绪十一年（1885）高平牛村玉皇庙《五社统归一社记》

一、村落社庙概况

牛村距离高平市区正南方向 11 千米，位于丹河河谷区域的边缘地带，东、北两个方向都靠近丹河，西南方向倚靠莒山，莒山是高平和今泽州县两地的界山。牛村地处丹河河谷地带，临近高平到晋城市区的二级路，交通便利，整个村庄近似呈正方形分布，东、西、南、北各 600 米左右。牛村在清代属于二十七都丛桂里，[①] 今属河西镇，2010 年有居民 685 余户，2390 多人，是规模较大的村庄。牛村每年六月二十三有庙会。

牛村玉皇庙位于村中心，坐北朝南，是村中大庙。玉皇庙始建不详，现存最早碑刻为乾隆四十九年（1784）《东社重修舞楼七间碑记》。从牛村的地理位置和村庄规模推断，玉皇庙至少建于晚明时期。庙宇规模较大，上下两院，正殿三间，东西耳房和厢房俱存。山门倒座戏台比较有特色，格栅门尚存，门上有精美绘画。调查时庙宇损坏较为严重，庙墙局部坍塌，亟须修缮。牛村是比较大的村庄，庙宇众多，除大庙玉皇庙外，还有佛堂、七贤祠、白衣阁和皇阁，其中七贤祠比较著名，县志中记载："有七贤祠，元高平令郭质重修其祠，记略曰金明昌正大间相继擢第者七人，悉丛桂同里士也。"[②]

[①] ［清］傅德宜等纂修：乾隆《高平县志》卷4《里甲》，《中国地方志集成·山西府县志辑》第 36 册，凤凰出版社 2005 年版，第 59 页。

[②] 同上。

二、碑刻元数据信息

元素名称	元素修饰词	信息
文物类型		碑刻
编号		山西高平牛村011
所在位置	标准地名	山西省晋城市高平市河西镇牛村
	所在社庙	牛村玉皇庙
名称	标准名称	光绪十一年牛村玉皇庙五社统归一社记
	首题	五社统归一社记
	额题	永垂不朽
石刻责任者	撰文	邑庠生员张光裕
	书丹	乡饮耆宾高维藩
	篆额	邑庠生员秦鸣盛
	玉工	田闰三
石刻年代		年号纪年：光绪十一年
		公历纪年：1885年
材质		青石
计量	尺寸	高195厘米，宽59厘米，厚24厘米
附注	形制	笏首方趺
	纹饰	四周边框有缠枝纹饰
现状	完残程度	保存完好
书刻特征	书体	正书
	铭文行款	14行，行59字

续表

元素名称	元素修饰词	信息
相关文物	同庙碑刻	乾隆四十九年（1784）《东社重修舞楼七间碑记》 乾隆五十一年（1786）《重修玉皇庙内院东西楼六间中庭三间东西腰房六间外院东西殿六间以及补葺山门舞楼一切彩画碑记》 嘉庆十九年（1814）《以地易地记》
	相关建筑	牛村玉皇庙为清代风格建筑
相关文献	著录文献	《三晋石刻大全》（晋城市高平市卷），第 743 页
	研究文献	杨波：《山西民间文献整理研究：高平诉讼碑刻辑考》，第 167—175 页
田野经历		2013 年 7 月 10 日杨波等实地考察

三、碑文整理

首题：五社统归一社记

额题：永垂不朽

今夫分合者事，而所分合者人，其所以分合之故，实缘乎时势。世故有合久必分，分久必合者焉。余邻牛村，庄大户多，生殖繁息。村东偏建立五社，无事则各保田禾，有事则统规大社，所以一规模而节费用耳。时则风俗敦庞，人心纯厚。社虽五，诸事举百堵兴□无彼此之判。迨至光绪丁丑岁，遭大祲，世风屡遭变迁。更兼杂物丛出，未经之事，几生间隙，不免雀角鼠牙[①]之争，以致涉讼。兹蒙韩慈断，今五社归一。凡社庙向属某户者，统归大社。殆亦物极必返（反）者欤！因邀乡谊，善为调处，另立章程。重派班

---

① 雀角鼠牙：出自《诗经·召南·行露》："谁谓雀无角，何以穿我屋？……谁谓鼠无牙，何以穿我墉？"原指强逼女子成婚而引起的争讼，后泛指狱讼、争吵。

次，将前帐（账）结清，各归各款。清查地亩，节俭繁冗，轮流接办，一年一换。为度清算账目，张贴花单，俾众（週）[周]之。如是则群疑顿释，亦庶几事无纷更，社亦可以永固矣，岂非时势使然乎？是为记。

邑庠生员张光裕撰文［两枚印章］

乡饮耆宾高维藩书丹［两枚印章］

邑庠生员秦鸣盛篆额［两枚印章］

维首张标　焦学敏　李增发　姬跟泉　张家铭　焦廷槐　张全智　刘启明　刘呈瑞　史滨　李鸿宾　任永成　姬来昌　刘松林　张沂　李鸿文仝勒石

光绪十一年岁次旃蒙作噩律中夹钟[1]上浣之吉

玉工田闰三镌

四、碑文考述

（一）牛村村社沿革

牛村现存最早的碑刻是七贤馆中乾隆三十四年（1769）《重修东禅房碑记》，碑文中并没有出现村社。[2]这个时期应该已经存在村社，牛村玉皇庙乾隆四十九年（1784）《东社重修舞楼七间碑记》中有东社的说法，[3]则这个时期牛村至少已经有了东社和西社的区分，但应该还没有五社的组织结构，碑文中的社首有张姓二人，焦姓一人。现存玉皇庙中乾隆五十一年

---

[1] 纪年出自《尔雅》和《史记》，"旃蒙作噩"即乙酉之义。纪月用十二律纪月法，夹钟即二月仲春之月。

[2] 乾隆三十四年（1769）《重修东禅房碑记》，现存高平牛村七贤馆内。

[3] 乾隆四十九年（1784）《东社重修舞楼七间碑记》，现存高平牛村玉皇庙内。

(1786)《重修玉皇庙内院东西楼六间中庭三间东西腰房六间外院东西殿六间以及补葺山门舞楼一切彩画碑记》中有更为详细的社与会的记载："五十、五十一年收禁秋社六月六余钱七千一百廿二……收老社银十两、收钱会中银一百一十二两五钱八分、钱四十六千五百四十六文，收咸宜会银二百四十四两九钱八分、钱十四千二百九十三文。"①特别值得注意的是碑文中这些社和会捐款的过程"复请诸公十数家，诣社会借银"，上文所引社和会的捐款是通过募捐的方式获得的，这种做法一般只是针对外村或者外地商人进行的，可见，修庙的维首主体和其他社和会的主体是相互独立的。这表明牛村各种社和会已经分离，不过，这里提到的各种社和会很多，但是还是没有五社这个结构存在。现存玉皇庙嘉庆十九年碑中首次出现了"五社维首刘统、任玉振、任恒升、张哲、李丕显等"的说法。②这表明，在乾隆时期，五社的结构已经具有雏形，至迟到嘉庆时期，牛村五社的组织结构已经形成。

晚明以来的村社是一个比较复杂的系统，小村落一般只有一个社，但是大的村落常常会有很多小社，这些小社再共同构成一个大社，本案例所反映的就是这种情况。这种一村多社的情况一般最早发生在晚明时期，牛村的五社的最早形成时间难以考证清楚，上文的考证只能证明至迟在嘉庆时期五社已经存在，实际上这种结构形成应该更早一些。这里以高平伯方村的村社为例对这种大社小社结构略做说明，伯方仙翁庙现存大量明代中期的修庙碑刻，碑刻中记载修建都是个人发起的，碑文中称作"善士"或"耆老"，这样的称谓中既包含着一定的信仰成分，也包含一定的老人成分，或许明代的老人制在这时仍有一定影响，但这个时期的碑文中看不到明显的村社管理的痕迹。直至万历四十年（1612）《重修仙翁庙》中首次出现了"三社维首"的说法，这表明至迟在这个时候伯方村三社并存的格局已经出现。从这个时

---

① 乾隆五十一年（1786）《重修玉皇庙内院东西楼六间中庭三间东西腰房六间外院东西殿六间以及补葺山门舞楼一切彩画碑记》，现存高平牛村玉皇庙。
② 嘉庆十九年（1814）《以地易地记》，现存高平牛村玉皇庙。

候开始,社和会开始变得非常重要,以后的修庙碑中基本上是各种社或者会组织修建,也是从晚明开始,伯方村的社庙有三社共有的社庙和各个社独有的社庙的区分,西关帝庙就是西社独立的社庙,和其他两个小社无关。西关帝庙是一个明确的由西社进行管理的社庙,光绪十四年(1888)《关圣帝君庙重修碑记》中说道:"余乡村西旧有关圣帝君庙在焉,列金方而站酉位。创自明季,不记何年,问之故老,迄无知者,改修于雍正四年,易小以大,革故鼎新,增修南院,以备优人,凤翼改观,鱼鳞增色。西社均摊,东南不域。"① 这里的"西社均摊,东南不域"的含义非常清楚,西关帝庙的维修只和西社有关,和东、南两社没有关系。权利和义务是对等的、相应的,西关帝庙只有西社才享有权利,东、南两社在此不享有权利,西关帝庙后来修建了戏台,这是仙翁庙之外的一个独立戏台,依附于西关帝庙而存在的这个戏台相应的权利和义务只有西社才享有,而与东、南两社无关。

(二)丁戊奇荒与村社分合

本案例碑文中将村社组织产生矛盾纠纷的原因归于光绪初年的大灾荒,这个灾荒就是光绪四年(1878)左右的丁戊奇荒。② 这次灾荒是华北地区发生的一次严重的旱灾,对泽州地区乃至整个山西的破坏是非常严重的,据现在高平地区碑刻的不完全统计,光绪元年(1875)修庙碑刻为十通,光绪二年(1876)为七通,光绪三年(1877)灾荒已经发生,但持续时间短,情况还不严重,碑刻也是七通,光绪四年到光绪五年(1879)仅有碑刻两通,碑刻数量锐减。光绪六年(1880)没有修庙碑刻,仅有两通碑刻都是纪荒警示碑(西李门二仙庙与东周仙佛寺),是灾荒过后的纪念碑。光绪七年(1881)以后稳定下来,此后几年碑刻数量都在五六通,和灾荒前持平。通过这些碑文的记载,我们可以看到丁戊奇荒对高平地区基层社会的影响——一些原

---

① 光绪十四年(1888)《关圣帝君庙重修碑记》,现存寺庄镇伯方村西关帝庙殿前。
② 参看郝平:《丁戊奇荒》,北京大学出版社2012年版。

本准备完成的社庙兴建活动无法完成，不得不延后。北朱庄关帝庙的碑文中有："于光绪元年间，村中好善诸公□起关帝会一局，意欲积少成多，以为兴工之计，不料会未完而年遭大祲，延至今十有余年。光绪十三年春勠力同心，率作兴事，乘风雨之调顺兴土木之功程。"[1] 丁戊奇荒导致摇会失败，这类例子在上述几年的碑文中很多。丁戊奇荒不仅仅使得原本计划的维修无法完成，在大灾荒中社庙也无人做日常维护，所以损坏严重。以上这些材料反映的都是灾荒对村落经济的打击，没有经济支持的情况下，村社的各项工作全部停止，灾荒后各项社会经济工作才能逐渐恢复。本案例所反映的是一个更重要的问题，灾荒过后，村社工作无法正常恢复。对于牛村来说，灾荒不仅带来了暂时性的经济衰退和社会倒退，还进一步导致了村社代表的社会结构的变化，这就给村落带来了长远的影响。

　　一般来说，中国传统的地方基层组织有两种类型，一种类型是按照自然聚落来组建的，另一种类型是按照人户数量来组建的。村社的情况比较复杂，是一种按照自然聚落来构建的组织。但是，本案例所反映的小社的情况又不是如此。里甲毫无疑问是后者，"编户齐民"是里甲的基本思想，里甲作为一种官方制度，其设计的初衷是依据人户数量为单位建立一种基层组织。清代中期以后的里实际上性质已经发生了改变，但传统中国的官方规定和实际情况往往不符，这并不影响里甲的性质。以上两种组织方式各有优缺点，历史上任何时期都很难单独使用一种模式。即便明清时期，官方里甲制度之外还有保甲制度，保甲制度则偏向于按照自然聚落来组织。当村落规模过大的时候，也就是碑文中所说的"庄大户多"，一个村社要管理整个村落有一定的困难，这个时候分出小社管理比较方便。几个小社同处一村又会存在很多矛盾，这就又产生了合并的需要。这就是本案例的社会组织方面的背景。

---

[1]　光绪十四年（1888）《北朱庄关帝会创修西屋西北耳楼碑记》，现存米山镇北朱庄关帝庙内，笏首方跌，高142厘米，宽41厘米，厚20厘米。

（三）从政府判决看村社性质

本案例的一个特殊之处在于县政府的判决决定了五社合一。习惯上认为泽州地区明清时期的村社主要是一种民间组织，村社的分合虽然不能说非常普遍，但是也是比较常见的现象，大部分村社分合是由村社自己协商决定的，并不需要县政府的批准。这种对村社的理解本身是片面的，村社组织虽然并不是官方的基层组织，而是村民自发建立起来的民间性组织，但是无论在法理上还是实践中，它都是在国家的管理之下的，村社发生的任何事情原则上都是可以由地方政府来进行规范和制约的。正是在这种制约下，村社的所谓"自治"只是一种假象，这种自治是一种现象，而不是一种法理上得到保证的制度。传统中国对于乡村社会的治理存在着很大的弹性，国家规定的制度和实际的情况有很大差异，在实践中，村社确实在很多方面是自治的，但是在国家制度层面上不存在什么自治，国家仍然是拥有无限权力的，只是这种权力在实践中有限度地使用。这是村社制度研究中极其重要的基本定位问题。对于地方政府来说，只要问题能够在民间层面得到解决，政府一般就不介入，但是一旦事情发展到了诉讼的阶段，政府就可以对任何事情进行干涉，村社就不再有什么自主权，村社没有自己决定自己分合的权力，一切都要服从官方的判决，村社只能执行这种判决。在中国传统的地方社会管理中，泽州的村社制度体现的绝不是国家层面上的制度的先进性，而是在具体的执政层面的实践智慧。

36　光绪十二年（1886）高平南庄玉皇庙《立公食水碑记》

一、村落社庙概况

参看本书卷二大安二年（1210）高平南庄玉皇庙《重修玉帝庙记》。

二、碑刻元数据信息

元素名称	元素修饰词	信息
文物类型		碑刻
编号		山西高平南庄011
所在位置	标准地名	山西省晋城市高平市河西镇南庄村
	所在社庙	南庄玉皇庙
名称	标准名称	光绪十二年南庄玉皇庙立公食水碑记
	首题	立公食水碑记
	额题	无
石刻责任者	撰文并书丹	郡庠生李荫兰
	为事人	常喜元
	住持	觉立
	玉工	付禄文、王守义

续表

元素名称	元素修饰词	信息
石刻年代		年号纪年：光绪十二年
		公历纪年：1886年
材质		青石
计量	尺寸	高131厘米，宽54厘米，厚21厘米
附注	形制	笏首方趺
	纹饰	碑额为有花草纹饰
现状	完残程度	保存完好
书刻特征	书体	正书
	铭文行款	16行，行37字
相关文物	同庙碑刻	金大安二年（1210）《重修玉帝庙记》 嘉靖十五年（1536）《同修昊天玉帝行宫》 万历三十四年（1606）《无题名碑》 乾隆四十年（1775）《五社重修来凤山昊天玉帝行宫碑记》 光绪十八年（1892）《无题名碑》 民国十七年（1928）《来凤山重修昊天玉帝行宫碑记》
	相关建筑	南庄玉皇庙是国家重点文物保护单位
相关文献	著录文献	《三晋石刻大全》（晋城市高平市卷），第746页
	研究文献	杨波：《山西民间文献整理研究：高平诉讼碑刻辑考》，第176—184页
田野经历		2013年7月23日孟伟和王潞伟等实地考察 2016年10月30日杨波等人实地考察

三、碑文整理

首题：立公食水碑记①

额题：无

盖闻天地之间，五行最重，五行之内，水火当先。水也者，民生日用之常，而朝夕之所必需者也，他如来凤山侧有一南村，旧在本地界内掘井一眼，又冲池一所，以图饮食，以便取携，此谋养生之长策，人生在所不免耳。村北又有一北村，其中无井无池，合村向所用水，尽在南村之井池，两造②原系邻村，应有此互相扶助之雅，未闻起区分彼此之嫌，不依然鲁卫③之遗行与！孰意甲申年间南村人等，放牲畜于池内，北村人目触心伤，将牲扯社，遵五社议罚。议罚之后，南村人心不服，意谓不报用水之恩，反结用水之冤，因而群相阻拦，断其食水，以致口角，此挟嫌之故所由来矣。□是讼乃兴。至三载，祸遂临于两村。凡在五社之列者，觉坐视不可袖手不安，遂将伊等唤至五社公所，劝其息讼，先令北村人每年贴南村井池、粮社钱二串文，以图永远饮水，即今南村人不得饮畜于池中，且不得擅断于食水。一则不准故欠钱项，一则不准再行阻拦，此系两造情甘□，恐有舛错，故勒诸贞珉，以垂万世不朽云尔。

郡庠生李荫兰撰文并书丹

五社维首皇甫中兆　张锦成　张明顺　皇甫安贞　赵必均　[赵必]寿　董金安　[董]淇功　[董]元章　[董]圭孩　黄维祥　[黄]长安　[黄]

---

① 碑刻标题可能刻反了，"立公"当为"公立"。
② 两造：出自《书经·吕刑》："两造具备，师听五辞。"指有关争讼的双方当事人。
③ 鲁卫：出自《论语·子路》："鲁卫之政，兄弟也。"此处以鲁卫说明南北两村关系如兄弟一般。

毓合　[黄]振铎
　　为事人常喜元　住持觉立仝立
　　大清光绪十二年巧月勒石
　　玉工付禄文　王守义

四、碑文考述

（一）五社村社集群沿革

　　碑文中所提到的"五社"是南庄这个小区域内几个村落的村社。五社经过了逐步发展的过程，南庄在金代大安二年碑中就有村社存在，但是并未提到任何跨村落的组织存在。嘉靖三十五年补修碑碑文中有"一社四庄"的说法，这四庄是"东张、南鲁、西寨和南北二山"，这里的东张就是今东张后村，西寨就是今永宁寨，南北二山就是今北黑山底和南黑山底，实际上是五个村，只是当时可能南北二山还没有分开，因此称作四庄。万历三十四年碑上首次出现了"一社五庄"的说法，但是没有具体列出五个村落的名称，但基本可以肯定就是上述五个村落。乾隆四十年（1775）《五社重修来凤山昊天玉帝行宫碑记》开始使用五社这种说法，而且列出了五社的具体名称："永宁寨共捐银五百六十两，东张后共捐银四百二十两，南鲁村共捐银二百八十两，北黑山底共捐银一百七十五两，南黑山底共捐银一百七十五两。"由此可见，南庄早在金代就有村社组织。明代就有"一社四庄"或"一社五庄"的说法，五社的雏形至少在明代中期就已经形成，至迟到乾隆有五社的说法，五社代表五个村落，它们是今属泽州的东张后村、今属高平的南庄和永宁寨、今属陵川的北黑山底和南黑山底。以南庄玉皇庙为中心的五社组织至少可以追溯到明代中期，组织的名称有个变化的过程，明代的名称是"一社四庄"或"一社五庄"，而到了清代就成为五社。

（二）村社的调解

本案例中五社组织的调解有一定的特殊性，我们首先需要将村社在调解村落矛盾中所能起到的作用的类型做一个更为细致的分析。首先，村社在调解村落矛盾纠纷方面一定有重要作用，有很多村落的矛盾纠纷被村社调解之后不会再发生诉讼，这是隐藏在诉讼碑刻后面的我们看不到的部分，它们还没有发展到诉讼的阶段。其次，当一个村社不能调解本村内部矛盾或者村社本身是矛盾的当事一方的时候，邻村可以作为调解主体出现，例如道光年间石末神山庙案例就是如此，这种情况不是制度性的，而是偶尔的。再次，除了村社内部矛盾之外，村社之间的矛盾也可以由邻村出面进行调解，这也不是制度性的，例如后山沟崔家湾龙王庙光绪案例中，后山沟与崔家湾的诉讼就是由邻村出面调解的。也就是说，调解矛盾的主体不一定是本村的村社，也可以是邻村的村社，村社调解矛盾的范围也不仅仅是在村社内部，也可以是在邻村。但是，本案例是一个特殊的情况，南庄的五社是一个很特殊的组织，像本案例这样的事情在其他村社体系内是很难理解的。五社的调解是制度化的，因为五社是一个组织，它对于五个村落之间的矛盾调解就有一套规范化的制度，则和上述邻村的调解是不同性质的。

本案例的另一个特殊性在于持续时间非常长，长达三年之久。从事件一开始五社就介入了，对南村用水池饮牲畜的行为进行了惩罚。惩罚没有很好地解决矛盾，反而激化了矛盾，这也反映了五社这个主体的特殊性，南村对处罚显然是不满意的，而五社对南村的行为实际上又没有足够的约束力，这是五社调解失灵的表现，是一种特殊意义的村社失灵。在三年的诉讼期内，五社不可能没有做过调解工作，调解一定是一直在进行的，但是一直没有效果，这个时候碑文中没有明确说明的"至三载，祸遂临于两村"成为转折点。本案例说明的不是村社在息讼过程中起到了重要作用，而是说明了村社调解息讼的作用是在村落社会、经济和文化的整体背景下进行的，一方面村社的调解不是万能的，如果根本性的权力斗争、经济方面的基本需要得不到很好的协调处理,村社也是无能为力的。另一方面,文化的因素常常被忽略,无论这里所说的灾祸究竟是什么,其本身并不重要,但是其中一定包含着因果报应之类的思想。南庄玉皇庙嘉靖三十五年碑上记载了当时社庙被天火焚毁的事件,碑文中认为这是因为村民无知,在不适当的时间修庙造成的,在调查中,村民仍然绘声绘色地在描述这次事件。今天看来是迷信的思想在当时确实存在着巨大的影响力,村社利用了这样的民众集体心理才完成了调解。因此,对于村社调解村落矛盾纠纷的作用也应该在整体的社会、经济和文化背景下来看待。①

本案例最终的调解结果是北村向南村支付费用,换取在南村取水的权利,这实际上是变相的卖水,也可以说是用经济手段来解决矛盾纠纷,这种做法在传统社会比较罕见。一般来说,我们认为传统中国社会在解决矛盾纠纷的时候很少用货币化的方式来解决。这种现象的原因何在呢?首先和经济发展水平有关系,乡村社会中的货币实际上是很少的,很多的物品和服务都不是以货币的形态来体现的,也可以说它们并没有商品化。碑文中大量存在的捐施实物,捐施人工、牛工和车工都是这种情况,甚至即便碑文中出现了捐多少银或者多少钱,实际上也都可能是记账单位,并非真实的货币,甚至碑文中付给工匠的钱都可能是以实物(粮食)形式支付。这种情况越是在早期就越是明显,乾隆以前这种捐实物的情况非常普遍,乾隆以后,捐款大部分都以货币的形式出现了。这实际上反映的是乾隆以后商品经济发展的结果,商品化程度提高,货币总量增大。从现代化发展过程来看,货币化无疑是有巨大的好处的,因为它可以逐步地解除传统社会中各种力量之间的依附关系。以本案例为例,如果交通和经济等外部条件能够满足,作为商品化的水的供给者可以不是南庄,有商人可以以更低的价格为鲁村供应水,这样鲁村就会不再用南庄的水,而改用该商人的水。这就是水的商品化的过程。

---

① 嘉靖三十五年(1556)《大明国河东南路泽州高平县举西乡南鲁村仲社愿心人等同修昊天玉帝行宫》,现存高平南庄玉皇庙。

卷 七

37 民国四年（1915）高平东李门关帝庙《关帝庙东大社遵官谕断碑记》

一、村落社庙概况

东李门村位于高平市区东南约 10 千米处，西面即西李门村，李门是历史悠久的村庄，村南二仙庙至少在金代就已经存在，东、西李门村应该是同源分出。崇明寺宋淳化二年碑上刻有"李门村邑人皇甫稠"，当时似乎并未分东西两村。东李门向北就是河西镇与米山镇交界的龙顶山延伸山脉，向南为义庄村，再过去就是今泽州县界了。东李门村地处丹河河谷向东延伸地区，地势比较平坦，交通便利，是河西镇向东去往石末乡的必经之路。东李门村沿东西道路呈明显带状分布，东西向 500 多米，南北向 200 多米。东李门在清代属二十八都李门东里[①]，今属河西镇，2010 年有居民 205 户，810 多人。东李门村是交通便利、中等规模的丘陵地带村庄。

高平市河西镇东李门村关帝庙，坐北朝南，因位于村东，当地人也称其为东庙。始建时间与重修时间均不详，仅有民国年间诉讼碑，正殿墙上有三国题材的壁画残存，调查时正在重修。东李门村的庙宇分布与其村庄结构非常符合。村庄从东到西有三座大庙，村西为玉皇庙，村中为三官庙，村东为关帝庙，三座庙一字排开，分布规律非常明显。实际上这种庙宇布局和其村社结构有一定关系。

---

① ［清］傅德宜等纂修：乾隆《高平县志》卷 4《里甲》，《中国地方志集成·山西府县志辑》第 36 册，凤凰出版社 2005 年版，第 60 页。

二、碑刻元数据信息

元素名称	元素修饰词	信息
文物类型		碑刻
编号		山西高平东李门 002
所在位置	标准地名	山西省晋城市高平市河西镇东李门
	所在社庙	东李门关帝庙
名称	标准名称	民国四年东李门关帝庙遵官谕断碑记
	首题	关帝庙东大社遵官谕断碑记
	额题	无
石刻责任者	维首	侯来旺、冯金盛
石刻年代		年号纪年：民国四年
		公历纪年：1915 年
材质		青石
计量	尺寸	高 104 厘米，宽 37 厘米，厚 14 厘米
附注	形制	笏首方趺
	纹饰	碑额有龙形纹饰
现状	完残程度	保存较好，略有漫漶
书刻特征	书体	正书
相关文物	同庙碑刻	无其他碑刻
	相关建筑	东李门关帝庙为清代风格建筑，近年来在逐步修缮
相关文献	研究文献	杨波：《山西民间文献整理研究：高平诉讼碑刻辑考》，第 204—208 页
田野经历		2013 年 5 月 31 日和 2016 年 2 月 28 日杨波等人实地考察

三、碑文整理

首题：关帝庙东大社遵官谕断碑记

额题：无

从来物类虽多，各有其主。人民虽杂，不宜相争。今吾村东煞口有荒地一处，本为东社□□，内有松树，吾等意□伐卖济公。不料西社争端，讼及官厅。当经县长李先生派人调□□明树株系在东社□内，与西社无涉，断令东煞口荒地一处仍属东社领土，内中松树□□东社伐卖以济公□今以后此地无论生出何物，即土木金石止许东社经管，与西□□无干涉。吾等谨遵县长明断，犹恐日久无凭。故将此事勒石以为永记耳。

民国四年月日①

维首侯来旺　冯金盛

社首冯根则　侯群孩　冯如庆　冯群生　冯永发　史广得　祁巧年　冯双红　郭连花

仝勒石

四、碑文考述

（一）东李门的村社

本案例的诉讼双方为同一个村的两个小社。不过碑刻题名中称作东大

---

① 此处碑文比较清楚，"月日"之前并无字迹，应该是没有刻上。

社,碑文正文中不称东大社,而称东社。现存于关帝庙正殿的脊枋题记上有"岜大中华民国十年四月十二日吉时,上梁大吉,东李门东大社补修关帝庙一所"的字样,因此,习惯上也可以称东社为东大社。一般来说,整个村落的村社叫作大社,大社下辖的村社叫作小社,但是对于比较大的村落来说,也有分出的村社本身就称作大社的情况。从村落的角度来考虑,凡是一个村落又分成几个村社的,我们在研究中也可以称作小社。因此,以下叙述中都称东社或小社,不称东大社。本案例是一个争夺社产的案例,当事双方是东李门村的东社和西社。东社的附近有一片荒地,碑文中称荒地的位置在村的东煞口。从实地调查的情况来看,关帝庙就位于村东的村落边缘,再向东基本没有什么家户了,荒地就在关帝庙东面,到现在还有部分没有开垦的荒地,长满树木,不过面积不大。东李门的位置位于丹河谷地向东延伸的一小片低地的边缘,再往东就进入丘陵地带。这样的荒地其实是无主的土地,从碑文来看,这片土地及其树木也一直没有明确为东李门东社的社产,只是位置距离东社更近,东社认为这片荒地及树木应该是东社的社产,而西社认为这片荒地和树木应该是东、西两社共有的,也就是整个东李门村的社产,因此发生诉讼。

村落中出现小社主要有两个方面的影响因素。一方面是人口数量,只有大规模的村落才会出现多个小社。另一方面是村落的布局形状,东李门村的人口不算是特别多的,规模只能算是中等,但是该村是一个东西向带状分布的村落,东西较长,而南北较窄,虽然村落不是很大,但是这种结构很容易出现东西两社的格局。村落的布局除了从民居建筑的分布来看,还有一个重要的参考标准,就是社庙的分布格局,东李门的三个社庙就是沿着东西向一字排开的格局。由于现存碑刻太少,没有确切的关于东社西社的历史记载。但是可以肯定关帝庙是东社的社庙,从民国时期的脊枋题字可以看出维修关帝庙的只有东社,没有西社的参与。对应着来看,西面的玉皇庙应该就是西社的社庙,而中间的三官庙规模最大,应该是两村联合修建的社庙。由此看来,村落布局、社庙分布和村社组织格局之间形成了对应关系，这也可以看出小社组织应该是一种地缘组织。但是这个结论不应该绝对化，在其他一些例子里又可以看到小社不是根据位置，而是根据其他因素来确定的。

（二）村社首领

一般来说，村社的维首和社首是一致的，只是说法不同，但是也可以看到有很多碑文中同时出现维首和社首的情况。这种情况下维首和社首含义有所不同，维首这个词汇应该是和维那一词直接有关系的。在比较早期的社庙兴建活动中，维那的称呼使用更多一些，清代以后基本不再使用这种称呼。高平地区社庙碑刻上现在发现最晚还在使用维那一词的是乾隆时期，这已经是比较少见的情况，其他大部分碑刻最晚出现维那都是在明代。维那的具体含义在历史上应该有一定的演变过程。唐宋以前的维那是佛教寺院里的一种僧职；金元时期民间信仰兴起之后，将维那这个名称沿用到民间的社庙之中；明代见到的维那又有维那、维那头和总维那头等不同称呼，维那应是分等级的；维那一词在清代已经用得很少，维首一词可能是从维那一词演变而来的；后来，维那这个词越来越接近于维首的含义了。维首有时候也写作为首，这是因为字音相近发生的讹变，正字还是维首。村社领导者最早的称呼也是维那，宋代碑刻上村社领导者的称呼就有维那，没有称社首或者维首的。

（三）作为社产的土地

树和地都是重要的社产，它们在村社事务的意义是不同的。属于社的土地主要有三种情况，一种情况是社庙周围的土地，基本上庙的四至就是这种社产土地的四至。第二种情况是田地，通过出租的方式可以获取固定的收入，土地的收入再借贷出去又可以产生利息，再增加一部分收入。第三种情况就是村落范围之内的那些荒地、山地等土地，它们本身没有庄稼的收入，但是这类土地上往往自然生长或者人为种植了树木。

本案例中的这种土地有三个特点：一是它本身无法给村社带来收入，村社在平时对这种土地重视不够；二是实际上大部分是无主的土地，没有相关契约来证明其所有权，这方面的典型例子有北张寨观音堂道光案例；三是这类土地大多位于村落边缘，它们具有确定村界或社界的重要意义，这方面的典型例子有双泉永乐寺道光案例。这样的一些特点就决定了这类土地容易出现诉讼，诉讼的主要原因为村社之间界限不清、土地没有契约证明所有权或所有权不清晰。

38　民国八年（1919）高平中村观音寺《中村炎帝大社整理观音坡地界及主权碑记》

一、村落社庙概况

　　中村观音寺位于高平市区正北约 11 千米处。中村向东经过中庙村即到达神农镇的中心团池村（今在行政上分为团东、团西两村）；向南就是观音寺所在观音山，再南就是三甲镇，中村就在神农镇的西南角；向西北方向是一条长达三公里的山沟，一直延伸到朗公山脚下，这条山沟西侧全部是高山，是神农镇与永禄乡的界山，山沟东侧山较平缓，再向东就到达羊头山脚下。中村与西北方向的山沟里的一系列小山村关系非常密切，中村是这片区域中最大的村庄，同时又位于这条山沟的出口处。中村的地形也很有特点，南、北是山，中间是一条小河，小河北岸有道路通往东、西两个方向，整个村因地形呈明显的东西向带状分布，东西长 600 多米，南北宽 200 多米。中村原名中台，清代属于第二都中太里，[①] 今属神农镇，2010 年有居民 510 户，1665 人，是中等规模的村庄。中村每年三月十八有赛会，地点就在中村观音寺，"三月十八日村人赛会其上"，[②] 是附近比较大的会。

　　中村观音寺是村中的主庙，位于中村村南的山坡上，坐南朝北，与村庄有河相隔。当地人称之为"南山观音寺"，或者"南坡观音寺"，在现存碑刻中，也称之为"鹿野园"，何以如此，目前不知，或许当时与该寺下院的

---

① ［清］傅德宜等纂修：乾隆《高平县志》卷4《里甲》，《中国地方志集成·山西府县志辑》第 36 册，凤凰出版社 2005 年版，第 56 页。
② 光绪十三年（1887）《补修观音坡神殿禅舍书院碑》，现存高平中村观音寺。

书院有关系，是一种雅称。从东面上山到达观音寺，站在该寺的长廊中，北面的羊头山全貌清晰可见，村庄全貌一览无余，这里自古以来就是一个览胜的佳地，在康熙四十二年重修碑记中说："东望首羊秀峰特立，似贵人持节，东行者以是代有巍科；北则素封，旧邑至□槎峨；西北望之，巍然者为仓颉公庙，公为文字祖，书成而鬼神泣具，夫有以□天地之秘也。迤逦而南，山行之势至是稍伏焉。门之外复建厦庭三楹，以迎爽气，异日者骚人韵去，把酒临风，啸歌其上，□带烟云，□归指顾间矣。复□松柏，禁山厂，使牧监，椎章不得履其地。若夫雕琢之美，彩绘之功，则非余之所以详者。"该寺始建时间不详，现存最早的一块碑记是康熙四十二年（1703）刻立的重修碑，碑中记载康熙四年（1665）该地发生特大地震，导致观音寺片瓦无存，三十多年之后，该村十九家村民奋力重修。乾隆年间，阖村重修大庙（炎帝庙）时，也对观音寺有所增修，立有碑记。到了嘉道时期，又有所增扩，在寺院的下首位置，增添一小院作为该村的书院，并闻名百里，其成就和习惯做法，也立有碑记。光绪年间，对整个建筑，予以补修。民国时期，曾经因为西沟社独立并有土地买卖，而引发纠纷，于是立有地界权限碑记。解放后一度被毁弃，2003年，该村村委会和村民再度重修，迄今，整座庙蔚为大观，俨然成为高平市神农镇区域内的一大景观性文物遗存。

二、碑刻元数据信息

元素名称	元素修饰词	信息
文物类型		碑刻
编号		山西高平中村023

续表

元素名称	元素修饰词	信息
所在位置	标准地名	山西省晋城市高平市神农镇中村
	所在社庙	中村观音寺
名称	标准名称	民国八年中村观音寺观音坡地界及主权碑记
	首题	中村炎帝大社整理观音坡地界及主权碑记
	额题	无
石刻责任者	撰文	申筵
	书丹	王绍通
	玉工	王林章、王双成
石刻年代		年号纪年：民国八年
		公历纪年：1919年
材质		青石
计量	尺寸	高212厘米，宽68厘米，厚20厘米
附注	形制	笏首方趺
	纹饰	碑首为双凤纹，四周为花草纹
现状	完残程度	保存完好
书刻特征	书体	正书
相关文物	同庙碑刻	康熙四十四年（1705）《重修观音坡碑记》 道光时期《无题名捐资碑》 光绪十三年（1887）《补修观音坡神殿禅舍书院碑记》 民国二十四年（1935）《重修观音坡行宫暨增修凉亭补修各殿宇碑记》 中村观音寺近年来进行了较大规模的重修，现有多通新刊立碑刻
	相关建筑	中村观音寺在2003年开发为旅游景区，建筑修缮一新
相关文献	研究文献	杨波：《山西民间文献整理研究：高平诉讼碑刻辑考》，第209—217页
田野经历		2013年6月12日、7月20日至7月22日，孟伟、杨波等多人多次实地考察

三、碑文整理

首题：中村炎帝大社整理观音坡地界及主权碑记

额题：无

中村宁静观，即炎帝庙，为一村主庙。鹿野园，即观音坡，为一村主山。统属阖村十小社及西沟一小社。凡主庙、主山之事，十一社共相辅助，而观音坡山中之木，惟主庙、主山之工得以砍伐使用，十一小社不得妄动。即在山种地之户，亦只许耕田，不许轻动树株。所以，培林木而杜争端，古人用意至深远也！西沟去中村最近，仅一河之间，相距不及百步之遥。昔时，原无西沟之村，因中村西偏，居民屡受河患，遂移河西建房居住，名曰西沟，渐成聚落。故凡西沟之地，属主庙统管。西沟之民，遵主庙约束。主庙主山，一切事务，十一小社，踊跃从公。盖所谓守望相助，而出入相友也。即及前光绪初年，大祲频仍，人物凋谢，社务废弛耳。后重立社约，整理地亩，西沟民户不愿附属，议论自立新社，不受主庙统辖，凡主庙、主山公务，西沟概不辅助。主庙首事诸人，竭力劝阻，无法挽回。惟中村十小社中，凡遇主庙、主山之事，向属西沟助役者，至今概不承办，必使主庙主山自觅工徒，虽资仍出自阖村，而事必属之主庙。盖谓西沟必去，不敢使彼社受累，而西沟既去，亦不敢为彼社受过也。三代遗直之风，不犹在乎？民国七年，西沟村民有田二亩，售与西沟社中。因此田颇近中村观音坡主山，遂误将主山指去一截，连山及树，自立新契，随其地亩，一并售出。八年春日，西沟社赴山修理树株，中村始悉情由，阖村民众，共起干涉，致兴大讼，邑中绅董数位，不忍坐视，出为调处。公同议论，守旧日之成规，整先民之矩范，勿息事而宁人，睦乡田之同井，仍令卖主将山退清，并婉劝西沟社，将所买地亩，让归中村鹿野园，西沟社得原买地价而去。凡主庙主山权利，西沟社仍照旧，概不过问。从此和睦，以免胶葛。遂勒规条，以垂永久。是为记。

一、本山树木，仍照古规，只许主庙主山修功德用，不许各小社私用一株。

一、无论本村、外村花户，凡在本山有地之家，仍照古规，只在山耕地，不许砍伐树林。

一、各小社如有公项在山买地者，亦只许耕田，不许妄动树株。

一、各小社在主庙主山尽有义务者，许享主庙主山权利。不尽义务者，不许享主庙主山权利。

以上四条，各小社及花户须永远遵守。

县立第一高等小学教员邑南崔庄申筳撰文

师范最优等毕业生王绍通书丹

绅董清例授征仕郎候选直隶州州判恩贡生田凝旭　清例授修职郎候选儒学训导岁贡生何汝愚　清例授修职郎候选儒学训导附贡生孟邦基　清例授登士郎河南即补县丞庞钧

经理维首王全宝　王绍通　郭其祥　王根昌　郭临川　郭来生　王宝顺　王元和　郭奠邦

管账暴丹桂

宁静观住持李山月

鹿野园住持李福有

玉工王林章　王双成

仝勒石

中华民国八年岁次乙未孟秋上浣穀旦

四、碑文考述

（一）中村村社结构

中村的社是目前见到最复杂的村社系统之一。中村社最早的记载是万历四十二年（1614）："社首人王万松、孟时、王国卿等。"① 这说明至少在晚明时期中村就已经有了村社组织。到了康熙元年（1662），中村已经开始出现小社，现存中村炎帝庙康熙元年（1662）《中村西社修舞楼碑记》的碑文中有"西社首事王国俊，有东社郭从训"②，西社独立组织完成修炎帝庙，这表明这个时期至少已经存在东社和西社了。其后，（道光）碑文中又偶尔出现关帝社，从清代中期开始，中村的村社变得越来越复杂，各种小社越来越多。

碑文中提到的"统属阖村十小社及西沟一小社"，这里的中村十一小社是一个很庞大的村社系统。光绪十三年碑文中有除西沟外其他十社地亩钱的完整记录："十社地亩钱列后：东坡社，钱八千七百九十七文；前社，钱八千七百七十一文；堂楼社，钱三千一百二十二文；椅则社，钱八百七十五文；庙上社，钱三千九百二十四文；光枸社，钱六千八百四十六文；管前社，钱四千四百零六文；门楼社，钱十千零五百六十文；仁和社，钱六千三百九十一文；西圪疃社，钱七千四百八十五文"。③ 此碑碑文中已经没有西沟，"丁戊奇荒"之后，西沟离开中村，已经独立，不再归属中村大社。这是目前高平地区村落中所见小社数量最多的。光绪十三年的这通碑刻上所说

---

① 万历四十二年（1614）《武当圣会进香壁记》，参考《高平金石志》编纂委员会编：《高平金石志》，中华书局2004年版。调查未见此碑，现存位置未知。
② 康熙元年（1662）《中村西社修舞楼碑记》，现存高平中村炎帝庙。
③ 光绪十三年（1887）《补修观音坡神殿禅舍书院碑》，现存高平中村观音寺。

的十一社应该和本案例碑刻中的十一社是一致的。

到了民国二十四年碑的碑文中，村社数量和名称都发生了较大变化："东坡社捐钱七十千零五百六十文、前社捐钱七十五千文、三义社捐钱二十七千八百六十文、公义社捐钱五十五千五百三十文、观前社捐钱二十六千三百三十六文、门楼社捐钱六十四千五百一十文、仁和社捐钱二十七千零四十文、西观音社捐五十七千七百三十四文。"[①]不仅数量变成八个，一大半村社的名称都发生了改变。这似乎表明中村的村社系统一直在变动，其他小社也在不断进行着分合调整。

中村村社传统极为强大，即便到今天村民还是以小社的名义修庙。2009年中村修灵音阁，刊立碑刻《门楼社重修灵音楼碑记》，2011年重修村东的春秋阁后刊立了新碑《中村东坡社修葺春秋阁记事碑文》。从这些碑刻可见中村村社传统的强大影响力，今天的村民仍然喜欢这样的身份认同。

（二）社产争夺

碑文中一开头就明确了炎帝庙与观音坡在村落中的地位："中村宁静观，即炎帝庙，为一村主庙。鹿野园，即观音坡，为一村主山。"回顾石末神山庙道光案例并做对比就会发现，那个碑文的落款也是一山一庙：紫金山和三教堂，本案例碑文落款也是一山一庙：观音坡和炎帝庙，而且本案例碑文中明确称之为主山主庙。主山的说法来自风水信仰，风水中强调风水宝地是山环水绕之地，有主山、青龙、白虎、朝山和案山的区分，其中主山是最主要的。乾隆《高平县志》卷5《山川》说："韩王山，县北十五里，山形特起，上平地数亩，俯瞰群山，如培塿然。相传秦围韩王于此。县治藉托之主山也。"[②]韩王山就是高平县城的主山。主山是一个聚落在风水上最重要的倚靠。

---

① 民国二十四年（1935）《重修观音坡行宫暨增修凉亭补修各殿宇碑记》，现存高平中村观音寺。
② ［清］傅德宜等纂修：乾隆《高平县志》卷5《山川》，《中国地方志集成·山西府县志辑》第36册，凤凰出版社2005年版，第62页。

本案例村社组织的变动和光绪初年的"丁戊奇荒"有关系。碑文中说："即及前光绪初年，大祲频仍，人物凋谢，社务废弛耳。后重立社约，整理地亩，西沟民户不愿附属，议论自立新社，不受主庙统辖，凡主庙、主山公务，西沟概不辅助。"由此可见，西沟村离开中村大社独立与"丁戊奇荒"有直接关系。"丁戊奇荒"给泽州社会带来的影响是巨大的，关键性的影响是丁戊奇荒发生的几年时间里，所有村社的日常活动几乎全部停顿，社事中止、社费停缴。经过了社事中断的过程之后，原来积累的矛盾重新爆发。另一个可能的原因就是灾荒导致人口的减少，人口结构发生变化之后也会带来相应社会结构的变化。现在的行政区划延续了清代的区划，现在的中村和小西沟是两个独立的行政村，这种结果就是对光绪时期分村结果的历史的认可。

实际上，有证据表明至少在晚清以后，村落的土地买卖是需要经过村社确认的。现存高平米山镇南圪塔村地契文书上有南圪塔村村社盖的公章，可见当时进行土地交易的时候即便不需要经过村社允许，也至少需要在村社备案。其实这是很容易理解的，前面多次提到村界或者社界的问题，清代中期以来，村社既然要对社界有清楚的把握、对社民按地亩征收社费或其他类型的地亩摊派钱，就必须要对每户村民的土地数量、位置及其变动情况有清晰的了解。可以说，在村社的众多功能中，其中一个就是进行土地交易的管理和规范。

既然如此，本案例的情况就更加值得怀疑，卖主是如何在村社不知情的情况下将土地卖给了西沟村呢？诉讼结束之后，如果要求卖主将买地钱退给西沟村是维护西沟村的利益，那么将土地收归大社是不是侵犯了卖主的权益呢？卖主因此失去了原来的土地，同时也没有拿到卖地的钱。碑文中所说的地界划分错误导致纠纷可能是一种托词，真正的原因是卖主在村社不知情的情况下将观音坡的土地卖给了西沟村，这种交易站在村社的角度来说就是一种非法交易，违背了村社的管理规范。因此，村社一方面将钱退给西沟村，另一方面要惩罚卖主，将其土地没收充公，成为村社的社产，这是社产的另一个来源——惩罚性的没收充公，类似事情也有其他案例："村之东边有一人焉，曰：裕山姓张氏，因行为茅厕狡扯，被人报告至社，按村禁约处罚，伊无力交纳罚金，抵来茅厕一个以作罚款，是毛厕归东关帝会所管辖矣。是为记。"[①] 这个案例中村社对张某进行了惩罚，只不过罚来的茅厕没有成为社产，而是成了东关帝会的会产，也是关帝庙的庙产。

---

① 民国十七年（1928）《为东关帝庙毛厕记》，现存康营村东关帝庙山门内左壁，长方形壁碑，长40厘米，宽29厘米。

39 民国十六年（1927）高平大山石堂会关帝庙《重修关帝庙碑记》

一、村落社庙概况

大山村位于高平市区东北方向约 15 千米处，属陈区镇，石堂会村是大山村下辖自然村。石堂会村位于陈区镇东南部，东隔鱼仙山与建宁镇的郭庄相邻，南临姬兴庄近北诗镇，西靠南头村，北接郭佛陀和迪阳等村。石堂会位于大东仓河河谷与建宁小盆地之间的丘陵地带，由于中间开凿了鱼仙山隧道，石堂会村交通非常便利。大山村与石堂会村隔着通往建宁镇的道路相望，位于路北的石堂会村依东西向山脉而建，村落整体呈东西向布局。大山村 2010 年有居民 203 户，805 人，属于规模较小的村落。除关帝庙外，大山村另有一重要的祖师庙，石堂会村另有龙王庙（建筑不存）、牛王庙等祠庙，此外，石堂会村的山上有北魏至明代的石窟数处。

大山村石堂会关帝庙始建于明天启年间，由姬氏家族创建，当时的建筑规模是"正殿四楹""东西廊房各四楹，东北耳房一座"。顺治三年（1646）增修钟鼓楼，这个时候仍然是由姬氏家族捐款为主。康熙四十七年（1708）重修，捐款范围扩大了很多，组织者也有了姬姓以外其他姓氏的参与。雍正到民国以前的重修情况不详，但民国碑中记载："乾隆道光间重修者虽代有其人"，可知乾隆和道光期间当有重修，但无碑刻存留。民国十一年（1922）三月到民国十三年（1924）四月历时两年多重修："重修正殿五间，东西廊房各四间，中厅三间舞楼三间，增修耳楼两间，看楼五间，看楼下骡屋五间。"这个建筑规模和现在基本一致。现有建筑基本保留民国重修之后的状态，但破损严重。

二、碑刻元数据信息

元素名称	元素修饰词	信息
文物类型		碑刻
编号		山西高平大山石堂会015
所在位置	标准地名	山西省晋城市高平市陈区镇大山村石堂会自然村
	所在社庙	石堂会关帝庙
名称	标准名称	民国十六年石堂会关帝庙重修关帝庙碑记
	首题	重修关帝庙碑记
	额题	百世流芳
石刻责任者	撰文	李鋆
	书丹	连海文
	住持	郭泰安、苏元福
石刻年代		年号纪年：民国十六年
		公历纪年：1927年
材质		青石
附注	形制	笏首方趺
	纹饰	少量三角形几何纹饰
现状	完残程度	保存较好
书刻特征	书体	正书
相关文物	同庙碑刻	天启三年（1623）《创建记事碑》 天启六年（1626）《创建记事碑》 顺治三年（1646）《无题名重修碑》 康熙四十二年（1703）《无题名禁约碑》 康熙四十七年（1708）《重修关帝庙碑记》 乾隆十九年（1754）《无题名重修碑》

续表

元素名称	元素修饰词	信息
相关文物	相关建筑	石堂会关帝庙破损严重，已属于危房
相关文献	研究文献	郝平、杨波：《超越信仰：明清高平关帝庙现象与晋东南乡村社会》，第147—152页
田野经历		2013年7月8日、8月29日和2015年6月9日杨波、王潞伟、颜伟等人实地考察

三、碑文整理

【碑阳】

首题：重修关帝庙碑记

额题：百世流芳

我国祀典於二月戊日祭武庙，岂徒祈福保平安哉！盖以关圣帝君之精忠若日月之照临，光于四方，显于中土，而民不能忘也。大明天启年，法邑石堂会先民姬仕书尝见村中祠庙东有龙王山，北有高禖祠，虽亦有三义洞，并无专供之武庙，恐淹没其忠义，后人无所取法，于是独出己资创立关帝庙，为村人享祀之所，立社之地，一慈善事业也。然代远年湮，不无圮毁，至清康熙四十七年，后人姬有文又出己资而重修之，迄今又几三百年矣，乾隆道光间重修者虽代有其人，而鼠雀穿凿，风雨剥蚀，至今而倾颓更甚，巍峨之庙貌几成瓦砾，庄严之神像悉被尘封，不惟无以壮观瞻，亦且无以妥神灵也，社首等触目伤心，莫不思补葺而重新，奈工大费繁，力有未逮，乃召集村中父老而群相议曰："吾人共沐神恩，若不合力而修补之，诚不如姬氏一家矣。"虽一木难支大厦，众志即可成城，何不邀请众善士而劝募之？于是编修缘簿，募化邻村及村中，善男信女解囊相助，以共襄盛举，得布施钱三百余串，并社中集余钱一百余串，不足则按地亩均收，仍不足又按地亩卜工，于是鸠工庀材，筑登登，削平平而工动焉，自民国十一年三月起工，重修正殿五间，东西廊房各四间，中厅三间，舞楼三间，增修耳楼两间，看楼五间，看楼下骡屋五间，至十三年四月告厥成功。计时二年一月余，计费一千五百缗。将见昔之破坏不堪者，今则焕然聿新，神灵可以妥矣，观瞻可以壮大矣。忠义可以常昭矣，非社首等同心协力而能若是乎？工程告竣，社首等欲勒石以记其事，而嘱余为文，余长受里人也，教读于大善村三村联合国民学校，既不善文，又不容强辞，因于教读之遐迩遨游于石堂会，见其工程雄壮，气象森严，诚一时之盛事也。余不愿没人善，聊陈俚语以叙事之颠末云。是为记。

教育厅检定国民正教员师范毕业清增广生员李銮撰文

山西省立第三职业学校肄业生高等毕业生连海文书丹

督工维首闾长姬森泉　姬长玉　李喜谦　姬全聚　姬水长　姬全福　姬聚昌　姬秋锁

宋秉昌　姬根松　姬龙孩　姬民则　姬秉金　姬新旺　姬更昌　姬狗孩仝勒石

前住持郭泰安　后［住持］苏元福

中华民国十六年夏历十月吉日

【碑侧】①

首题：无

额题：福缘善庆

将众善士布施芳名开列于□［左］：

佛陀村大社　南头村大社各捐钱十千文

□家河大社　郭庄村大社　姬兴庄大社　黑土坡大社各捐钱六千文

营里村大社　铁炉村大社　迪阳村大社　浩庄村大社　张家村大社　大善村大社各捐钱五千文

建宁镇南大社　北大社　小川村大社各捐钱四千文

---

① 此碑比较特别，除碑阴、碑阳外，在碑侧面刻有字。此碑另一面为康熙时期另一通碑刻。

香山村大社　东神头大社　府底村大社　苏庄村大社各捐钱三千文

后庄村大社捐钱二千文

化壁庄大社　长畛村大社　东石村大社　浩庄村东社各捐钱二千文

［浩庄］西社捐钱一千文

佛陀村兴盛长　王家河复盛山各捐钱八千文

佛陀村春盛炉　王家河王三□堂　黑土坡迪翔炉各捐钱六千文

苏庄村元顺炉　大善村和兴炉　建宁镇郭海成　聚盛号　南头村姬鸿茂各捐钱三千文

晋城县续保山　五家河钱锁锁　黑土坡双盛炉各捐钱三千文

建宁镇运兴长　同镒长　迪阳村秦双全　南头村三道信　荣盛炉　姬金成　王家河王三余堂　王忙牛　赵东福　大善村复兴炉　郭庄村刘思温　桑二蛮　夏丙怀　姬续周各捐钱二千五百文

大善村复兴同　姬鸿龄　振兴炉　秦来久　福盛炉　庄河村李群和　陈家河李贵发　郭庄村武诗训　聚兴昌　苏庄村保盛炉　苏圪塔　苏金顺　苏怀锁　黑土坡姬五孩　长畛村赵兴印　迪阳村秦余锁各捐钱一千文

［迪阳村］姬长玉捐钱十二千文

［迪阳村］姬水长　姬聚昌　姬森泉各捐钱十千文

［迪阳村］姬金聚　姬秋锁　本村李喜谦　姬义各捐钱十五千文

［本村］三和窑　秦顺窑　同顺窑　兴盛窑　双盛窑各捐钱五千文　姬聚孩捐钱四千文

［本村］姬黑孩捐钱三千文

［本村］姬龙孩　姬和顺各捐钱二千文

［本村］姬民则　宋丙昌　姬根松　姬狗孩　姬更昌　姬秉金　姬心旺　赵知仁各捐钱一千文

［本村］张堆金捐钱四百文

共得布施钱三百四十二千九百文

玉工张金智　［张金］信

四、碑文考述

（一）从家庙到村庙

大山石堂会民国十六年碑的碑文中比较详细地叙述了关帝庙的历史沿革。石堂会关帝庙的发展历程大体可以分为三个阶段：天启到顺治年间是姬氏一家创立关帝庙的时期，康熙年间是姬氏后人主导的重修时期，乾隆、道光以后的历次重修就是村社主导的时期。石堂会关帝庙经历了一个从家庙到村庙的发展过程。

大山石堂会关帝庙始建于天启年间，由姬仕书和其两个儿子为代表的家庭创建："建庙施主：姬仕书、妻郭氏、男姬命新、姬国新、孙男姬有土、［姬有］柞、［姬有］周。"[1]大山石堂会关帝庙在最初创立之后的一段时间里，实际上是姬氏的家庙。其家庙的性质表现在以下几个方面。首先，庙宇创建的发起、组织和出资完全是由姬氏家族来完成的。其次，姬氏家族一直负责庙宇的修缮，持续性地维护着庙宇的正常运作，从天启到顺治期间，不断扩建庙宇，到顺治三年（1646）建好舞楼和钟鼓楼之后，庙宇规模就确定了下来，一直保持到现在，这个时期庙宇所有的扩建、维修和日常管理应该都是由姬氏家族来完成的。最后，在康熙以前的大山石堂会碑刻中没有见到任何与社有关的记载。民国时期重修关帝庙碑中碑文作者回顾了关帝庙的历史并感慨道："社首等触目伤心，莫不思补葺而重新，奈工大费繁，力有未逮，乃召集村中父老而群相议曰：'吾人共沐神恩，若不合力而修补之，诚不如

---

[1] 天启四年（1624）《创修敕封三界伏魔大帝神威远镇天尊关圣帝君庙碑记》，现存高平大山石堂会关帝庙。

姬氏一家矣。'"可见，民国时期的村民也意识到这个关帝庙最早的时候其实是"姬氏一家"的庙。

康熙时期的大山石堂会关帝庙发生了很多变化。首先，这时候碑文提到了社，康熙四十七年重修碑中介绍村庄情况时说："泫东一村名石堂会，地僻山幽，泉甘木茂，其间居民相洽，比者仅数十家，或横经，或秉耒，暇则入社，饮太平酒，白叟黄童，各适其适。"① 从修庙经费角度来说："若夫鸠工庀材瞻足食用则乡善士姬有文独任强半，姬有正、郭起明副之，夫父老子弟之倡也，三善士以齿德冠，一乡共所为。"姬氏家族仍然还在修庙中占据主导地位，是主要的出资者，但是碑文中用"一乡共所为"来表明修庙实际上不再仅仅是姬氏家族的事情，而是整个村子的事情了。从组织管理者的角度来说，姬氏家族仅占据主导，维首共计三人："维首姬有文，郭起明，姬有正。"从以上这些角度来看，姬氏家族虽然在修庙活动中仍然有重要的作用，但是关帝庙的性质已经逐步变为社庙了。总的来说，康熙时期是一个过渡时期，姬氏家族的影响力逐渐不再是主导性的，村社成为关帝庙的主体。

乾隆三十年碑碑文中明确将关帝庙称作社庙："此房东墙原系姬发顺、姬芸之墙，社庙于乾隆三十年六月修盖此房。"② 这时的关帝庙基本上完全归属于村社了。石堂会关帝庙的这种从家庙到社庙的转变过程具有典型性。村落社会的各种公共事务有很多不同类型的组织方式，村社只是其中一种，各种不同方式之间可以进行转化，不同区域有不同的特点，在大区域背景下，具体的每一个村落社会又有自己的历史演变过程。总的来说，山西村社在晚明以后进入快速发展的阶段，清中叶以后已经非常普及，其中尤以晋东南和晋中地区最为典型。

---

① 康熙四十七年（1708）《重修关帝庙碑记》，现存高平大山石堂会关帝庙。
② 乾隆三十年（1765）《借用墙垣分明碑记》，现存高平大山石堂会关帝庙。

（二）捐施结构

此碑的碑文记录了村社为重修关帝庙筹资的过程："于是编修缘簿，募化邻村及村中，善男信女解囊相助，以共襄盛举，得布施钱三百余串，并社中集余钱一百余串，不足则按地亩均收，仍不足又按地亩卜工，于是鸠工庀材。"碑侧主要记录了捐款情况，捐款记录明显分为三个部分：周围各村社、周围村落的商号和个人、本村的商号和个人。以空间来说，捐款主体主要涉及本村和邻村两种，此外，兴修社庙的捐款还可能有外省的捐款。以主体性质而言，捐款主体主要是个人、商号和村社三种。

清中叶至民国时期，村社制度进入极盛时期，村社非常普遍。大量周围村社捐款是这一时期捐款记录的特点之一，清中叶以前这种捐款记录是罕见的，这种时代特征值得注意。形成这种现象的直接原因和募化方式有关，村社在兴修社庙时向周围村社进行大范围的募化，于是村社之间相互捐施就变得非常普遍。这同时也表明这一时期村落之间的关系更加紧密，社会经济往来更加频繁。

大山石堂会所在区域是晋东南地区铁冶业比较发达的地区，民国十六年（1927）的捐施记录中，邻村和本村都有大量铁冶业商号的捐款，这种商号名称的特征是"某窑"或"某炉"。冶铁需要使用煤炭，窑通常为煤窑，炉通常为冶铁炉。铁冶业商号名称反映了这一区域的手工业特征。除了铁冶业商号之外，碑文中也出现了其他一些商号名称，如"建宁镇运兴长，同镒长，迪阳村秦双全，南头村三道信"等，这些大多为市镇村落中的坐贾类商号。

40　民国二十二年（1933）高平赤祥嘉祥寺《嘉祥寺归全里五村公有息讼碑记》

一、村落社庙概况

赤祥村位于高平市区北 9 千米略偏东处，地处小东仓河河谷地带的东边缘，西临丹河支流小东仓河，小东仓河河谷是从长治经由羊头山进入高平的官道经过的地方，交通比较便利。赤祥南靠南河村，东北为刘家北山等三个山区小村庄，已经进入山区地带，据村民说东面与陈区镇交界处就是东珏山（晋城地区四大珏山之一）。赤祥村规模较大，基本呈正方形，东西南北相距约 500 米，赤祥是这个小区域中最大的村庄。赤祥村在清代属第一都徘徊北里[①]，今属三甲镇，2010 年有居民 569 多户，2035 多人。除嘉祥寺之外，赤祥村有炎帝庙等众多阁门和庙宇，总数近 20 处。

赤祥嘉祥寺是高平著名佛寺，全国重点文物保护单位，始建于五代后周广顺二年（952）。虽在赤祥村，历史上实为徘徊北里五村所共有，即今刘家三个自然村、赤祥和南河五村。明成化年间，庙宇重修，增修了后院七佛殿，庙宇具备了三进院的格局。乾隆二十八年（1763）至乾隆三十四年（1769）重修增修，乾隆五十六年（1791）创建了庙宇西侧的西林书院，书院现已不存。乾隆时期两次重修均有大量捐款，但无商号。嘉祥寺近些年经过修缮，庙内也已经恢复香火。嘉祥寺坐北朝南，建在高台之上，三进院

[①]　[清]傅德宜等纂修：乾隆《高平县志》卷 4《里甲》，《中国地方志集成·山西府县志辑》第 36 册，凤凰出版社 2005 年版，第 56 页。

落。山门侧有一小偏院，山门外有古井和龙宫，龙宫为一小神龛，上刻"龙宫"二字，古井旁有乾隆时期碑刻一通。山门在庙东南角，门口台阶下有省级文物保护单位碑，门楣上有"嘉祥寺"字样。二道山门前有影壁。前院正殿为毗卢殿三间，也称前殿或转果殿，为宋金时期遗构，面阔三间，进深六椽，歇山顶，琉璃脊饰。殿内有壁画，依稀可辨，还有清代到民国碑刻三通。前殿前立有"佛顶尊胜陀罗尼经"和"佛说阿弥陀佛经"经幢两座，均建于五代后周广顺三年（953）。东西配殿各三间，为观音殿和地藏王殿，南殿三间为天王殿。前院内有侧柏两株。中院正殿为大雄宝殿，也称三佛殿，面阔五楹，东西配殿各三楹，院内有龙柏一株。后院原正殿为七佛殿，现已不存。

二、碑刻元数据信息

元素名称	元素修饰词	信息
文物类型		碑刻
编号		山西高平
所在位置	标准地名	山西省晋城市高平市三甲镇赤祥村
	所在社庙	赤祥嘉祥寺
名称	标准名称	民国二十二年赤祥嘉祥寺息讼碑记
	首题	赤祥村嘉祥寺归全里五村公有息讼碑记
	额题	无
石刻责任者	撰文	李克振
	书丹	孟国新
	玉工	王旦孩

续表

元素名称	元素修饰词	信息
石刻年代		年号纪年：民国二十二年
		公历纪年：1933 年
材质		青石
计量	尺寸	高 173 厘米，宽 50 厘米，厚 20 厘米
附注	形制	笏首方趺
	纹饰	碑额和四周有佛像等纹饰
现状	完残程度	保存完好
书刻特征	书体	正书
相关文物	同庙碑刻	后周广顺三年（953）两座经幢 万历四十一年（1613）《嘉祥寺补修佛殿石墙记》 万历四十二年（1614）《嘉祥寺前院西转国正殿内新修照壁墙记》 乾隆三十四年（1769）《重修嘉祥寺碑记》 乾隆三十五年（1770）《重修井碑记》 乾隆五十三年（1788）《赤祥村新井小引》 乾隆五十六年（1791）《补修嘉祥寺创建西林书院碑记》
	相关建筑	赤祥嘉祥寺是国家重点文物保护单位
相关文献	著录文献	《三晋石刻大全》（晋城市高平市卷），第 867—868 页
	研究文献	杨波：《山西民间文献整理研究：高平诉讼碑刻辑考》，第 243—249 页
田野经历		2013 年 8 月 12 日和 17 日杨波等实地考察

三、碑文整理

首题：赤祥村嘉祥寺归全里五村公有息讼碑记

额题：无

赤祥村西之嘉祥寺，考查历代碑碣，原由住僧化修创始于周之广顺三年，宋金元迄明清，屡经重修、增修。其始则仅有三佛殿前两院，明成化间，乃增修后院、七佛、诸天、十王殿、东禅院。考查七佛殿中明正德己巳年间邑人王琦文瑞所撰碑文，言之綦群。尔时寺工尚由僧善化修理，非由村社里属地亩摊费，且南河村尚未归并本里。及明崇祯九年并里后，徘徊北里四村，又增南河村为五村。及清代，此寺无僧，善化修工程随累归全里，按地亩起费修葺。迨民国五年，南河村因抗不摊修理之费，涉讼有案，经县长判定，按地亩公摊，殿内有碑可考。自此以后，嘉祥寺遂归全里五村公有。及民国二十年，因赤祥村将寺田租籽归首社学[①]费，全里村公所罚款与首社界限不清，外属村监察具查帐（账）涉讼，经中调处和息，将嘉祥寺归为徘徊北全里五村公有，徘徊北村公所即设立于此寺东禅院内。自此以后，凡嘉祥寺之田地、粮银、工程、神祀一切利害，统归全里五村按地亩公摊，以公济公，永绝讼争。恐口无凭，经中公处同村长、副，各村社、监察员、闾长，勒石以垂永久。是为序。

前任村长温福水　现〔任村长〕杜德成

同中人朱光裕　王之杰　李克振　李培□

前任村副田瑞霖

现任村副张锁

---

① 原文为斈，同"学"，常用于人名。

前任间长田发生　田大富　杜喜则　田丙荣　张庆孩　李均　杜玉生　王元顺　张清涛　陈禄生　袁宝珍　刘连锁　王兆雄　王根年　田德（兴）［兴］　王成　田彬

赤祥村社首田庆余　田良　王希夏　张材魁　张国财　祁根夫　田金福　张锁　朱炳

南河村社首田晶　王金英　田守臣　闫凤岐　王百川

王北山社首刘和成　王长荣　陈世芳

刘北山社首刘小狗　袁道平　刘九孩

陈北山社首陈茂林　王兴

前任监察员杜德成　张锁　田茂生　王维纲　袁道平　陈茂林

现任间长田庆余　田金聚　张明生　李海金　张锁　张东顺　平柏林　王元顺　温秉坤　陈福顺　袁宝珍　刘连锁　王起元　王喜则　田德兴　闫凤岐　王简

寺田名称庄坡上地五亩　寺院前地三亩　寺院后地六亩　寺井上地四亩　赵圪倒地二亩　小河里地四亩　寺沟里地五分　大河口一亩五分　剃则坡地三亩　以上九宗共中地二十九亩正

粮银两宗一两二钱七分四厘　一两一钱零七厘

邑人清邑庠生育中高小学校教员李克振撰

邑人省立第四中校毕业现任赤祥村初级学校正教员孟国新书

里之王北山村人王旦孩　玉工

大中华民国二十二年岁在癸酉仲春下浣建立

四、碑文考述

（一）从佛寺到社庙

本案例碑文一开始就对赤祥嘉祥寺的历史情况做了详细的说明，展示了嘉祥寺从比较纯粹的佛教寺院发展到村社社庙的过程。这里所说的佛寺和社庙并不是就其信仰的神灵而言的，而是就其社会组织管理的方式而言的。碑文给出的两个时间点，一个是明正德时期嘉祥寺的修缮过程，这个时期修缮社庙的主体是僧人，为社庙筹集资金的方式也是僧人的募化，碑文中说："考查七佛殿中明正德己巳年间邑人王琦文瑞所撰碑文，言之綦群。尔时寺工尚由僧善化修理，非由村社里属地亩摊费。"从社会经济角度来看，这个时候的嘉祥寺还是典型的佛寺。对于泽州地区那些和嘉祥寺一样历史悠久的佛教寺院来说，募化情况是很普遍的。另一个时间点是进入清代以后，嘉祥寺的维修就由村社来负责了，维修的费用也由村社通过地亩摊派的方式来解决，碑文中说："及清代，此寺无僧善化修理，工程随累归全里，按地亩起费修葺。"这个时候，这类社庙中的僧人并没有消失，但是其作用已经发生了很大改变。乾隆时期修缮嘉祥寺的碑刻中能见到很多对住持僧人的记载："住持僧人心一徒灯慧徒孙蕃修蕃正。"[①]但是，这些僧人在祠庙中的作用已经变得微乎其微，成为看门的住持，碑文中所反映的这种情况在泽州地区具有普遍性。我们不能仅仅根据社庙中奉祀神灵的种类来判断一个社庙的性质，应该兼顾社会经济方面的要素。更为重要的是，祠庙的性质不是一成不变的，是会发生改变的。这种改变有两个最重要的时期，一个是晚明时期，

---

① 乾隆五十六年（1791）《补修嘉祥寺创建西林书院碑记》，现存高平赤祥嘉祥寺。

另一个是清代中期，这两个时期总的发展趋势都是正统的佛教寺院性质越来越弱，僧侣逐步消失，与此同时，社庙的性质越来越突出，这也是村社的影响力逐渐扩大的一种表现形式。

（二）社庙的层级

本案例中村落已经完全分开，每个村落也各有各的村社，各有各的社庙，比如赤祥村的社庙其实是村中的炎帝庙。但是在这些社庙之外，另外有五个村落共有的社庙，这就是嘉祥寺。这样，嘉祥寺就具有了五个村落共有的社庙的性质。而诉讼结果中将民国时期的主村的村公所设立在嘉祥寺中，这也有再次确认嘉祥寺地位的意义。由于村社是存在着一个层级关系的，有村落中的小社，有村落整体的大社，还有几个村落联合起来的村社联合体，这些村社的层级又对应着相应的社庙，因此，社庙也就有了层级。

41 民国二十二年（1933）高平西栗庄关王庙《整理社事节俭社费碑记》

一、村落社庙概况

西栗庄位于高平市区以北 8 千米略偏东处，地处三个乡镇的交界地带，北靠神农镇中庙村，西临永录乡（已并入北城街道办）马家庄，向东即小东仓河流域，南接槐树庄。西栗庄所在位置为小东仓河河谷地带和永录河过渡的丘陵地区，小东仓河和永录河均为丹河左岸的支流。西栗庄交通不便，中等规模，2010 年共有居民 500 户，1773 人。西栗庄村落格局呈东西向分布，故碑文中称村落分为东西两社。西栗庄本名西里庄或西庄，1981 年地名普查中，因重名改称西栗庄。西栗庄今属三甲镇，下辖西栗庄、大沟北和小沟北三个自然村。除关帝庙外，西栗庄另有一座玉皇庙和几座奶奶庙。

西栗庄关王庙位于村西北隅，坐北朝南，一进院，山门戏楼、正殿、侧殿、配殿等俱存。关帝庙历史悠久，万历三年（1575）《无题重修碑》有"维大明国山西泽州高平县丰溢乡三都中太南里西里庄西凹村迹□有敕封义勇武安王行祠之殿"。万历三年尚未重修，足见至少始建于明代中叶，因始建于万历封帝之前，故这里称之为关王庙，西栗庄关王庙是高平地区最早的几座关王庙之一。

二、碑刻元数据信息

元素名称	元素修饰词	信息
文物类型		碑刻
编号		山西高平西栗庄008
所在位置	标准地名	山西省晋城市高平市三甲镇西栗庄
	所在社庙	西栗庄关王庙
名称	标准名称	民国二十二年西栗庄关王庙社规碑
	首题	整理社事节俭社费碑记
	额题	无
石刻责任者	撰文	省立第三师范□□讲习所毕业张灿云
	书丹	公立育中高等小学校毕业陈献策
	玉工	李文魁
石刻年代		年号纪年：民国二十二年
		公历纪年：1933年
材质		青石
计量	尺寸	高33厘米，宽85厘米
附注	形制	壁碑
	纹饰	两侧有人物纹饰
现状	完残程度	保存较好
书刻特征	书体	正书
	铭文行款	42行，行16—22字不等

续表

元素名称	元素修饰词	信息
相关文物	同庙碑刻	万历三年（1575）《无题重修碑》 道光五年（1825）《补修关帝庙碑记》
	相关建筑	西栗庄关王庙为清代风格建筑
相关文献	著录文献	《三晋石刻大全》（晋城市高平卷），第870页
	研究文献	郝平、杨波：《超越信仰：明清高平关帝庙现象与晋东南乡村社会》，第194—196页
田野经历		2013年7月24日王潞伟与赵丹荣等实地考察 2015年6月18日杨波实地考察

三、碑文整理

首题：整理社事节俭社费碑记

额题：无

窃思事之败者，必由整理而成也；费之重者，必由节俭而轻也。如吾西庄西社现今公事繁忙，需费甚多，村民资斧缺乏，起（欵）[款]维艰，若不积极整理，设社节俭，不足以维情状而解困难。故特召集村民迭次开会，取其同意，重立规章。兹将议定条件勒诸贞珉，永垂后世，俾勿忘焉。是为序。

一条：本社向来维首共分八班，仍照旧例，上交下接输流（週）[周]转，无论何班不得改变。

二条：本社办公人员每逢公事，鸣金到社，勿得迟延。如有推抗不到，悮公事者，公议处罚。

三条：本社起收（欵）[款]项限期五日，一律交齐，勿得延缓。如有届期不交纳者，公议处罚。

四条：本社办公火食烟茶一律免除，只准五月十三日及秋报时各食顿饭。如敢故违，公议处罚。

五条：本社看秋巡夫社首兼办，只准由社津贴大钱三十千文，以作杂费，无论何班，不得改变。

六条：本社办公人员如有心意不合，假公报私，致涉讼端等情由，起诉人自行出费，不得由社起（歁）[款]。

七条：本社办公人员如有专（拡）[擅]舞弊等情，无论事实轻重、钱数多寡，皆按加倍处罚。

八条：本村各户人民如有争执情事，先得由社处理，如不服处者，准其自行起诉。

九条：本村各户如有愿养零羊之家，每户只准五只，每年每只给社纳费三百文，补助社费。

十条：本社办公人员，除遵守新立规章以外，再有特别情形，由社召集村民开会公议解决。

省立第三师范□□讲习所毕业张灿云撰

公立育中高等小学校毕业陈献策书

本乡乡长吴茂林　[乡]副董秉章　[乡]副邢明远

办公人员程水则　吴社彪　程金年　吴贵全　程来芳　吴桂生　吴天光　程元昌仝立

玉工李文魁　司贴员吴天腾　住持王财则

民国二十二年季秋之月吉日刊

四、碑文考述

（一）改善村社管理的措施

清中叶以后，一方面村社功能越来越多元化，另一方面中国的政治局势和社会经济状况越来越陷入危机之中，村社也面临很多挑战，很多村社都采取各种措施来加强村社管理。西栗庄关王庙民国二十二年碑就是这方面的典型个案，这方面的社规大体对应于碑文社规的第一至三条和七至十条，大体上可以分为三个方面。首先，重申村社管理的基本制度，主要是第一至三条，它们分别是轮班制度、公议制度和社费征收制度，这是村社制度中重要的内容：西庄西社分为八班轮换，轮班制度能保证村社权力不被少数人把持，维护了村社的公平性；遇到重大事情，社首要进行公议，这是社首应当履行的基本职责；社费的缴纳是保证村社正常运行的经济基础。其次，调和社中矛盾，严格社规的执行。晚清民国时期，村社发生了一定程度的阶层分化，村社矛盾加剧，社首与社人、社人与社人之间的各种矛盾都需要进行有效调解，这样才能维持村社的正常运转。最后，与养羊有关的专门规定，村社不仅涉及村落社会的日常管理，同时也涉及地方特色性产业。西栗庄地处山区，以养羊为主的畜牧业是农业的重要补充。村社规定："各户如有愿养零羊之家，每户只准五只，每羊每只给社纳费三百文，补助社费。"一方面对养羊数量进行限制，另一方面还按照牲畜头数收取了社费，作为按照地亩收取社费的补充。在这一社规碑中，村社首领开始使用"办公人员"这样的称谓，碑文最后还开列了所有办公人员的姓名，这是民国时期的新称谓。

（二）村社的社费负担

晚明以后，村社功能越来越多样化，村社经费支出的负担越来越重，这些社费负担最终都转移给了普通社人。西栗庄关王庙民国二十二年碑就是针对如何节俭社费、减轻社费负担而订立的社规，大体对应于社规的第四至六条。1934年，高苗在山西屯留调查中估算了祭祀活动给村民带来的经济负担："村中祭祀的花费，总要由全村农民负担，普遍都按照地亩公摊。领导祭祀者名为社首。社首普通都是由地主与富农充当，中农也有充当社首的，但贫农佃农绝没有充当社首的可能。这些社首专办祭祀，依照村中习惯，按时烧香，演戏。这项花费大小村不等：三百户五百户的大村，每年至少也需三百元，就是七八十家的小村，每年的祭祀费也不下百元。"① 晚清以后，国家税赋增加，村社职能增多，村社更需要采取措施来减轻社人在缴纳社费方面的经济负担。本案例碑文中的社规主要从以下两个方面采取措施：一是节省办公费用，"本社办公火食烟茶一律免除，只准五月十三日及秋报时各食顿饭"。这里的五月十三日是关帝圣诞日，也称磨刀节，村社以关公精神为基本价值观，这天或许也是村社换班的日子，秋报则是秋天丰收之后的庆祝。这两个日子对于村社来说最为重要，因此可以吃饭庆祝，从社费中支出。村社办公人员的诉讼费用由自己出也是减少办公支出的一个方面，也是息讼的一种策略。二是节省公共服务支出，"本社看秋巡夫社首兼办，只准由社津贴大钱三十千文"，这里所说的"看秋巡夫"是在秋天丰收时防止偷盗而设立的，由于是为全体村民服务，照例是要给予这些巡夫一定数量的报酬，社首兼办和限制津贴数额就是尽可能地减少这部分支出。

村社社规大体在晚明清初发展到了成文的习惯法或村社法的阶段，制定了处罚制度，分化出了专门执法的社首阶层。清中叶以后，村社发展进入极

---

① 高苗：《山西屯留农村经济实况》，天津《益世报》，1934年12月1日。收入千家驹编：《中国农村经济论文集》，中华书局1936年版，第582页。

盛时期，同时也面临内部不同群体之间矛盾加剧、社费负担加重、社首阶层分化带来的矛盾激化等一系列问题。晚清民国时期的社规主要表现出这一时期村社为应对这些问题而做出的努力和采取的措施。

42 民国二十二年（1933）高平团东村清化寺《高平县东北乡团池北里团池东村清化寺佛爷社因地涉讼讼毕碑记》

一、村落社庙概况

  团东村位于高平市区正北10千米处，是神农镇镇政府所在地，原名团池村，后分为团东、团西两个行政村。团东与团西两村东临原来高平到长治的官道，今为207国道，交通便利，向西经过中庙村就到达中村观音寺民国案例中的中村，向南就是三甲镇与神农镇的交界处，向北就进入邱村等羊头山脚下的一大片山区小村庄。团东村基本上位于神农三甲小盆地的中心，地势开阔，交通便利。团东和团西本为同一个自然聚落，面积很大，东西近1千米，南北相距600多米。团池村在清代属第一都团池南里和团池北里，①今属神农镇（原团池镇），2010年有居民418多户，1635多人。团东村是交通便利、规模较大的丘陵地区村落，是区域内的中心村落。

  团东清化寺是团池村中规模最大、历史最悠久的古庙，2013年调查时正在修缮，现在已经修缮完毕。清化寺位于神农镇团东村村中略偏东处，现团东村村委会旁边，坐北朝南，占地面积约2275平方米。创建年代不详，建筑有明显早期风格，庙宇始建至少在元代以前。清化寺规模很大，四进院落，北高南低，各院逐渐降低。中轴线上建有山门（已毁）、如来殿、三佛

---

① ［清］傅德宜等纂修：乾隆《高平县志》卷4《里甲》，《中国地方志集成·山西府县志辑》第36册，凤凰出版社2005年版，第56页。

殿、七佛殿，两侧建有诸神殿、水陆殿、西看楼、东看楼、西禅房、东禅房、西配楼、东配楼、西禅堂、东禅堂、西厢房、东厢房。其中如来殿为元代遗构，余皆明清建筑，如来殿石砌台基，高1米，面阔三间，进深六椽，单檐歇山顶，琉璃脊饰。1996年，团东清化寺被评为山西省省级重点文物保护单位，2019年入选第八批国家重点文物保护单位。

二、碑刻元数据信息

元素名称	元素修饰词	信息
文物类型		碑刻
编号		山西高平团东010
所在位置	标准地名	山西省晋城市高平市神农镇团东村
	所在社庙	团东清化寺
名称	标准名称	民国二十二年团东村清化寺诉讼碑
	首题	高平县东北乡团池北里团池东村清化寺佛爷社因地涉讼讼毕碑记
	额题	无
	阴首题	无
	阴额题	永垂不朽
石刻责任者	撰并书	聂安民
	玉工	申胡成
石刻年代		年号纪年：民国二十二年
		公历纪年：1933年
材质		青石

续表

元素名称	元素修饰词	信息
计量	尺寸	高 146 厘米，宽 45 厘米，厚 17 厘米
附注	形制	笏首无趺
	纹饰	碑阳碑额有龙形纹饰，四周有"暗八仙"纹饰，碑阴无纹饰
现状	完残程度	调查时这通碑刻放在养老院内的一个小平台上，靠墙倒伏，保存状况很差
书刻特征	书体	正书
	铭文行款	16 行，行 52 字
相关文物	同庙碑刻	蒙古丁未年（1247）《团池里清化寺铭记》 元延祐元年（1314）和泰定二年（1325）须弥座题记 嘉靖四十四年（1565）《缉修清化寺崇功记》 万历二十二年（1594）《重修水陆殿记》 嘉庆九年（1804）《无题名禁碑》 嘉庆二十四年（1819）《补修清化寺条规序》 道光五年（1825）《建修垣墙碑记》 同治五年（1866）《团池南北两里息讼碑记》 无纪年《重修清化寺捐资碑》
	相关建筑	团东清化寺是第八批国家重点文物保护单位
相关文献	著录文献	《三晋石刻大全》（晋城市高平市卷），第 871 页
	研究文献	杨波：《山西民间文献整理研究：高平诉讼碑刻辑考》，第 250—259 页
田野经历		2013 年 9 月 1 日杨波和刘俊等实地考察

三、碑文整理

【碑阳】

首题：高平县东北乡团池北里团池东村清化寺佛爷社因地涉讼讼毕碑记

额题：无

大凡物不得平则鸣，人不得已则争。先圣虽（叭）[以]无讼为至善①，世人惟因不公而构难。于以知鼠牙雀角，良有以也，鹬啄蚌壳②，岂偶然哉？兹者高平县东北乡团池北里团池东村清化寺佛爷社，有地百零八亩六分，该社之附设于清化寺也，不稽几何年代。其地管办之责，系属东村之社首、闾长。该社祭奠等事亦系东村之社首、闾长，与西村毫不沾染。前清宣统年间，在文庙设立学校，西村人藉公益名目，乘机染指，竟怂恿东社，将此地所出之资，除佛爷社花费外，下余多寡归作文庙学校基金。尔时西村之所以不另设学校者，意有所在也。迨至民国六年，西村奉令亦设立学校，至此而野心始露，分地风潮日盛一日，民国十年遂成讼端。东社既被讼累，不得已据理陈辩在县。初判未决，延至二十一年，提起上诉，在潞审讯至再，真相毕露。因将初审驳斥，第二次依法判决，其地仍归东村清化寺佛爷社所有。厥后西村虽又省诉，颇不生效，有省判并在潞判决原本，照刻于背，审视即可了然。窃以荒诞之言固不足信，而此事之再三纠缠，几次反复，毕竟克见天日者，其人力欤，果天幸欤，抑渺冥之中神默佑欤？余未敢决，濡笔记之。

山西省立第四中学校毕业教育厅奖给二等教育褒状曾充县立第八高小学

---

① 出自《论语·颜渊》："听讼，吾犹人也，必也使无讼乎。"
② 出自《战国策·燕策》，指鹬蚌相争。

校及公立育中高等小学校教员聂安民撰并书丹

乡长王泰兴 ［乡］副申连城 ［乡］副赵维桢

团池东村间长牛贵金 牛秉衡 牛仁 闫海龙 牛广文

闫肇瑞 李福运 闫万贞 王秉贵 闫金福

邻长郭青春 闫水金 李国发 牛树智 张根深

书记苏永平

住持僧本廉

仝勒石

中华民国二十二年葭月①下旬之吉

玉工申胡成镌

【碑阴】

首题：无

额题：永垂不朽

山西高等法院第三分院附设地方庭民事判决二十一年度上字第五八号

判决

上诉人：团池东村，属高平县。代理人：申仁，男，四十七岁，间长；牛贵金，男，五十七岁，间长；牛秉衡，男，三十三岁，间长。

被上诉人：团池西村，属高平县。代理人：张进发，间长；郜命恩，间长；杜得恒，间长。上三人代理人：郜太和，业农。

右两造因地亩涉讼一案，上诉人不服高平县政府中华民国二十一年六月十一日第一审判，提起上诉，本院审理判决如左：

主文：

原判决变更：被上诉人在第一审之请求驳回。两审诉讼费用由被上诉人负担。

---

① 指农历十一月，以葭草命名。

事实：

上诉代理人等代上诉人声明，求为如主文之判决，其起诉要旨略谓：团池东村原有清化寺一座，内有地一百零八亩六分，向归该寺内附设佛爷社经管。宣统年间设立学校时，将该地所出之资，除佛爷社花费外，所余归作学校基金。全历年该地之出租收租及学校之管理，均系东村人所办，毫无异说。民国九年，团池西村有李国泰者在县办事，竟将此地补契无故加列上西村社首。十年即借补契有西村社首在县告争此地为团池全村所有，应分集西村学校一半。原审不察，竟判决四分归佛爷社，下余六分，东西两村各三分，实难甘服等语，并提出历年纳粮粮串暨租帐（账）、学校化费帐（账）等，为立正方法。被上诉代理人代被上诉人对上诉声明所为之声明，请判决驳回上诉。其答辩要旨略谓：团池村在前本属一村，光绪年间虽分为东西两社办事，而佛爷社之地并未分披，后将该地归入文庙学校。该校地址虽在东村，亦系全村学校，并非专属东村。该地每年收租亦系东西两村伙收。尤可证明者，该地民国九年补契两张，均系同东西两村社首伙补，有补契可证。此地既属伙产，西村民国六年已另设学校，不去文庙学校上学，则归该文庙学校之地，自应与西村学校分用，以照平允。原审判令分校，并会不合云云，并提出补契两租约多份，为立证方法。

理由：

查系争地亩原为清化寺，向归佛爷社经管，已为两造所不争；所争者，即该地应全归团池东村管有，抑应与西村分披是已。按团池东西两村，既系分社办事，各设村社办公人员，一切村政社事，均两不相侵，系争地亩既属清化寺产。清化寺在东村界内，该地亦全在东村界内，其应属东村经管，自甚明显。又该地向归寺附设之佛爷社管理，而佛爷社之办事人，向为东村之社首、闾长，不但神事在佛爷社办理，即东村社事亦全在佛爷社办理。此为被上诉人、代理人所确认。佛爷社既系东村办理，上诉代理人主张该地在佛爷社，多年来之收租、出租等事均系东村人办理，该地将花费之余亦归入之文庙学校亦系东村人所办。且有所交之租账学校花费账可资证明，自应认为事实。被上诉代理人主张清化寺佛爷社之地应属全村文庙学校，亦系全村所办，西村学校应与分用，殊少根据。况该地如果属于全村，西村民国六年初办学校时，何不告争，待九年补契，列入东、西两村社首姓名后，十年方告争地？不但该补契系同东、西社首为佛爷社文庙学校补契，不能证明该地即为东、西村伙有，据以分地。且上诉代理人等攻击该补契列入西村社首，系受李国泰诈欺，亦不为无因。原审不察，竟将该地判做十分，四分归佛爷社，下余六分东西两村各三分，殊欠允当。上诉人就此争执，应认为有理由。基上论结，应依民事诉讼法第四百〇六条、第九十六条第二项、第八十一条，判决如主文。

中华民国二十二年五月十三日

山西同等法院第三分院附设地方民事庭审判长推段寿山　郭华　姚廷俊
书记官荫槐

右正本证明与原本无异

中华民国二十二年五月十七日

山西高等法院民事判决二十二年度又上字第七号

判决：

上诉人：团池西村，属高平县。代理人：张进发，闾长；郜命恩，闾长；杜得恒，闾长。右三人代理人：郜太和，年四十四岁，农。

被上诉人：团池东村，属高平县。代理人：申仁，年四十七岁；牛贵金，年五十七岁；牛秉衡，年三十三岁。

右两造因地亩涉讼一案，上诉人不服，山西高等法院第三分院附设地方庭，中华民国二十二年五月十三日所为之第二审判决，提起上诉。本院判决如左：

主文：

上诉驳回，第三审上诉费用由上诉人负担。

理由：

本院按民事诉讼，当事人提起第三审上诉，以第二审之裁判违背法令者为限。此在民事诉讼法第四百三十条，已有明文规定。苟第二审之判决，于认定事实适用法律并无违误者，自不容当事人以空言争执。而据以上诉本件，察阅卷案，两造系争地亩一百零八亩六分，原为清化寺产，向归佛爷社经管，为两造不争之事实。原审以该清化寺既在被上诉人团池东村界内，而该寺附设佛爷社之办事人，又向为团池东村社首，闾长兼充。且多年来此地之收租、出租及每年纳粮等事，均为团池东村人办理，有交案之租帐（账）及学校花费帐（账）可证。遂认定被上诉人团池东村主张为真实，将上诉人在第一审之诉求驳回，于法并无不合。乃上诉人竟借以所持补契列有该西村社首之名，及东西两村村长戳记，谓为此地应归西村共有云云。然查上诉人村民国六年已经另设学校。如果此地确为该西村共有，当初立学校之时，何不出而告争，待至九年李国泰补契列入该西村社首人后，迟至此年十一月间，始行告争合产，其中情节，显有可疑。而被上诉代理人所证，列入西村社首签名，加盖东村村长戳记原因，东村村长是西村李国泰徒弟，系受李国泰诈欺愚弄各节，当属事实。至上诉代理人所持租约十六张一层，查以此项租约姑无论均系□□六年以前故纸，且该租约均又注明为团池东村之清化寺产，并无注有上诉西村之字样。即使此项租约属实，亦不能证明□地即为两村共有。原审本此理由而为论断尤属妥□。上诉人复以同一之理由，向本院提起上诉，□□□□有理由。依上论结，本件上诉为无理由，应依民事诉讼法第四百四十八条、第四百一十五条、第九十一条第一项、第八十一条，判决如主文。

中华民国二十二年八月五日

正本证明与原本无异

山西高等法院民事庭审判长推事张四科　王尽臣　郭承业　书记官张瑞林

四、碑文考述

（一）村社分离

团东清化寺民国二十二年碑记述了发生在团东和团西两村之间的一次诉讼案例，这次诉讼和两个村社的分离有关。团池由一个村分为团东和团西两村，两村在清代起不属于同一里，分别属于团池南里和北里两个里。[①] 关于两里的具体划分，《团东村志》有这样的说法："团池南里以现团西村为主，包括少数团东村农户（闫姓），隶属高平第一都，下设四甲；团池北里以现在团东村为主，包括焦家沟村，隶属高平第二都，下设四甲。"[②] 由此看来，团东和团西两村在原来清代的里甲划分中就相对独立。对于两村正式分开的时间，本案例碑文中说："团池村在前本属一村，光绪年间虽分为东西两社办事。"村志的说法依据不详，但据《团东村志》中记载分村发生在光绪元年（1875）[③]。分村之后，诉讼并未立刻发生。宣统年间，团东、团西两村联合设立学校，这说明两村虽然分离，但相关集体事务并未完全分离。团东清化寺原有地一百零八亩六分，兴办学校期间将该地所出之资，除佛爷社花费外，剩余作为学校的办学基金。民国六年（1917），团西村独立办了学校，民国十年（1921）团西村社首认为清化寺的土地应为团池两村共有，土地收入应分团西村一半，团西与团东两村因此发生诉讼。村社在分合的过程中发生矛盾是很常见的事情，两村分离的原因没有详细记载，但两村之间的

---

① ［清］傅德宜等纂修：乾隆《高平县志》卷4《里甲》，《中国地方志集成·山西府县志辑》第36册，凤凰出版社2005年版，第56页。
② 团东村编：《团东村志》（第二部分），内部资料，第1页。
③ 团东村编：《团东村志》（第一部分），内部资料，第5页。

矛盾在分村的时候就初露端倪了。民国十年（1921）开始的这次诉讼可以说是两村之间矛盾长期积累的结果，也是在两村彻底分离过程中体现出来的矛盾。

（二）佛爷社与村社

本案例的诉讼围绕着清化寺寺田收益展开。清化寺是一个历史悠久的佛寺，其寺田也有很长的历史。关于清化寺的寺田较早的记载是嘉庆二十四年（1819）《补修清化寺壁记》："爰稽厥初有桑田百六十余亩，家俱器物不可胜纪，此为供佛养僧之需。"① 可见，清化寺的寺田历史应该很悠久，规模很大，是清化寺日常费用的主要来源，清化寺后来历次补修庙宇都是用寺田收入。在发生了一些村人私自典卖的问题之后，村社对寺田的管理做了规定："前数十年规制未备，三契共置社地七亩七分。今兹发觉，合社公议，犹罚银三十两，以杜后患。嗣后倘有私置一亩，私典一物者，除舍价归社外，均以加三罚之。以此定规。"② 至少从嘉庆时期开始，对于寺田的管理已经比较规范。道光碑刻中对清化寺的寺田有更为详细的描述："团池之东，有寺曰清化，名刹也。建自李唐，迄于今，历有年矣。寺有田百五十六亩。其百二十亩在寺之北，曰寺家垛，凡六块，其北至水心云。其卅六亩则寺之四周，并寺之在焉。寺僧得田五十亩外，此八十八亩量地课租，随时积储，以资葺补。"③ 碑文中详细说明了清化寺寺田的所在位置与数量。如下所述，清化寺实际上是由团东村村社来管理的，寺田实际上是村社社产的一部分。本案例争夺的是社产的收益。

清化寺及其寺田由一个叫作佛爷社的组织负责管理。佛爷社是一种乡村

---

① 嘉庆二十四年（1819）《补修清化寺壁记》，现存高平团东清化寺二进院西配殿南山墙外，壁碑，宽110厘米，高50厘米。
② 同上。
③ 道光五年（1825）《建修垣墙碑记》，现存高平团东清化寺二进院东配殿南山墙外，壁碑，宽70厘米，高44厘米。

会社，实质上仍由团东村社管理，碑文中说："兹者高平县东北乡团池北里团池东村清化寺佛爷社，有地一百零八亩六分，该社之附设于清化寺也，不稽几何年代。其地管办之责，系属东村之社首、闾长。该社祭奠等事亦系东村之社首、闾长。"清化寺及其寺田的实际管理都是由团东村社进行，佛爷社的首领实际上是由团东村村社首领担任，在民国时期，国家基层管理中新增加的闾长也参与到了佛爷社的管理之中。之所以出现这种情况还是和村社与会社的复杂关系有关。虽然早在宋代，佛寺就可以作为社庙，但这仅限于类似庾能佛堂那样的村落中的非正规小佛堂，类似赤祥嘉祥寺和团池清化寺这样的正规大佛寺还是属于佛教的寺院，由佛教僧侣进行管理，和民间性质的社庙本质不同。晚明以来，随着佛教的日益衰落、村社的蓬勃发展，两种力量此消彼长，越来越多的佛教寺院转由村社来管理，佛寺就转化为社庙，其具体的表现形式就可能出现两种情况：一是村社直接管理佛寺，将佛寺转变为社庙，这就是赤祥嘉祥寺的情况；二是在佛寺中建立会社，村社选派人员成为会社的首领，间接掌控佛寺的管理权。

参考文献

一、相关文献

［宋］宋敏求纂修：《长安志》第18卷，见《宋元方志丛刊》第一册，中华书局1990年版。

［宋］罗愿纂，赵不悔修：《新安志》第3卷，见《宋元方志丛刊》第一册，中华书局1990年版。

［清］徐松辑：《宋会要辑稿》，中华书局1957年版。

［清］傅德宜等纂修：乾隆《高平县志》，《中国地方志集成·山西府县志辑》第36册，凤凰出版社2005年版。

二、相关著作

新文丰出版公司编：《石刻史料新编》，新文丰出版公司1977—1995年版。

晋城市地方志丛书编委会编著：《晋城金石志》，海潮出版社1995年版。

郑振满、陈春声主编：《民间信仰与社会空间》，福建人民出版社2003年版。

《高平金石志》编纂委员会编：《高平金石志》，中华书局2004年版。

王丽主编：《三晋石刻大全》（晋城市泽州县卷），三晋出版社2010年版。

汪圣铎：《宋代政教关系研究》，人民出版社2010年版。

刘永华编：《中国社会文化史读本》，北京大学出版社2011年版。

晋城市旅游文物局编：《晋城文物通览》，山西经济出版社2011年版。

《凤台县志》整理委员会编纂：《凤台县志（点校简注本）》，三晋出版社2012年版。

卫伟林主编：《三晋石刻大全》（晋城市阳城县卷），三晋出版社2012年版。

王新英编：《全金石刻文辑校》，吉林文史出版社2012年版。

申修福主编：《三晋石刻大全》（长治市长子县卷），三晋出版社2013年版。

樊秋宝主编：《泽州碑刻大全》，中华书局2013年版。

王立新主编:《三晋石刻大全》(晋城市陵川县卷),三晋出版社 2013 年版。

周村镇志编纂委员会编:《周村镇志》,三晋出版社 2015 年版。

宋燕鹏:《南部太行山区祠神信仰研究:618—1368》,中国社会科学出版社 2015 年版。

王潞伟:《上党神庙剧场研究》,中国戏剧出版社 2016 年版。

颜伟:《山西高平神庙剧场调查研究》,中国戏剧出版社 2019 年版。

杨波:《山西民间文献整理研究:高平诉讼碑刻辑考》,河北大学出版社 2019 年版。

郝平、杨波:《超越信仰:明清高平关帝庙现象与晋东南乡村社会》,商务印书馆 2019 年版。

三、相关论文

〔日〕须江隆:《社神之变容》,《文化》第 58 卷第 1 期,1994 年。

方百寿:《唐代文人的玉皇信仰》,"闽台玉皇文化研究"会议论文,1996 年。

车文明:《山西晋城周村东岳庙考》,《民俗曲艺》,第 110 期,1997 年。

〔日〕柳田节子:《宋代的父老:关于宋代专制权力对农民的支配》,《漆侠先生纪念文集》,河北大学出版社 2002 年版。

吴铮强、杜正贞:《北宋南郊神位变革与玉皇祀典的构建》,《历史研究》,2011 年第 5 期。

杜文玉:《唐五代州县内部监察机制研究》,《江西社会科学》,2013 年第 2 期。

王潞伟:《高平西李门二仙庙方台非"露台"新证》,《戏剧》,2014 年第 3 期。

燕飞:《府城玉皇庙碑所记宋代求雨仪式"信马"初探》,《文物世界》,2014 年第 4 期。

宋燕鹏、何栋斌:《宋元时期晋东南三嵕山神信仰的兴起与传播》,《山西档案》,2015 年第 1 期。

包伟民:《宋代乡村"管"制再释》,《中国史研究》,2016 年第 3 期。

杨澍:《山西高平西李门二仙庙的历史沿革与建筑遗存》,《中国建筑史论汇刊》,2016 年第 1 期。

李沁园:《山西西李门二仙庙测绘图》,《中国建筑史论汇刊》,2016 年第 1 期。

韦兵:《"张守真神降"考疑:术士与宋太祖太宗皇权更替》《华东师范大学学报》(哲学社会科学版),2017 年第 3 期。

杨波:《宋金元时期山西泽州的乡村聚落演变——以庙宇碑刻文献为中心》,《宋史研究论丛》，2016 年第 2 期。

颜伟：《村社传统与神庙演艺——以山西泽州地区为中心》，山西师范大学博士学位论文，2018 年。

段建宏、雷玉平：《民间信仰的泛众化——以三嵕信仰为中心的考察》，《西北民族大学学报》（哲学社会科学版），2018 年第 5 期。

于飞：《山西高平西李门二仙庙月台东侧线刻汉服伎乐图考》，《文物春秋》，2019 年第 2 期。

杭侃等：《山西高平南赵庄二仙庙大殿调查简报》，《文物》，2019 年第 11 期。

李会智、路易《高平南赵庄村二仙庙正殿时代考——眼皮下的宋代建筑》，《文物世界》，2019 年第 5 期。

朱永清：《神格与政治：赵宋圣祖崇拜新论》，《宁夏师范学院学报》，2019 年第 8 期。

赵世瑜：《历史过程的"折叠"与"拉伸"——社的存续、变身及其在中国史研究中的意义》，《清华大学学报》（哲学社会科学版），2020 年第 2 期。

杨波：《宋代以来太行山地区村社研究（960—1949）》，河北大学博士学位论文，2020 年。

张楠：《宋金元时期晋东南三嵕信仰新解》，《宋史研究论丛》，2021 年第 2 期。

杨波：《宋熙宁九年府城玉皇庙碑刻考释》，《中国金石》第 3 辑，2021 年。

后　记

本书原打算仅将我的博士论文中所使用的主要碑刻资料略加整理，作为博士论文的"副产品"来出版，但在实际的撰写过程中，我发现这样做是不现实的，更是不合理的。读者最终见到的这个版本已经大大超出了博士论文的内容，本书对社、村社、村社碑刻、村社研究学术史等基本问题的表述和笔者的博士论文已经有了比较大的区别。借写作后记的机会，我对从博士论文到此书的写作过程略做介绍和总结，顺便弥补博士论文后记过于简短的不足。

作为一个半路出家的史学初学者，2013年5月开始在山西晋城高平的田野调查是我从事史学研究工作的"初心"。2013年近一年的田野调查和2014年近一年的碑刻整理实践奠定了我此后的学术研究基础和方向。在完成了几篇村落个案的研究论文、一本诉讼碑刻考释的资料集和一本关帝庙专题的研究著作之后，我恰好有机会去河北大学宋史研究中心攻读博士学位。在博士论文选题中，我很自然地选择以太行山地区碑刻资料作为我的基本史料，具体选题毫无疑问应该是碑刻上内容比较丰富的主题更为适宜。太行山地区碑刻上有三多：神灵多、村社多、商号多，于是我有三个选择：信仰、村社和商人。宗教学专业的硕士学习经历和北京晋商博物馆数年的工作经历都使我更熟悉信仰和商人这两个主题，无论是从理论基础还是从实践经验来说，村社都是我最不熟悉的一个主题，但最终我却选择了村社，其原因就是：村社是村落社会各方面人事和制度的核心节点。如果我想要说清楚信仰对晋东南社会的影响就离不开村社，如果我想要说清楚山西商人兴起的社会基础也离不开村社，不理解村社就不理解山西这个区域社会整体的长时段演化过程，村社的重要性逼着我不得不对它展开研究。本书导论中对村社研究意义的讨论正是来自我自己的这一经历，村社不是我一开始感兴趣的问题，但却是我所有感兴趣的问题汇聚起来的焦点。

村社研究远不像我想象的那么简单，不仅仅因为史料的难以搜集和碎片化，也不仅仅因为碑刻整理的繁冗和易错，这些都是可以通过努力克服的，研究方法上的问题更加严重。从进入高平展开田野调查的一开始，我就不像一般的史学研究者那样围绕着某个特定问题展开研究，而是逐村逐庙地开展类似普查式的调查和整理，我也不像很多科班出身的史学研究者那样携带很多史学专业知识，而是整体上去感受、理解这一特定区域的历史文化遗存，这种貌似缺乏专业性的实践工作在我看来恰恰是史学研究应该采取的研究方法。在数据库日益普及的时代，史学研究越来越依赖于关键词检索，很少有人完整地阅读史料。在这种情况下，问题意识就不可能来自史料研读过程，而是来自现成的理论。然而，以上这些思考很大程度上建立在田野调查经验和民间文献整理实践的基础之上，很难在没有类似经历的史学研究者中赢得共鸣。面对这种复杂的情况，村社研究不可能一蹴而就地完成，我在写作博士论文时给自己确立了一个基本的目标：梳理清楚太行山村社发展的基本历史脉络，初步建立一个研究村社的基本框架。这个目标基本上完成了。

自从博士毕业以来，我一直在思考村社研究如何进一步深入，我越来越意识到单纯从村社角度展开研究是不够的，村社研究的重要意义恰恰在于它是其他各种社会经济文化现象的重要节点。完整地认识村社基本等同于完整地认识村落尺度上的社会整体，这显然不是短时间内能够完成的任务。从史学研究角度来说，最接近于这一目标的就是村社碑刻的完整解读。在我已经完成的资料整理和史学研究中，我总是努力在尝试探索新的表达方式，以便尽可能完整地挖掘碑刻等民间文献的史料价值。这些尝试的目的就是要探索一种以史料为中心、以理解为目的的史学研究方法，让史学成为增进当代人理解过去，理解中国，进而理解我们自己的桥梁。作为一种人文学科，史学不应该像很多社会科学那样，把历史纳入现代人的认知模式之中，去制造一种合理性。将历史肢解开来放入现代分门别类、自成体系的知识结构之中，这本身就是试图将陌生的东西合理化。史学存在的意义恰恰是在学科层面上保留着一种朴素的、原始的、未分化的状态，在历史与现实之间制造一种陌生感，让历史成为可以与现实进行交流的对象。正是因为如此，我更偏爱于本书这种碑刻辑考的写作形式。我并不是不知道在现代学科体系中，这种注解式的写法是多么不讨好，既无法抽绎出重大学术问题，也不是一个提供丰富史料的资料集，只能提供一些零散的意见，但我更希望读者能够静下心来仔细阅读这一通通碑刻，而不是像很多研究中那样只检索自己感兴趣的部分，也不是像文献浏览那样只阅读提要和结论。为此，我特意将史料和研究融在一起，将各种不同主题融在一起，有意地和现代学术规范制造差异。很多研究者喜欢把学术研究看成一个结论，而我却认为它归根到底只是一个过程，只是作者与读者之间完成的一次交流。

学位论文作为现代学术体制下的一种产品，当然不适合自由地探索新的表达方式，受限于学位论文的规范要求，对村社碑刻的解读不可能是完整的，还要有意地去寻找其"典型性"，本书的写作提供了一种比较完整地释读村社碑刻的机会。不过，我一向并不喜欢把事情做到"极致"，村社这个主题的选择本身就是在理论与史料之间、搜集整理和研究利用之间、各种不同研究主题之间寻求一种平衡。村社碑刻的辑考也就不可能完全是整体的，实际上完全的整体性既是不可能的，也是拙劣的。就碑刻资料的选择来说，本书当然存在不如人意之处，所选取碑刻的典型性和全面性都存在比较大的问题。虽然在博士论文的写作过程中，我已经对太行山地区的碑刻做了相对比较广泛的整理和研究，但由于晋城特别是高平地区是我主要的田野调查区域，碑刻选择上就偏向于我整体上比较熟悉的个案。在本书写作实践中，我也发现在缺乏田野调查和区域整体了解的基础之上，单纯依靠碑刻资料是很难完成类似本书这样的整体性的碑刻辑考工作的。这也从一个侧面说明了这种碑刻辑考工作的重要性。

最后，照例还是要感谢那些曾经给过我帮助的人们。史学的学术传承归根到底是榜样的力量，我的导师孟伟和刘秋根老师是很不一样的两位学者，但却都给我很多的启发，我自己的经历就是不同背景的学科交流和史学服务社会的一个案例。我还要感谢山西大学民间文献整理与研究中心的郝平副校长、周亚副院长、魏晓锴、闫爱萍、刘伟国、杨建庭、张霞、晏雪莲等诸位老师，能够有一个学术团队共同开展研究对于当代学人来说是一件莫大的幸事。我最应该感谢的是多年来在田野调查中给我提供帮助的普通村民，无论我在表面上使用了多少史料来研究历史，但对传统中国的理解实际上来自于他们，他们既帮我找到了村落中的"文"，也是我心目中的"献（贤）"。这是我漂泊十余年之后重返体制内完成的第一部著作，感谢我的父母和家人给我一贯的"放任"和支持。

杨　波

2023 年 10 月